O desenvolvimento da criança

Dante Moreira Leite
(org.)

O desenvolvimento da criança

3ª edição

Série Dante Moreira Leite

Organizador
Rui Moreira Leite

editora
unesp

Direitos de publicação reservados à:
Fundação Editora da UNESP (FEU)
Praça da Sé, 108
01001-900 – São Paulo – SP
Tel.: (0xx11) 3242-7171 Fax: (0xx11) 3242-7172
www.editoraunesp.com.br
www.livrariaunesp.com.br
feu@editora.unesp.br

CIP-Brasil. Catalogação na fonte
Sindicato Nacional dos Editores de Livros, RJ

L551d

3.ed.
Leite, Dante Moreira (org.), 1927-1976
O desenvolvimento da criança/Dante Moreira Leite; organizador [da série] Rui Moreira Leite. - 3.ed. - São Paulo: Ed. UNESP, 2010.
404p.- (Série Dante Moreira Leite)
Inclui índice

ISBN 978-85-393-0004-4

1. Psicologia infantil. 2. Crianças - Desenvolvimento. I. Título. II. Série.

10-1032. CDD: 155.4
CDU: 159.922.7

Editora afiliada:

Asociación de Editoriales Universitarias de América Latina y el Caribe

Associação Brasileira de Editoras Universitárias

Obras de Dante Moreira Leite

Plano da série

Psicologia e literatura
O caráter nacional brasileiro
O amor romântico e outros temas
Psicologia diferencial e estudos em educação
Estudos em psicologia
O desenvolvimento da criança

Destes seis volumes, submetidos a uma revisão cuidadosa, *Psicologia e literatura, O caráter nacional brasileiro* e *O desenvolvimento da criança* são reeditados sem maiores alterações em relação às últimas edições, que já incorporavam correções do autor.

O amor romântico e outros temas, sob tantos aspectos um trabalho paralelo a *Psicologia e literatura*, tem outros textos dispersos incluídos em apêndice, relacionados ao ensaio *O caráter nacional brasileiro*.

Psicologia diferencial já fora reeditado sem alterações; nesta edição incorpora o conjunto de escritos dedicado pelo autor à educação. *Estudos em psicologia* reúne textos esparsos e inéditos de Dante Moreira Leite com destaque para a primeira parte de sua *História da psicologia contemporânea* – Freud e as teorias dinâmicas, além do relato de dois experimentos já divulgados. Não será reeditada a antologia *Personalidade,* que não pôde ser revista pelo autor.

Esta edição das obras de Dante Moreira Leite procurou respeitar as exigências do autor e só incluiu os textos considerados concluídos, ainda quando inéditos.

ANÁLISE DE CONTEÚDO DOS LIVROS DE LEITURA DA ESCOLA PRIMÁRIA (*)

DANTE MOREIRA LEITE

Esta pesquisa não procura delimitar, muito estritamente, um campo de análise; ao contrário, sua intenção é discutir, de maneira ampla, embora não sistemática, vários aspectos dos livros de leitura. Tal discussão parece necessária, uma vez que psicólogos, sociólogos e muitos educadores, embora referindo-se a problemas do ensino e da escola, raramente chegam a verificar os processos efetivos através dos quais se faz a educação escolar. Além disso, muitos conhecimentos da psicologia contemporânea não foram incorporados pelos autores de livros didáticos, ou por muitos dos que analisam o processo educativo. De outro lado, são poucas as tentativas feitas por psicólogos para reinterpretar ou refazer a literatura infantil; os psicanalistas estão, neste terreno, quase inteiramente sòzinhos (1).

Portanto, o estudo aqui resumido é tentativa, reconhecidamente imperfeita e imprecisa, de ligar alguns conhecimentos da psicologia ao processo educativo utilizado nos livros de leitura.

A literatura como expressão.

Ainda hoje, muitos educadores continuam a aceitar as noções de senso comum a respeito da significação e influência da literatura na formação da personalidade. Segundo o

(*) Resumo de um estudo, sob o mesmo título, escrito pelo autor, para o C.R.P.E.

(1) Ver, como exemplos, Erich Fromm (1951, pp. 140 ss.); na bibliografia brasileira, as análises de Maria da Penha Pompeu de Toledo (1950, 1958).

Página anotada pelo autor da abertura do artigo Análise de conteúdo de livros de leitura da escola primária. *Pesquisa e Planejamento*. São Paulo, v.4, p.102-26, jun. 1960.

Sumário

Parte 2
Interpretações globais do desenvolvimento

Parte 3
O desenvolvimento intelectual da criança

Parte 4
O desenvolvimento emocional da criança

Prefácio

Um dos campos mais importantes e produtivos da psicologia contemporânea é o do estudo da criança. No entanto, se a multiplicidade de teorias e o número crescente de pesquisas empíricas revelam interesse cada vez maior por esse domínio, para o estudante constituem uma barreira quase intransponível. Na verdade, quem hoje desejar iniciar-se no estudo do desenvolvimento da criança terá grande dificuldade para distinguir a importância ou a significação de diferentes perspectivas. Além disso, muitos desses trabalhos estão dispersos em revistas especializadas e em livros pouco acessíveis ao estudante brasileiro.

Na literatura em língua inglesa e francesa, há hoje numerosos volumes de leituras sobre desenvolvimento da criança, nos quais se reúnem trechos de estudos feitos sob diferentes perspectivas. Isso explica que alguns desses volumes sejam altamente especializados, reunindo relatórios de pesquisas recentes, às vezes realizadas de acordo com uma ou duas teorias.

A situação na literatura especializada brasileira é muito diferente. Apesar de um grande progresso realizado nos últimos anos, tanto em matéria de tradução, quanto de realização de pesquisas originais, os professores ainda não dispõem de textos básicos cuja leitura possam recomendar aos alunos. Para dar apenas um exemplo: Heinz Werner ainda não foi traduzido para o português. Por essa razão, procurei selecionar textos amplos, capazes de dar uma visão geral de problemas e pesquisas em diferentes áreas de psicologia da criança.

Dediquei uma grande parte à relação entre a criança e a vida social, pois este é um campo relativamente novo e muito sugestivo, capaz de renovar a nossa maneira de pensar a respeito da criança e de seus problemas na sociedade contemporânea. A seguir selecionei textos que apresentam teorias globais do desenvolvimento, pois ainda hoje permitem um conhecimento preliminar e indispensável da criança. Nas duas partes seguintes do livro, escolhi textos referentes à vida intelectual e à vida emocional da criança, já que constituem duas áreas significativas para a compreensão do comportamento. Embora haja, atualmente, uma tendência para pesquisas mais delimitadas, sobretudo no que se refere à vida emocional, pensei que tais pesquisas só serão compreendidas dentro de um quadro mais amplo, e foi esse quadro que procurei apresentar. Finalmente, na última parte do livro, discuti alguns aspectos da criança retardada, cuja significação teórica e humana não precisa ser justificada.

Tal como ocorre em outras coletâneas de leituras, não foi possível encontrar textos uniformes quanto à sua dificuldade, mas acredito que todos podem ser lidos e compreendidos por professores e estudantes interessados. Quando não consegui um texto com a extensão e o nível de generalidade desejáveis, tive suficiente ousadia para apresentar o assunto.

Espero que professores e alunos aqui encontrem algumas razões para maior interesse por um campo tão rico e tão significativo da psicologia humana.

Araraquara, novembro de 1971

Parte I

A criança e a vida social

Introdução

Uma das afirmações menos controvertidas da psicologia contemporânea é a que sugere a extraordinária importância da vida social na determinação do comportamento humano. No entanto, se o senso comum aceita facilmente essa proposição, não é fácil comprovar ou verificar o seu alcance. No caso da psicologia do desenvolvimento, por exemplo, não é fácil separar o que é resultado de desenvolvimento *espontâneo* da criança daquilo que resulta da vida social, ou das condições da infância em determinado grupo social. Por isso também, não é fácil descobrir os métodos mais produtivos para separar os dois aspectos.

Os trabalhos aqui reunidos podem ser classificados como de observação global, e descrevem a criança em situações bem diferentes.

No primeiro dos artigos — e à falta de um estudo de síntese que desse ao leitor um panorama das condições da criança na família contemporânea —, procurei reunir várias perspectivas que permitam compreender as peculiaridades da criança e da família no mundo contemporâneo. Embora, como procurei mostrar nesse artigo, muitas características denominadas contemporâneas só apareçam nas famílias de classe média e classe alta, parece indiscutível uma tendência para sua difusão para toda a sociedade. E a mais importante dessas características da família contemporânea é o fato de ser um grupo ligado por intensas relações afetivas, em que a criança ocupa um lugar central. Outra característica importante da família contemporânea — e que aparentemente herdamos do século XVIII — é a separação entre o mundo infantil e o mundo adulto. Sem dúvida, muitas características que hoje consideramos infantis resultam dessa separação, do fato de a criança ser socialmente irresponsável — pois não tem obrigação de trabalhar, e seu universo se limita ao brinquedo e ao estudo.

Os dois artigos seguintes documentam situações sociais e históricas diferentes. O artigo de Ivy Pinchbeck e Margaret Hewitt mostra a situação da criança na Inglaterra no século XVIII, no momento em que começaria a haver a transformação radical que herdamos no século XX. Valendo-se de documentação muito rica, as autoras mostram como a criança fazia parte da força de trabalho e como, diante do grande número de filhos e da elevada e inevitável mortalidade infantil, era mais tênue a relação afetiva entre pais e filhos.

O artigo de Herbert Baldus descreve a situação da criança num grupo primitivo do Brasil — os tapirapé. A descrição de Baldus, que nisto se aproxima muito da de outros antropólogos, mostra como a criança da tribo primitiva é mais *adulta* do que nossas crianças. Desde cedo desempenha atividades que seriam classificadas como adultas — caçar e pescar — e desde cedo acompanha o adulto em todas as suas atividades. Isso não significa, no entanto, que seja vista como adulta por seus pais. Ao contrário, o ingresso no *status* de adulto exige uma série de provas e cerimônias. Mas também aqui a descrição da tribo primitiva nos ajuda a compreender a situação contemporânea, bem como vários dos conflitos que hoje testemunhamos. O fato de, em momento bem delimitado, passar para a vida adulta, impede que a criança tapirapé tenha os problemas característicos de nosso jovem. É que este, em vez de ter uma passagem cerimonial para a vida adulta, deve enfrentar um período de indefinição: já não é criança, mas ainda não tem os deveres e direitos do adulto.

O trecho de Raul Pompeia mostra, num livro que tem muito de autobiográfico, o choque da criança ao afastar-se da família e ingressar na escola.

Em resumo, os artigos desta Parte 1 documentam a variabilidade da situação da criança e preparam o leitor para a Parte 2, na qual serão apresentadas algumas teorias globais do desenvolvimento infantil. Como se procurará mostrar, é de condições históricas relativamente bem definidas que nasce a psicologia da criança que hoje conhecemos.

1
A criança na família contemporânea

Dante Moreira Leite

Até certo ponto, pode ser equívoco falar em família contemporânea, pois na mesma época, e às vezes na mesma cidade, encontramos situações muito diferentes, seja na organização da família, seja na maneira de tratar os filhos. Apesar disso, parece não haver muita dúvida quanto ao sentido da evolução da família, a partir do século XVIII. Essa evolução indica uma tendência para que a família se organize com marido, mulher e filhos, ligados por laços afetivos. Está claro que esse grupo constitui a família nuclear, indispensável para a manutenção da espécie humana. Como o homem é, ao nascer, um animal extremamente frágil, e como a mulher durante a gravidez e no período imediatamente posterior ao parto precisa dar uma atenção muito grande ao filho, a presença do homem, ao contrário do que ocorre com os machos de outros mamíferos, não parece facilmente dispensável. Mas essa situação que nos parece natural pode apresentar muitas variações na espécie humana, e a situação atual é apenas uma delas.

Por exemplo, o fato de que a mulher fique relativamente presa ao filho pequeno faz com que, pelo menos num grupo humano conhecido, o homem troque de esposa para viajar — um comportamento que nos parece pelo menos estranho, senão inadmissível. O outro elemento da definição apresentada — uma união por laços afetivos — também é menos universal do que parece. Não que seja possível uma família em que marido, mulher e filhos se odeiem; mas durante um grande período da história da Europa as condições econômicas dos casais tiveram importância muito maior do que as preferências afetivas. E evidentemente há uma diferença muito grande entre os cuidados atualmente dispensados à criança e as condições de trabalho que predominavam ainda no século XIX, durante grande parte da Revolução Industrial.

Em várias sociedades contemporâneas ainda encontramos padrões de organização de família que se afastam de maneira notável do padrão que atualmente nos parece o certo. Na cultura que Oscar Lewis denominou a cultura da pobreza — e que os sociólogos do século XIX denominavam o *lumpen-proletariat*, isto é, grupos de trabalhadores pobres, não integrados no trabalho regular das fábricas — a família está longe de corresponder a esse padrão: a mãe tem a chefia do lar, é responsável pelo sustento e educação dos filhos, enquanto o pai está frequentemente ausente e muitas vezes abandona a família que criou (Lewis, 1961; *The culture of poverty*, 1969, p.139 e ss.). Um padrão semelhante tem sido observado nas famílias de negros pobres dos Estados Unidos (Davie, 1949, p.218 e ss.) e do Brasil (Fernandes, 1965). Está claro que essas famílias anômalas, pelo menos de acordo com os nossos padrões de classe média, não resultam de qualquer fatalidade biológica de alguns grupos, mas sim de peculiares condições de vida, de uma estrutura cultural que procura ajustar-se à situação de grupo pobre numa sociedade rica. Apesar disso, a sua existência mostra, mesmo em nossa época, que a família nuclear pode apresentar muitas variações, de acordo com as condições em que vive determinado grupo.

Apesar disso, a tendência para a formação da família moderna parece indiscutível: as crianças que têm a experiência da família na cultura da pobreza podem ter dificuldades muito grandes de ajustamento na escola e no trabalho; a aspiração dos grupos mais esclarecidos parece ser a organização de uma família de acordo com o padrão hoje predominante.

Repetindo, a família contemporânea é característica principalmente das classes médias e altas dos países de tradição europeia e, ainda aqui, seria necessário fazer algumas restrições. Essa família deve, idealmente, resultar de uma escolha afetiva entre jovens, isto é, de acordo com esse ideal, o casamento deve basear-se no chamado amor romântico. O uso da expressão já é revelador: os sociólogos e psicólogos empregam o adjetivo para distinguir essa forma de amor das outras, aparentemente mais frequentes nas sociedades humanas conhecidas.

O amor romântico e a família

O que se denomina amor romântico não é, evidentemente, uma invenção dos dois ou três últimos séculos da tradição europeia. No entanto, é indiscutível a novidade de dois aspectos: em primeiro lugar, a relação entre amor romântico e casamento; em segundo, a importância extraordinária que o amor romântico passa a ter na vida humana — não apenas na vida cotidiana, mas em todos os sistemas *projetivos* da sociedade, isto é, na ficção escrita, no cinema, no teatro, na televisão.

Ralph Linton (s.d., p.198) apresenta, a respeito, uma interpretação extrema. Diz que o amor romântico só apareceu na Europa com os trovadores do século XIII, e que esses "técnicos" declararam que o amor seria impossível entre pessoas casadas. Segundo ele, essa forma de amor não teve muita influência nos casamentos europeus, pelo menos até o século XVIII e, embora em muitas sociedades se reconheça a existência de ligações afetivas violentas entre pessoas, estas são vistas como criaturas infelizes, cujo exemplo não deve ser imitado. A nossa sociedade teria dado extraordinária importância a essa forma de relação afetiva, mais ou menos como outras sociedades colocaram o ataque epilético como forma de comportamento ideal ou heroico. Embora a descrição de Linton possa ser exagerada — e, como se procurará mostrar mais adiante, talvez seja errada a ideia de que o amor romântico é uma forma doentia de relação afetiva —, contém alguns elementos importantes para compreender o que ocorreu na evolução da família nos dois últimos séculos.

A observação da grande multiplicidade das formas de matrimônio, existentes entre diferentes povos e em diferentes épocas, mostra que o casamento por amor romântico é provavelmente uma das mais raras. Embora seja difícil avaliar sentimentos em culturas muito diversas, o que nos impede de dizer — como já foi dito por alguns sociólogos, como se vê pelo exemplo de Linton, acima citado — que o amor romântico seja invenção recente na história humana, é certo que não se estabelecia relação entre amor romântico e casamento. E alguns exemplos notáveis permitem esclarecer esse aspecto.

Na sociedade ateniense clássica o casamento tinha como objetivo a perpetuação da família. A esposa, colocada em nível inferior ao do homem, não participava de seu desenvolvimento intelectual, nem de sua atividade social ou de sua vida afetiva mais profunda. Isso parece ter tido duas consequências bem nítidas: de um lado, a grande difusão da homossexualidade masculina, então aceita como aspecto normal do desenvolvimento; de outro, a difusão de várias formas mais ou menos aceitas de prostituição.

Quando à homossexualidade, lembre-se de que, no *Fedro* e no *Banquete*, Platão defende o amor do homem pelo homem como uma forma superior de vida afetiva: o amor que tem como objetivo a procriação parece inferior àquele que não tem outro objetivo senão o próprio amor. Além disso, o amor homossexual, embora comece pela admiração da beleza de um corpo, poderia elevar-se à contemplação da beleza em geral e, consequentemente, à contemplação da verdade e do bem. Como esses três conceitos básicos — beleza, verdade e bem — são inseparáveis, o amor é uma forma de elevação espiritual e de busca da verdade.

Num outro nível, sabe-se que a vida afetiva do homem ateniense — pelo menos do homem da classe alta — se dividia entre três tipos de mulheres: a esposa, a *hetaira* e a *porneia*. Isso explica as palavras de um discurso atribuído a Demóstenes: "Temos cortesãs para o prazer, concubinas para cuidar de nós e esposas que nos dão filhos" (Bonnard, 1969, p.196-7).

É verdade, portanto, que nem os romanos e nem os gregos conheceram o amor romântico, pelo menos na mesma extensão em que o conhecemos em nossa época. No entanto, algumas passagens dos diálogos de Platão mostram os germes do amor romântico, ainda que esteja descrevendo, não um afeto entre um homem e uma mulher, mas entre dois homens. Conviria lembrar também os poemas de Catulo, nos quais a sua afeição por Clódia pelo menos sugere algumas das características que mais tarde serão encontradas no amor romântico: a necessidade da proximidade física, o desejo de exclusivismo, a admiração exagerada ou aparentemente irrealista pelas qualidades do amado ou da amada.[1] De outro lado, o que se poderia chamar amor romântico é ainda, na cultura clássica, uma paixão quase que exclusivamente física, intensamente ligada ao prazer erótico.

Quando Ralph Linton, no trecho antes lembrado, fala na "invenção" do amor romântico pelos trovadores provençais, faz referência a uma transformação radical nesse sentimento, pois o amor celebrado pelos trovadores é frequentemente um amor impossível.

Ainda que esquematicamente, convém recordar o que aconteceu nesse caso, pois isso pode ajudar a compreender alguns dos conflitos mais nítidos da vida afetiva do homem contempo-

1 A história de Catulo e Clódia foi descrita por Highet (1957, p.3-44).

râneo. Embora ainda se discutam a origem e a explicação para o chamado amor "cortês", parece que dois elementos devem ser lembrados para a compreensão de sua gênese; de um lado, a distância social entre o trovador e sua eleita; de outro, o ideal de ascetismo religioso de grande parte da Idade Média. O trovador, longe de ter uma posição de prestígio na corte do senhor, teria uma posição muito próxima à de empregado, quando não idêntica a esta. A adoração pela amada, já por essa razão, precisaria ser algo distante, e parece que raramente ultrapassou esse limite social. O despojamento físico do amor seria acentuado, ainda, pelo ideal religioso da época, que fatalmente conduziria a elevar os sentimentos menos carnais e, portanto, mais *nobres*. O fato de isso coincidir com grande brutalidade real, e até com sentimentos grosseiros, não deve ser causa de admiração. Ao contrário, pode ser outro elemento para que se compreenda o processo: o amor celebrado pelos trovadores não é necessariamente uma tradução de sua vida afetiva, mas antes um ideal afetivo, da mesma forma que grande parte de nossa poesia e de nossa ficção atuais representa, não as situações mais usuais, mas aquilo que julgamos que deve existir ou deve ser.

Sejam ou não razoáveis essas explicações, o fato indiscutível é que essa forma de amor atingia pouquíssima gente e não tinha relação com o casamento. No tratado de amor de Andreas Capellanus, a condessa Maria de Champagne sentencia:

> digo pois, e estabeleço firmemente que o amor não se pode desenvolver entre duas pessoas casadas; porque os amantes dão-se reciprocamente tudo, *de graça*, sem o menor constrangimento, ao passo que os casados se obrigam a mútua obediência, *por dívida*, e não se podem recusar coisa nenhuma.[2]

A ideia de uma oposição muito nítida entre o amor romântico e o casamento continuaria, diga-se logo, por muitos séculos. É

2 A tradução aqui transcrita é de Manuel Rodrigues Lapa (1942, p.12).

conhecido o texto de Montaigne em que este diz que o casamento se faz em função da família, e não do indivíduo, e que, por isso, "um bom casamento [...] recusa a companhia e as condições do amor; procura encontrar as da amizade". Na literatura portuguesa, no século XVII, temos o conhecido trecho de D. Francisco Manuel de Melo que afirma a mesma coisa:

> Ame-se a mulher, mas de tal sorte que se não perca por ela seu marido. Aquele amor cego fique para as damas, e para as mulheres o amor com vista. Ou cure os olhos que tem, ou os peça emprestados ao entendimento desses que lhe sobejam. (*Carta de Guia de Casados*, s.d.)

No entanto, é difícil saber se essa distinção, estabelecida para as classes mais altas, teria algum significado para as classes mais pobres da sociedade europeia. É provável que isso não ocorresse, e que algo semelhante ao que entendemos por amor romântico fosse a causa ou explicação de muitos casamentos. Apesar disso, convém lembrar que nessas classes mais pobres, se faltava a distinção entre casamento e amor, faltariam também as sutilezas do amor romântico que já era conhecido pelas classes mais cultas e ricas.

Uma indicação do que pode ter ocorrido pode ser obtida na história da poesia portuguesa. Na época medieval, essa poesia parece ter resultado de duas correntes que continuaram mais ou menos independentes, e que dariam as duas formas de canções medievais. De um lado, a tradição popular, que apresenta situações da vida cotidiana, e que resultaria nas chamadas cantigas de amigo, em que o trovador se coloca na posição da moça que fala do namorado; de outro, a tradição provençal, e de que resultaria a chamada cantiga de amor. Neste segundo caso é que se teria a tradição mais literária, mais de acordo com as inovações do amor cortês.[3]

3 Discussão histórica da diferença em Antonio José Saraiva e Oscar Lopes (s.d., p.41-71).

Na realidade, é muito difícil reconstruir os costumes populares e saber até que ponto as classes mais pobres podiam apresentar uma forma de casamento que seria moderna, quando comparada à das classes mais ricas.

Pelo menos no caso dos países escandinavos parece razoável inferir a existência de um padrão nitidamente camponês de casamento, e que se aproximaria mais da escolha afetiva ou amorosa. Alva Myrdal (1968, p.42 e ss.) mostra que entre os pequenos agricultores da Escandinávia não apenas existia maior liberdade na escolha de cônjuge, mas também um padrão do que se denominaria "experiência pré-conjugal". Segundo a autora, esse padrão era o do "namoro noturno": grupos de rapazes chamavam uma jovem que estava na "casa das moças" e, depois de cantos e brincadeiras, deixavam um dos moços como seu companheiro para a noite. O ritual não permitia relações sexuais, mas seria antes uma prova para o casal, bem como uma forma de permitir o namoro e o futuro casamento do par. Alva Myrdal mostra como o padrão era diferente do existente para as classes ricas, e como, com a industrialização, a urbanização e a mobilidade de vários grupos, provocaria o aparecimento de grande número de filhos ilegítimos (o que rompia o padrão tradicional).

Embora com outras formas menos ousadas, é bem possível que a cultura camponesa tivesse, até o século XVIII, padrões próprios para a realização de casamentos, pois é sabido que até essa época havia uma enorme distância entre a cultura das classes ricas e a das pobres (Ellenberger, 1970, p.185). Seja como for, é difícil que essa forma incluísse as sutilezas do amor romântico, adiante documentadas.

Na poesia portuguesa, já nos séculos XV e XVI encontramos a expressão literária do amor moderno, com todas as suas contradições — e até, em alguns casos, com aquilo que se vem chamando "amor do amor". Alguns exemplos concretos mostram a beleza e a modernidade de alguns poemas da época:

Folgo muito de vos ver,
Pesa-me, quando vos vejo.
Como pode aquisto ser,
que ver-vos é meu desejo?
Isto não sei o que faz,
nem donde tal mal me vem,
com quanto dano me traz;
mas isto é para descrer,
ter senhora tão grão pejo
morrer muito por vos ver,
pesa-me quando vos vejo.

Tristão Teixeira (Nunes, 1943, p.466)

ou então:

Coitado, quem me dará
novas de mim onde estou
pois dizeis que não sou lá
e cá comigo não vou.
    Todo este tempo, Senhora,
    sempre por vós perguntei,
    mas que farei, que já agora,
    de vós nem de mim não sei?
Olhe vossa mercê lá
se me tem, se me matou,
porque eu vos juro que cá
morto nem vivo não vou.

Francisco de Sá (ibidem, p.472)

A continuação dessa tendência na poesia lírica de Camões é conhecida. É suficiente lembrar que essa poesia, tanto por influência dos poetas italianos, como Dante e principalmente Petrarca, como pelo gênio camoniano, chegaria a uma altura raramente atingida. Aqui, importa assinalar que essa nova altura literária não corresponde a uma mudança em atitudes ou sentimentos fundamentais. Continua a haver uma separação, não necessariamente entre o amor real e o amor poético, mas entre o amor sutil e as exigências para o matrimônio. Que a separação não se fazia entre vida e literatura, mas entre as várias formas de amor ou afeição aceitas no homem, é coisa que pode ser demonstrada de várias maneiras.

Observe-se o que ocorre com a vida de Camões. Embora uma grande parte do biografismo mais ou menos fantasioso a respeito de sua poesia seja provavelmente criação do Romantismo (quando se esperava que a grande poesia só pudesse decorrer do grande sofrimento), é certo que as lendas que cercam sua poesia são bem anteriores.

Duas obras literárias — a tragédia de Inês de Castro e a de Romeu e Julieta — mostram também que o sistema de tensão ou dúvida não se estabelecia entre a arte e a vida, mas entre padrões diferentes aceitos pela vida social. No primeiro caso, o amor ilícito do príncipe d. Pedro é castigado com a condenação e a degola da amante; no segundo, a oposição das famílias impede o casamento e o amor de dois jovens. Os dois casos mostram, portanto, que, embora casamento e amor romântico estivessem separados, começava-se a aceitar a ideia moderna de casamento por amor.

Mas esses casos seriam raros, e talvez por isso mesmo adquirissem tanto valor artístico. Mais comum seria certamente a separação entre os dois níveis de vida afetiva: o amor romântico reservado às relações "ilícitas", enquanto a afeição da amizade, se houvesse, seria reservada às relações impostas pelos deveres de família. O sistema parece ter atuado, durante séculos, dentro de razoável equilíbrio. Preservava-se a instituição familial, conservavam-se a propriedade e o título de nobreza, ainda que isso significasse o sacrifício individual, principalmente da mulher. E aqui também vale a pena notar outro aspecto que a poesia parece revelar numa imagem especular: na poesia, como a musa inspiradora, a mulher tem um lugar altíssimo, aparentemente inatingível pelo homem. Na vida real, a sua escolha não seria muito brilhante: a não ser em casos raros, obrigada a casar-se com quem a família indicasse, ou, então, escolher entre a vida de convento e a degradação (ainda que esta fosse em muitos casos amenizada).

Como se deu a união entre as duas tendências — isto é, como pôde ocorrer a identificação entre o casamento e a escolha pelo amor romântico?

Neste caso, como em outras mudanças relativamente profundas na vida social, devemos esperar um grande número de fatores, embora possamos pensar em alguns deles como mais importantes. Um fator que deve ter exercido influência poderosa foi a crescente importância do indivíduo, ao mesmo tempo em que se reduzia a importância social da família. Os processos paralelos de industrialização e urbanização, se não eliminam a influência da família no destino do indivíduo, pelo menos reduzem sua importância. Em resumo, se a posição que o indivíduo ocupa na escala social depende em grande parte dos recursos econômicos da família, não é determinada por propriedade, e nem pelo nome. Ainda que isso não corresponda rigorosamente à realidade, a ideologia de nossa época sustenta que o indivíduo vale por aquilo que faz, e não por aquilo que seus antepassados fizeram. E a não ser em casos cada vez mais raros, pelo menos teoricamente todas as posições são acessíveis a todos. Por isso mesmo, as palavras de Montaigne, há pouco citadas, soam estranhas para nós. Poder-se-ia argumentar que, apesar disso, os casamentos fora da classe e do nível econômico são relativamente raros, o que também é verdade. Mas isso ocorre, não necessariamente por imposição da família, mas quase sempre pela razão bem prosaica de que as pessoas tendem a aproximar-se das que são semelhantes a elas. Embora, em alguns casos, possa haver atração de opostos, ou diferentes, as situações de convívio levam a uma homogeneidade relativamente grande na escolha matrimonial.

Ao lado disso, deve ter havido também uma poderosa influência do que podemos denominar os sistemas projetivos da vida social. A partir do século XIX, ao mesmo tempo em que se ampliava a faixa de alfabetização na sociedade, ampliavam-se também as influências de padrões literários, em que predominavam as preocupações afetivas, e em que o amor romântico era, e continua a ser, um dos temas fundamentais. Em nossa época, se a ficção escrita perdeu parte de sua significação para a grande massa — embora a conserve, por exemplo, nos vários tipos de histórias em quadrinhos —, outras formas de ficção, apresentadas pelo cinema e pela televisão, vieram substituir o romance do século XIX. Esse é talvez um dos motivos para a grande difusão que o ideal do amor romântico teria em nossa época. Observe-se, de outro lado, que a expansão dos novos meios de comunicação teve uma outra influência decisiva: a destruição da cultura popular ou camponesa, que perdeu seus dialetos, suas formas características de comportamento, suas expressões artísticas.

Sejam ou não verdadeiras ou completas essas explicações, outro fator deve ter interferido no processo e contribuído para a constituição da família contemporânea. Como se verá mais adiante, pelo menos em vários grupos sociais, a criança aos poucos se liberta do trabalho, passa a viver numa família menor, passa a ter mais isolamento dentro de casa. Tudo isso deve ter contribuído para o que se poderia chamar, talvez um pouco impropriamente, o enriquecimento de seu mundo interior, um processo mais complexo de autoidentificação. Isso também poderia explicar a importância da vida afetiva para o homem contemporâneo, sua preocupação com as reações denominadas psicológicas.

Enfim, o que parece indiscutível é que o tipo predominante de família em nossa época, ou, pelo menos, o ideal de família que aceitamos, é o da família baseada na escolha afetiva de jovens, e cujo objetivo é a realização da felicidade individual.

Essa nova dimensão da família dá importância quase exclusiva ao sentimento amoroso e à felicidade pessoal, e deixa de lado as funções econômicas que teve pelo menos até o século XVIII. Exatamente porque depende quase exclusivamente da vida afetiva, o casamento tornou-se muito menos estável. Para se ter ideia disso, basta um dado, entre muitos outros: de cada quatro casamentos celebrados nos Estados Unidos, um termina em divórcio.

No entanto, isso não quer dizer que o casamento seja hoje uma instituição decadente, ou menos importante na vida humana; talvez indique, ao contrário, que tem importância muito grande na vida do casal, e que apenas no casamento as pessoas podem satisfazer necessidades da vida sexual e da intimidade afetiva. Uma confirmação disso pode ser encontrada no fato de que as pessoas divorciadas não permanecem nessa condição; ao contrário, procuram novo casamento.

Nesta altura, convém lembrar que esse padrão de casamento, característico da classe média e da classe alta — em que exatamente aparecem os problemas psicológicos adiante indicados — pode não aparecer em sua plenitude em outros grupos sociais. Já foi lembrado o padrão característico da cultura da pobreza, tão bem analisado por Oscar Lewis. Outra situação divergente pode ser vista no tipo de casamento do que se denomina o operariado "tradicional" da Inglaterra. Em famílias de mineiros, observa-se ainda hoje um padrão que corresponde muito mais a um "contrato", com obrigações bem definidas de marido e mulher, além de uma divisão bem nítida de áreas de atividade. A troca de confissões íntimas parece muito reduzida; a grande ligação afetiva da família parece estabelecer-se com a mãe (principalmente entre filha e mãe) e não entre marido e mulher, o que explicaria a tendência da mulher casada para levar o marido para a casa da mãe. Um pesquisador obtém esta declaração decisiva de mulher casada, com 35 anos de idade e cinco filhos: "Eu não poderia viver sem minha mãe, mas poderia viver sem marido. Nem noto a presença dele".[4]

4 M. Kerr (1971, p.66.) Cf. também, nesse mesmo livro, e com o mesmo título, artigo de J. Klein. Descrição mais ampla em Richard Hoggart, 1971.

Está claro também que nos grupos muito ricos, aliás pouco estudados, e que de qualquer modo constituem minoria, o padrão de casamento por razões econômicas ou puramente sociais pode continuar até nossos dias.

Pais e filhos

A observação casual dos cuidados dos animais, principalmente de mamíferos e pássaros, pode levar à conclusão de que o cuidado maternal, e às vezes também paternal, é característica das espécies animais superiores. Se pudéssemos aceitar essa interpretação, a situação humana repetiria, em nível talvez mais complexo, uma tendência animal básica e indispensável para a conservação da vida animal.

Na verdade, a situação é muito mais complexa do que parece à primeira vista. É verdade que nos mamíferos a fêmea apresenta vários comportamentos, aparentemente inatos, e destinados ao cuidado com os filhotes. Entre os mamíferos, o macho raramente ou nunca participa desses cuidados; entre os pássaros, parece haver uma divisão bem igualitária, entre macho e fêmea, para o cuidado com a nova geração; em algumas espécies de peixes, as tarefas mais importantes de cuidados com os filhotes pertencem ao macho, e não à fêmea; finalmente, nos antropoides, que vivem em grupos formados por animais de diferentes idades, à fêmea cabem os cuidados com os filhotes bem pequenos, mas as outras fêmeas demonstram interesse pelo animal pequeno, enquanto os machos tendem a proteger as fêmeas e os filhotes, independentemente de paternidade.[5]

Seja como for, parece difícil sustentar que o comportamento maternal na espécie humana possa ser considerado instintivo,

5 Cf. Washburn e DeVore, 1970, p.12 e ss. Cf. também K. R. Hall e Irven DeVore, 1965, p.53 e ss.

pelo menos no sentido em que os etologistas hoje admitem os instintos — isto é, comportamentos complexos e inatos, característicos de uma espécie, e desencadeados por um estímulo. E parece claro que na gata ou na cadela o que observamos é comportamento maternal instintivo: desde os movimentos do parto, a amamentação, a limpeza dos filhotes e do ninho, até o desmame e, no caso da gata, a apresentação de ratos para que os filhotes os cacem — tudo isso parece comportamento instintivo que, em cada fase do desenvolvimento dos filhotes, vai sendo provocado na fêmea. Está claro que tais comportamentos não são estupidamente cegos, como o faziam crer as descrições de alguns naturalistas do século XIX; existe, até certo ponto, adaptação a condições ambientais, e existem também diferenças individuais. Isso significa que o comportamento instintivo tem uma certa plasticidade — pois sem esta a fêmea não saberia o que fazer diante do filhote morto, nem poderia adaptar-se às diferentes condições criadas pelo homem. Isso não significa, de outro lado, que se possa pensar em comportamento aprendido, embora em sucessivas crias a fêmea possa demonstrar maior habilidade no tratamento dos filhotes. Além disso, parece também claro, como se pode ver pela experiência de criadores, que nem todas as fêmeas apresentam as mesmas qualidades para a criação de filhotes. Também aqui existem diferenças individuais.

A situação humana é muito diversa. A criança nunca está apenas com a mãe, nem apenas com o pai e a mãe; está sempre num grupo, e esse grupo maior inclui a família em que nasce. Para o homem, embora o nascimento e a vida biológica sejam importantes, parece ter muito mais importância o nascimento que se denominaria social e não apenas biológico. Essa diferença entre nascimento biológico e nascimento social é que nos permite compreender um processo encontrado com relativa frequência entre povos não letrados: o infanticídio da criança recém-nascida. Existem, em diferentes grupos, diferentes normas quanto à aceitação das crianças, seja por sexo, seja por número de filhos.

Sabe-se que alguns grupos não permitem a criação de gêmeos (ver, neste livro, as observações de H. Baldus) e em outros casos estabelecem o número "correto" de crianças dos dois sexos. Deve-se observar que, em todos os casos, uma vez aceita, isto é, uma vez que se admita seu "nascimento social" ou sua integração no grupo, a criança passa a ser objeto de grandes cuidados dos pais e da família. Aparentemente, antes de ser aceita, isto é, logo depois do nascimento biológico, a criança ainda não é considerada viva, ainda não adquiriu clara identidade. Podemos entender melhor a diferença entre as duas coisas se pensamos na diferença que em nossa época se estabelece entre o aborto e o infanticídio. Todos nós temos reação muito menos violenta ao aborto do que à morte da criança já nascida, embora se possa considerar que, biologicamente, não existe diferença muito grande entre as duas coisas.

De outro lado, sabe-se que, mesmo na tradição ocidental, não estamos muito longe do hábito de abandonar crianças recém-nascidas — um costume que reduzia as probabilidades de infanticídio. Sabe-se também que, entre os gregos, a tradição exigia que se matasse ou se abandonasse a criança defeituosa.

Embora os exemplos possam ser multiplicados, mostrariam sempre o mesmo princípio básico: entre seres humanos, o amor e o cuidado com os filhos estão muito longe de uma determinação biológica, e parecem depender muito mais de valores e tradições sociais. Nos artigos seguintes são documentadas duas situações bem diferentes, numa tribo primitiva e na sociedade inglesa do século XVIII, de forma que aqui será suficiente descrever a situação contemporânea.

Quando é que surgem as atitudes que podemos denominar modernas ou contemporâneas com relação aos filhos? Philippe Ariès localiza o início do processo no século XVI, mas mostra o seu desenvolvimento já completo no século XVIII; Snyders assinala que o processo deve ter aparecido em pleno século XVIII (Ariès, 1960; Snyders [1965] apud Debesse, 1970, p.22). Na

Parte 2 deste livro será documentado esse aparecimento da nova imagem da criança, de forma que aqui será suficiente mostrar o seu impacto na relação entre pais e filhos.

Uma das razões mais fortes para as novas relações que observamos entre pais e filhos deve ser o relativo "fechamento" da família: já no século XVIII europeu parece possível ver que a casa tende a isolar-se da comunidade, e que, além disso, a família nuclear tende a isolar-se da família consanguínea. Esse duplo processo tenderia a fazer com que as relações entre pais e filhos se tornassem mais íntimas e mais constantes, pois a casa passa a abrigar, fundamentalmente, pais e filhos, e não mais o grande número de parentes da família tradicional. Outro fator que certamente deve ter exercido influência foi a redução da mortalidade infantil. Como o salienta Ariès, quando a mortalidade infantil era muito grande, os pais não se ligavam muito intensamente aos filhos pequenos — pois estes poderiam morrer facilmente, sem que os pais pudessem fazer o que quer que fosse para salvá-los. Daí a atitude, fartamente documentada por Ariès, que fazia com que os pais encontrassem, na criança nascida depois, um consolo para a morte de um filho. Psicologicamente, isso corresponde à ausência de individualidade bem marcada da criança pequena. O outro fator que pôde determinar a redução da mortalidade e a intensificação da relação afetiva entre pais e filhos foi a melhoria das condições de higiene das cidades europeias. Até o século XVIII, aproximadamente, essas condições eram tão ruins que a mortalidade infantil na grande cidade era muito maior do que no campo (e, por isso, as mães tinham o hábito de separar-se muito cedo dos filhos, enviados para "criação" no campo).

No século XIX, nos países que se industrializam na Europa, e que aparentemente darão o modelo para o que depois observaremos em outros lugares, é possível ver uma separação muito nítida entre as classes sociais: de um lado, a família pobre tende a desorganizar-se, a manter os filhos em situação pior do que a encontrada quando a família apresentava a unidade de produção econômica; no outro extremo, as famílias de classe média e alta tendem a desenvolver o padrão da infância prolongada, com separação entre atividades adultas e atividades infantis, a cercar as crianças de afeição e cuidado.

A diferença entre os dois níveis é decisiva, porque apenas no segundo — o das famílias de classe média e alta — vamos encontrar o padrão que hoje consideramos moderno. No caso das famílias pobres, existe farta documentação para mostrar as condições verdadeiramente horríveis em que viviam e trabalhavam as crianças. Na Inglaterra, onde o processo foi bem documentado, e onde Marx obteve os dados que depois apresentou em *O capital*, o trabalho infantil chegava a durar de doze a dezesseis horas por dia. Isso não significa que não houvesse relações afetuosas entre pais e filhos, mas significa que, nas condições então existentes, essa afeição não poderia manifestar-se, a não ser como agressão ocasional aos patrões e mestres de turmas que fossem mais cruéis com as crianças. Homens, mulheres e crianças precisavam trabalhar nas fábricas para que a família pudesse manter-se viva, e é claro que esse nível de subsistência não seria muito propício, nem para o desenvolvimento da vida intelectual, nem para as sutilezas da vida afetiva. Embora a criança trabalhasse antes — veja-se, neste livro, o artigo de I. Pinchbeck e M. Hewitt —, o seu trabalho não era tão monótono, nem tão rigorosamente imposto e nem tão impessoal quanto o foi durante o processo da Revolução Industrial. Isso permitiu que um historiador recente, depois de resumir as condições de trabalho das crianças na Inglaterra, durante esse período, pudesse concluir com as seguintes palavras: "a exploração de crianças pequenas, nessa escala e com essa intensidade, é um dos mais vergonhosos acontecimentos de nossa história" (Thompson, 1970, p.384).

Essa situação modificou-se aos poucos, em decorrência das lutas dos sindicatos e dos partidos políticos que, já para o fim do século, conseguiam reduzir e depois impedir o trabalho de crianças pobres, de forma que estas passaram a ter o que se considera a infância moderna. Mas, ainda aqui, convém notar, as condições de trabalho do pai e da mãe certamente não permitem o mesmo tipo de relação que a partir do século XIX encontramos nas famílias de classe média e classe alta.

De fato, é nessas classes que vamos encontrar a infância que consideramos moderna ou contemporânea, com todos os seus conflitos de desenvolvimento, com todas as sutilezas de afeição — fartamente documentadas na literatura de ficção, na poesia, e, mais tarde, também na psicologia.

Para dar ideia dessa complexidade afetiva, serão suficientes dois exemplos, um tirado da literatura, outro da história da psicologia. O exemplo literário será dado por Proust; o da psicologia, por Sigmund Freud.

Talvez o melhor resumo da relação entre a vida de Proust e sua obra (*À la Recherche du Temps Perdu*) possa ser apresentado nas palavras de um de seus biógrafos:

> A história de Marcel Proust é, como a descreve seu livro, a de um homem que amou ternamente o mundo mágico de sua infância; que desde muito cedo sentiu a necessidade de fixar esse mundo e a beleza de alguns de seus momentos; que, sentindo-se fraco, durante muito tempo teve a esperança de não abandonar o paraíso familial, de não precisar lutar contra os homens, de poder enfrentá-los com delicadeza; que, depois de sentir a dureza da vida e a força amarga das paixões, tornou-se severo, às vezes cruel; que, no momento da morte de sua mãe, perdeu o seu refúgio, mas conquistou, pela doença, uma vida protegida; que, defendido por um semiclaustro, consagrou os anos que lhe restavam à recriação dessa infância perdida e das desilusões que depois sentiu; que finalmente, do tempo assim reconquistado, fez uma das maiores obras romanescas de todos os tempos. (Maurois, 1949, p.8)

Proust nasceu numa família relativamente rica da França do século XIX, e seu pai, médico, desempenhou cargos muito importantes nos serviços de saúde pública. No romance, em que sua história aparece disfarçada, o herói apresenta uma cena típica do que hoje se consideraria uma criança mimada: o menino se recusa a dormir enquanto a mãe, ocupada em receber visitas, não vier dar o beijo de boa noite. De um ponto de vista puramente psicológico, pode-se dizer que o excesso de mimo que recebeu foi, em grande parte, consequência dos ataques asmáticos de que sofria. Mas quando se conhece o caráter psicológico dessa manifestação física, compreende-se facilmente como o seu ambiente deve ter contribuído para a importância que a doença e seus reflexos tiveram na família e, finalmente, em toda a vida de Proust.

Aqui, o importante a notar é que, no romance, o autor procura na infância, e mais claramente nessa cena de desespero infantil, a explicação para o seu desenvolvimento psicológico e para alguns dos traços que apresentará como adulto. A cena pode ter sido reelaborada — como muitas outras coisas no romance —, mas o fato de os leitores aceitarem a validade psicológica da explicação é boa prova de que correspondia a uma realidade da época. Mais ainda, toda a oposição que encontramos entre a vida protegida, dada pela mãe, e o mundo externo é boa demonstração dos problemas típicos enfrentados pela criança contemporânea, bem como da importância que as relações com os pais chegaram a adquirir.

Alguns anos antes de Proust ter escrito o seu romance monumental, um médico vienense, Sigmund Freud, procurava na sua infância, ao mesmo tempo que na infância de seus pacientes, as raízes da neurose. Se se quisesse arriscar uma interpretação de efeito, e um pouco atrevida, seria possível dizer que a grande diferença entre ambos reside no nível em que procuram a explicação, embora esta seja, nos dois casos, rigorosamente psicológica, e ligada às figuras do pai e da mãe do menino.

Proust descreve, com minúcia e brilho incomparáveis, a noite em que, diante de seu desespero infantil, o pai consente que a mãe fique no quarto do menino. Quando espera ser castigado é na realidade premiado com alguma coisa que estava longe dos seus mais ousados sonhos. Freud vai mais longe, muito mais longe. Depois de, durante algum tempo, ter admitido que a neurose resultaria de um ataque sexual que o neurótico teria sofrido durante a infância, começa a descer, na recordação dos doentes, e nas suas memórias, até o ponto em que descobre a sexualidade infantil e a atração do menino pela mãe, a rivalidade diante do pai.

Alguns trechos de uma carta de Freud, de 3 de outubro de 1897, e dirigida a seu amigo Fliess, devem ser citados como exemplo dessa autoanálise impiedosa que levaria Freud, algum tempo depois, à teoria da sexualidade infantil:

> Descrever por escrito é mais difícil e, além disso, é muito extenso. Posso apenas dizer que, no meu caso, meu pai não desempenhou um papel ativo, embora eu certamente nele projetasse uma analogia de mim mesmo; que minha "fonte primária" [de neurose] foi uma mulher feia e velha, mas inteligente, que me falou muito a respeito de Deus e do Inferno, e me deu elevada opinião a respeito de minhas capacidades; que mais tarde (entre 2 e 2 anos e meio) foi despertada a libido para *matrem*; a oportunidade para isso deve ter sido a viagem com ela de Leipzig a Viena, e durante a qual passamos a noite juntos, e devo ter tido oportunidade de vê-la *nudam* [...]; que recebi meu irmão, um ano mais jovem (e que morreu poucos meses depois), com má vontade e real ciúme infantil, e que sua morte me deixou o germe da culpa. (Freud, 1954, p.218-9)

Evidentemente, não se pode esquecer que a autoanálise levaria Proust e Freud a dois resultados muito diversos: em Proust, a uma reconstrução poética da infância; em Freud, à tentativa de explicação do desenvolvimento da criança. Os exemplos são aqui apresentados para mostrar como, de diferentes ângulos, a nossa época chegou a compreender que "a criança é o pai do homem" e que a relação com os pais constitui o núcleo do desenvolvimento da personalidade.

As relações entre irmãos

Nessa família moderna que se fecha e se reduz, não há apenas a criança e os pais. No universo da criança, os irmãos maiores e menores passam a desempenhar um papel muito importante. A criança não disputa o afeto apenas com o pai ou a mãe, mas também com os irmãos. Para continuar nos exemplos de Proust e Freud, há pouco apresentados, convém lembrar as condições dos dois casos. Proust tinha um irmão mais jovem, Robert. Curiosamente, a estrutura do romance não lhe permite colocar o irmão na trama romanesca. Uma outra interpretação possível, embora não necessariamente correta, seria dizer que no romance "eliminou" o irmão que era seu rival no afeto dos pais. Freud, que está tentando ser realista, não elimina o irmão que morreu e, ao contrário, sabe que essa morte — que o menino Freud certamente teria desejado no seu ciúme — é o "germe da culpa". Vale dizer, a realização do desejo dessa morte fez com que se considerasse culpado por ela. Mas a situação de Freud na família tem ainda outros aspectos esclarecedores: era o filho mais velho; o irmão que nasceu logo depois dele morreu com poucos meses; seus pais tiveram várias filhas, e só dez anos mais tarde tiveram outro filho (Alexandre). Freud foi sempre o predileto da mãe, e ele próprio reconheceria que essa posição privilegiada é uma garantia de segurança para o menino.

Talvez a mais ampla tentativa de ligar o desenvolvimento à situação na família, ou à situação entre irmãos, tenha sido a de Alfred Adler. Ao mudar a perspectiva de análise, isto é, ao ver o desenvolvimento como busca de superioridade, e não de prazer, Adler coloca a relação entre irmãos no foco da análise, pois é aí que geralmente se dá a competição (Ansbacher; Ansbacher, 1964, p.376 e ss.).

A família e o mundo externo

Quando os casamentos se realizavam por razões sociais ou econômicas, o casal integrava-se imediatamente no grupo; na verdade, estava voltado desde o início para este, aí encontrava sua justificação. Quando o par se casa por amor, a sua tendência natural parece ser o isolamento, a criação de um universo exclusivo dessa díade. Essa distinção é talvez exagerada, mas mostra, pelo menos, uma tendência fundamental que tende a colorir a família moderna. A casa que fecha as portas para a rua — a casa da família moderna, segundo Ariès —, que separa uma parte social de uma parte íntima, em que os estranhos só entram quando convidados ou quando se fazem anunciar, é rigorosamente uma casa particular. A partir dessa separação entre a rua e a casa, entre a família e a comunidade, forçosamente haveria uma distância cada vez maior entre a família e o mundo externo. A família dá o ambiente para as relações íntimas e afetuosas; fora dela encontramos as relações impessoais e distantes. O familial é também o familiar, o conhecido, aquilo de que se sabe o que esperar; o estranho tem algo de amedrontador.

Está claro que essa descrição não corresponde a uma situação real, mas a tendências que mesmo depois de adultos sentimos, e que a criança moderna sente muito mais nitidamente. A família é o local onde é protegida, onde tem uma situação de privilégio; fora dela encontra uma competição impessoal com as crianças da mesma idade, um tratamento diferente dos adultos. Por isso, uma das crises bem nítidas no desenvolvimento da criança é o momento em que pela primeira vez se separa da família — principalmente da mãe — e enfrenta o mundo estranho, frequentemente identificado com a escola. Todas as professoras de escola primária conhecem bem a situação: os pais que se aproximam tímidos da escola, levando os filhos pelas mãos; as crianças que se assustam diante do ambiente nitidamente estranho para elas, mas ao qual precisam se habituar. Para muitas delas, a crise de separação é insuportável, e a mãe precisa ficar na classe durante alguns dias, até que se habituem à separação de várias horas seguidas, às brincadeiras mais ou menos cruéis das crianças mais desinibidas da mesma classe.

Essa passagem para a escola revela, pela primeira vez, a ambiguidade da família diante do mundo externo. Há, nos pais, uma tendência bem nítida para deter a autonomia dos filhos, para prendê-los cada vez mais no ambiente da família; ao mesmo tempo, os pais esperam a libertação dos filhos, desejam que se encaminhem no mundo, aí encontrem o seu destino. Uma criança incapaz de afastar-se dos pais e de enfrentar outras crianças e outros adultos seria percebida como deficiente, e provocaria um grande sofrimento nos pais; ao mesmo tempo, cada afastamento dos filhos na direção dessa independência e dessa autonomia é sentido como uma perda que os pais devem suportar, mas que, de qualquer modo, suportam com grande dificuldade. Um exemplo extremo mostra bem essa ambiguidade: ao comentar sua situação, a mãe de um jovem deficiente diz que, embora sofra muito com isso, a deficiência do filho já adulto dá à vida da mãe um sentido que as mães de filhos normais não podem ter, pois os filhos já não precisam delas. Dizendo de outro modo, o amor dos pais está destinado a ficar sem objeto, pois os filhos crescem e desejam ter uma vida independente.

Esse parece ser um problema que a família contemporânea não solucionou de maneira adequada. Quando a criança tinha desde cedo um contato permanente com o mundo externo, ou quando recebia os cuidados de uma família muito grande, a sua busca de autonomia se fazia com muito mais facilidade. O seu período de dependência era menor, a sua relação com os pais se tornava também menos intensa e menos problemática. De outro lado, como desde muito cedo assumia responsabilidades que hoje cabem exclusivamente ao adulto, o seu ingresso no universo do trabalho era também menos problemático e conflitivo.

Talvez essa situação apareça com toda nitidez na adolescência, que é certamente um dos pontos decisivos do desenvolvimento humano. Sabemos que em muitas sociedades a passagem do mundo infantil para o mundo adulto se dá num ritual socialmente estabelecido: a partir daquele momento, a jovem ou o jovem serão recebidos no mundo adulto. Isso significa, em outras palavras, que não existe, ou existe durante um período muito menor, o que hoje denominamos adolescência.

O problema é tão importante no mundo atual, que merece um comentário um pouco mais extenso. É verdade que, pelo menos na Europa, os adolescentes ou jovens das classes mais ricas sempre apresentaram um problema relativamente constante. Ao lado de uma juventude criadora — e convém não esquecer que aos jovens frequentemente coube o mérito das inovações mais produtivas, tanto políticas quanto intelectuais —, houve sempre os jovens mais ou menos desorganizados e que representavam um tormento para a sociedade estabelecida: estudantes vadios na Idade Média, bandos de jovens mais ou menos delinquentes que percorriam as grandes cidades e cometiam pequenos delitos. Mas, pelas condições de trabalho, esse grupo parece ter sido sempre relativamente pequeno; para a maioria da população, o trabalho começava, como já se mostrou, muito antes da juventude.

Pode-se dizer, sem muito medo de errar, que, por uma razão ou por outra, a infância foi, até o século XIX, a fase mais difícil do desenvolvimento. Mais difícil do ponto de vista da sobrevivência, pois a probabilidade de morrer na infância era maior do que na juventude ou no início da vida adulta; mais difícil do ponto de vista psicológico, pois, pela sua fraqueza, a criança podia ser facilmente maltratada e escravizada, além de emocionalmente abandonada. Num lento movimento que se inicia no século

XVIII, essa situação se modifica, até o ponto em que a infância passa a ser, pelo menos nos casos normais, o objeto das atenções das autoridades públicas e da família. A proteção à infância é um dos ideais mais amplamente aceitos pela ideologia de nossa época. Na família e na escola, a criança geralmente se ajusta de maneira mais ou menos adequada (embora esse ajustamento possa apresentar fases de conflito ou desequilíbrio).

A situação do adolescente é muito diversa. Em primeiro lugar, parece muito nítida a mudança de atitude do grupo social quando trata da criança e quando trata do adolescente; também na família há um abismo entre a atenção dada à criança e o tratamento dado ao adolescente. Em nossa época, isso coincide com mudanças radicais na estrutura do trabalho e nas condições de organização da família.

À medida que aumenta a complexidade tecnológica da sociedade em que vivemos, aumenta também o período necessário para a educação formal. Se, no século XIX, a educação primária universal parecia um programa avançado, hoje as sociedades mais ricas e tecnologicamente mais desenvolvidas exigem que o jovem permaneça na escola até o fim da escola secundária. Isso se explica, em parte, pelo fato de ser cada vez menor o número de atividades que não exijam um preparo formal — pois o trabalho puramente físico tende a ser feito pela máquina; em parte, o processo decorre da maior produtividade da indústria moderna, de forma que o trabalho do jovem não só é desnecessário, mas também frequentemente impossível. A conjugação dos dois processos resulta num prolongamento do período escolar e num adiamento do ingresso na força de trabalho.

Ao mesmo tempo em que isso ocorre, o desenvolvimento dos conhecimentos a respeito da nutrição e os maiores cuidados com a saúde fazem com que, fisicamente, o jovem amadureça mais cedo. Sabemos que atualmente as pessoas atingem a sua altura máxima por volta dos 16 anos, enquanto há pouco mais de um século isso só ocorria por volta dos 26 anos; sabemos que o início da puberdade nas meninas (primeira menstruação) se dá também vários anos antes do que costumava ocorrer. Finalmente, os processos de estimulação da escola e dos grandes veículos de comunicação devem permitir também um amadurecimento mais rápido, ou, pelo menos, acúmulo muito maior de informação.

Portanto, o jovem de hoje amadurece física e intelectualmente mais cedo, mas, ao mesmo tempo, é durante período muito maior conservado numa situação quase equivalente à da criança. Basicamente, continua dependente dos pais numa idade em que seu avô ou seu bisavô já tinham responsabilidades no trabalho e, às vezes, numa família que começavam a organizar. Alguns dados podem tornar mais claro esse contraste. Na Europa, há cem ou 150 anos, como as pessoas viviam muito menos, raramente o jovem chegava à idade adulta num momento em que seu pai e sua mãe ainda estivessem vivos.

Dois trechos de Jean Fourastié podem dar ideia dessa dimensão nova nos países desenvolvidos:

> As idades médias por ocasião do primeiro casamento variaram pouco, pelo menos na França; eram [no século XVII] de 27 anos para os homens e de 25 para as mulheres; são hoje de 26 e 24. Da mesma forma, hoje como ontem, o casamento é para toda a vida; mas ontem, essa vida comum durava 17 anos; só um casal em cada dois ultrapassava o seu 15º aniversário de casamento. Amanhã, a vida em comum durará de 46 a 48 anos.
>
> Na humanidade tradicional era aos 14 anos que, se chegava a essa idade, a criança média via morrer o primeiro de seus pais; amanhã será aos 55 anos. [...] Na França, no fim do século XVII, mas provavelmente também no mundo inteiro, a vida de um pai de família médio, casado pela primeira vez aos 27 anos, podia ser assim esquematizada: nascido numa família de cinco filhos, só via a metade de seus irmãos chegarem à idade dos 15 anos; ele próprio teria cinco filhos, como seus pais, mas só dois ou três deles viviam à hora de sua morte. Este homem, vivendo em média até os

> 52 anos, o que era muito raro e o colocava na categoria venerável dos anciãos, tinha visto morrer em sua família direta (sem falar dos tios, sobrinhos e primos-irmãos) uma média de nove pessoas, uma das quais era um de seus avós (os outros três tinham morrido antes de seu nascimento), os seus dois pais e três dos seus filhos. (Fourastié, s.d., p.40)
>
> Mais um exemplo: os conflitos de gerações não existiam; metade dos rapazes de 20 anos tinham perdido o pai, e a vida era tão dura que a outra metade se sentia feliz em ser ajudada por ele. Hoje temos um duplo conflito de gerações: o dos filhos de 18 anos contra os pais de 45, e o dos filhos de 45 contra os pais de 75 que detêm ainda o patrimônio familiar [...] e, muitas vezes, a autoridade patriarcal. (Fourastié, 1968, p.100)

Se, a esses dados demográficos, acrescentarmos o que foi dito antes, a respeito das novas relações dentro da família e da afetividade acentuada entre pais e filhos, poderemos compreender por que ficou tão difícil a adolescência de nossos dias. Em outras palavras, compreenderemos por que hoje é tão difícil deixar de ser criança — no sentido social desta palavra — e ingressar no mundo adulto.

Perspectivas atuais

Na última década, pelo menos nos países mais ricos, e às vezes nas classes mais ricas dos países subdesenvolvidos, notamos uma crescente insatisfação com a família. Para muitos jovens, esta passou a ser sinônimo de convenção, prisão intolerável, restrição ao desenvolvimento do indivíduo. Em alguns grupos, certamente a minoria, têm ocorrido tentativas de mudança radical, por meio do estabelecimento de comunidades de família e casamento. Em casos extremos, esses grupos se retiram para o campo e tentam voltar a uma vida primitiva, recusando os recursos tecnológicos, tentando viver o que imaginam que seria uma vida mais natural e autêntica.

Ainda é muito cedo para saber se esses movimentos representam uma forma de renovação da vida social, ou se são apenas manifestações esporádicas diante de condições difíceis na sociedade capitalista e tecnologicamente desenvolvida. Tudo indica que a segunda hipótese é a mais provável. Pelo menos, os exemplos históricos recentes sugerem ser isso o que pode estar acontecendo. No século XIX, principalmente nos Estados Unidos, alguns grupos, quase sempre religiosos, procuraram fugir das cidades industrializadas e constituir comunidades modeladas sob formas primitivas. Os movimentos atuais, que também procuram justificativa religiosa, e que frequentemente vão encontrá-la em religiões orientais, podem estar refletindo uma insatisfação semelhante, e talvez venham a ter o mesmo destino das comunidades do século XIX, pois não parecem capazes de enfrentar os desafios de nosso tempo. Se se quisesse parafrasear os conhecidos versos de Drummond, seria possível dizer que apresentam "um sintoma, não uma solução".

Se a experiência histórica pode ser usada nesse terreno, parece que apenas as soluções realistas, isto é, aquelas que levem em conta as condições atuais, podem ter alguma probabilidade de triunfo. É pouco provável que o futuro da família contemporânea possa ser uma volta a condições mais primitivas, a não ser, é claro, que uma catástrofe atômica devolva o homem a condições mínimas de sobrevivência. Dificilmente encontraremos exemplos de momentos em que a humanidade efetivamente caminhe para um ponto anterior de evolução histórica. Se isso é verdade, os cientistas sociais e os psicólogos precisarão trabalhar, não para destruir a família contemporânea, mas para encontrar uma solução para a adolescência e a velhice, que são as duas fases difíceis para homens e mulheres de nossa época.

O fato de essa proposição não ser utópica pode ser demonstrado com a solução encontrada para a criança. Se pensarmos que ainda muito perto de nós, há cem ou duzentos anos, muitas crianças eram abandonadas após o nascimento ou praticamente escravizadas ao trabalho, enquanto hoje os casais sem filhos têm dificuldade para conseguir crianças — a tal ponto que a polícia tem se preocupado com o roubo de recém-nascidos —, talvez não seja demais imaginar que o adolescente de amanhã poderá ser também uma criatura mais ajustada e menos atormentada do que o adolescente de hoje.

Referências bibliográficas

ANSBACHER, H. L.; ANSBACHER, R. R. *The Individual Psychology of Alfred Adler*. Nova York: Harper, 1964 [1956].

ARIÈS, P. *L'Enfant et la Vie Familiale sous l'Ancien Régime*. Paris: Plon, 1960.

BONNARD, A. *Civilisation Grècque. De Illiade au Parthénon*. Paris: Union Générale d'Éditions, 1969.

CARTA DE GUIA DE CASADOS. Porto: Lello, s.d. [1951].

DAVIE, M. R. *Negroes in American Society*. Nova York: McGraw-Hill, 1949.

DEBESSE, M. L'enfance dans l'histoire de la psychologie. In: GRATIOT--ALPHANDÉRY, H.; ZAZZO, R. (orgs.). *Traité de Psychologie de l'Enfant*. Paris: Presses Universitaires de France, 1970. v.1. p.6-77.

ELLENBERGER, H. F. *The Discovery of the Unconscious*: The History and Evolution of Dynamic Psychiatry. Nova York: Basic Books, 1970.

FERNANDES, F. *A integração do negro na sociedade de classes*. São Paulo: Dominus/EDUSP, 1965.

FOURASTIÉ, J. *Para uma Moral Prospectiva*. Trad. Antônio Serrão. Lisboa: Moraes, 1968.

FOURASTIÉ, J. *Ideias para o Progresso Social e Científico*. Trad. Ramiro da Fonseca. Lisboa: Livros do Brasil, s.d. [1966].

FREUD, S. *The Origins of Psychoanalysis*: Letters to Wilhelm Fliess, Drafts and Notes: 1887-1902. Trad. Eric Mosbacher e James Strachey. Nova York: Basic Books, 1954.

HALL, K. R.; DEVORE, I.. Baboon Social Behavior. In: DEVORE, I. (org.). *Primate Behavior*. Nova York: Holt, 1965.

HIGHET, G. *Poets in a Landscape*. Nova York: Alfred Knof, 1957.

HOGGART, R. *The Uses of Literacy*. Middlesex: Penguin Books, 1971 [1957].

KERR, M. The Family in "Traditional" Working Class England. In: ANDERSON, M. (org.). *Sociology of the Family*. Middlesex: Penguin Books, 1971.

KLEIN, J. The Family in "Traditional" Working Class England. In: ANDERSON, M. (org.). *Sociology of the Family*. Middlesex: Penguin Books, 1971.

LAPA, M. R. *Lições de Literatura Portuguesa, Época Medieval*. 2.ed. Coimbra: Coimbra Editora, 1942.

LEWIS, O. *The Children of Sanchez*. Nova York: Basic Books, 1961.

LINTON, R. O *homem*: uma introdução à antropologia. Trad. Lavínia Vilela. São Paulo: Martins, s.d. [1936].

MAUROIS, A. *À la Recherche de Marcel Proust*. Paris: Hachette, 1949.

MYRDAL, A. *Nation and Family*. The Swedish Experiment in Democratic Family and Population Policy. Cambridge/Londres: The M. I. T. Press, 1968.

NUNES, J. J. *Crestomatia Arcaica*. 3.ed. Lisboa: Livraria Clássica, 1943.

SARAIVA, A. J.; LOPES, O. *História da Literatura Portuguesa*. 6.ed. Porto: Porto Editora, s.d.

THE CULTURE OF POVERTY. In: *Science, Conflict and Society (Scientific American)*. San Francisco: W. W. Freeman, 1969.

THOMPSON, E. P. *The Making of the English Working Class*. Middlesex: Penguin Books, 1970 [1963].

WASHBURN, S. L.; DEVORE, I. A vida social dos babuínos. In WEINBERG, J. L.; MCGAUCH, M. N.; WHALEN, R. E. (orgs.). *Psicobiologia*. Trad. Lídia Aratangy. São Paulo: Polígono/EDUSP, 1970.

2
A criança numa sociedade em mudança*

Ivy Pinchbeck e Margaret Hewitt

1

Para a grande maioria de crianças dos séculos XVII e XVIII, a significação sociológica da crescente ênfase na educação formal — no sentido em que hoje a conhecemos — era mais potencial do que imediata. Não apenas a educação formal era, em grande parte, prerrogativa das pessoas das classes média e alta que desejassem utilizá-la, mas mesmo nessas classes as expectativas e atitudes antigas com relação aos jovens estavam muito enraizadas para que pudessem transformar-se repentinamente. Assim como a aparência do escolar era a de adulto pequeno — as roupas especiais para crianças começaram a aparecer apenas no fim do século XVII e mesmo então eram consideradas ex-

* Ivy Pinchbeck e Margaret Hewitt, 1969, p.298-312. Tradução de Dante Moreira Leite. Reproduzido com permissão dos editores.

cêntricas — também se esperava que as crianças pensassem e se comportassem como pessoas maduras, numa idade em que nossas crianças mal começam sua educação primária. Em 1741 Lord Chesterfield escrevia a seu filho:

> Esta é a última carta que escreverei a você como um menino pequeno, pois amanhã será o dia de seu nono aniversário, de forma que a partir de então eu o tratarei como um jovem. Você precisa começar uma forma diferente de vida, uma forma diferente de estudos. Precisa abandonar a frivolidade. Os brinquedos e jogos infantis devem ser abandonados, e sua mente deve voltar-se para assuntos sérios. O que não ficava mal para uma criança seria terrível num jovem[...].[1]

Com excessiva preocupação pelos triunfos de seus filhos, Chesterfield e muitos pais como ele estimulavam suas crianças para o estudo de assuntos que hoje seriam considerados adequados para crianças muito maiores. Por isso, tornavam-se mais velhas e, às vezes, incrivelmente precoces. A preocupação dos pais e o desconhecimento da psicologia do desenvolvimento, em conjunto ou independentemente, contribuíam para a perpetuação da ideia de que a infância era apenas uma rápida introdução às graves responsabilidades do mundo adulto. John Evelyn era, segundo qualquer padrão, um homem de bom senso e não o tipo de pai que desejasse "forçar" indevidamente seu filho — na realidade, confessava não gostar de precocidade em crianças. Apesar disso, o registro extraordinário das realizações intelectuais de seu filho, deve-se lembrar, mostra muito claramente como um pai permitia que a mente de seu filho fosse abarrotada com problemas intelectuais do adulto, mesmo antes da idade em que consideramos aconselhável começar a educação mais elementar da criança.

1 Citado por A. M. Earle, 1899, p.178.

A contínua projeção de esperanças e temores do mundo adulto no da criança não se limitava a questões de roupas ou educação formal, mas se exprimia também de muitas outras formas — e uma delas era a ausência quase completa de livros escritos para divertir e distrair crianças, quando comparados ao grande número de obras, extensas e breves, destinadas a aperfeiçoá-las e inspirar-lhes sentimentos elevados. Não havia o equivalente da grande produção comercial de livros para crianças que hoje encontramos. Até o fim do século XVII, a leitura de lazer das crianças limitava-se à *Bíblia* e a tratados religiosos. *Pilgrim's Progress* (1688), *Robinson Crusoe* (1714) e *Gulliver's Travels* (1726), embora aceitos por gerações posteriores de crianças como livros de estórias, eram originalmente obras religiosas, políticas e satíricas escritas para adultos. Só a partir de 1780 escritores profissionais voltaram sua atenção para a redação de literatura juvenil, embora desde 1744 alguns editores tenham tido interesse pela publicação de livros destinados à leitura de crianças. O pioneiro nesse campo parece ter sido John Newbery, um editor de Londres, que publicou aproximadamente duzentos títulos, entre os quais um deles, anunciado em 1744 como "lindo livro de bolso", apresentava a história de Jack, o Gigante. Os textos de Newbery eram escritos por ele ou por escritores, entre os quais Oliver Goldsmith, contratados pelo editor. No entanto, deve-se dizer que o tom e às vezes o conteúdo dos livros de crianças que começaram a aparecer no fim do século XVIII — a *História da família Fairchild,* da senhora Sherwood (1788), *Sanford e Merton,* de Thomas Day (1783), o *Assistente dos pais,* de Maria Edgeworth (1792) — não eram muito diferentes dos tratados morais de autores da época anterior. Os dolorosos contos religiosos de James Janeway não eram os únicos a familiarizar a criança com a morte. *Família Fairchild,* considerado um livro "encantador" para crianças, tem inúmeras cenas de leitos de morte, espalhadas por suas ardentes páginas. Algumas das cenas não são comuns. Como lição prática, as crianças da família Fairchild são levadas a ver o corpo de um homem enforcado num patíbulo. O horror de seu desenvolvimento num mundo triste até essa visão revoltante; os comentários impiedosos do pai; a descrição horrível da "coisa" que se balança, dança e vira seu pavoroso semblante, enquanto o pai Fairchild a descreve e sobre ela tripudia, para finalmente ajoelhar-se e rezar, ocupa várias páginas que poucos pais, mesmo hoje, gostariam que fossem lidas por seus filhos. A intenção do Sr. Fairchild era "mostrar-lhes alguma coisa que lembrarão enquanto viverem, de forma que possam amar-se com amor perfeito e celestial". É fácil imaginar que pelo menos a primeira dessas esperanças tenha sido inteiramente realizada.

2

A preocupação com a morte e o pecado, aspecto tão notável desses livros, embora seja hoje chocante, deve ser vista no contexto de uma sociedade em que a morte prematura, principalmente de bebês, era um aspecto comum e aceito na vida da família. Segundo o Boletim de Mortalidade de Londres, de 1.178.346 mortes entre os anos de 1730 e 1779, 526.973 eram de crianças com menos de 5 anos de idade (Edmonds, 1836, p.692). Na metade do século, calculava-se que, em Londres, 75% de todas as crianças batizadas morriam antes de 5 anos de idade; muitas delas morriam antes de completar o primeiro aniversário (Caulfield, 1931, p.7). As comparações feitas na época com outras partes do país sugerem que, fora de Londres e das cidades grandes, os índices de mortalidade eram bem mais baixos — segundo um cálculo, para o período de 1756-1760 a mortalidade de crianças com menos de 2 anos de idade era de 13% nessas regiões, enquanto em Londres e nas cidades maiores era de 30% a 40%. Mesmo assim, para nossos padrões tais índices são enormes e em qualquer família considerada podiam ter e tinham efeitos espetaculares. John Wesley, por exemplo, era de uma família de dezenove irmãos, dos quais apenas seis chegaram à maturidade. Era tão usual a redução do tamanho da família pela morte prematura dos mais jovens que Gibbon (com uma irmã e cinco irmãos mortos na primeira infância) escreveu em sua *Autobiografia*: "A morte da criança antes dos pais pode parecer um acontecimento antinatural, mas é muito provável" (Gibbon, 1796, p.4). Não é difícil encontrar as razões para essa perda contínua de vidas infantis: na realidade são quase idênticas às razões para os elevados índices de mortalidade de crianças e bebês que tinham predominado em gerações anteriores. A obstetrícia continuava a ser uma ciência pouco desenvolvida e estava nas mãos de parteiras sem instrução. Como a pessoa que fazia o parto devia cuidar da criança depois do nascimento, o tratamento e as doenças da primeira infância estavam nas mãos das chamadas enfermeiras e das mulheres velhas. Walter Harris, no seu *Tratado das doenças agudas de bebês* (1742), tem algumas palavras duras a respeito:

> Existem algumas enfermeiras más, consideradas mais hábeis do que as outras, que comumente atendem parturientes no primeiro mês depois do nascimento da criança, e que não temem dar vinho e conhaque, talvez adoçados com açúcar, para crianças recém-nascidas, com grande segredo mas tão frequentemente quanto possam fazê-lo, a fim de impedir que chorem, e com isso não ter trabalho; donde sintomas temíveis de causas desconhecidas [...]. (Harris, 1742, p.18-19)

Os descuidos das enfermeiras eram muitas vezes acompanhados pela indiferença dos pais, uma atitude quase inevitável numa época em que os pais tinham tantos filhos que deixavam de interessar-se individualmente por eles. Segundo se diz, "a senhora Thrale via com grande serenidade a morte de várias filhas na escola"; "sir John Verney observou alegremente, quando dois de seus quinze filhos morreram, que ainda ficava com treze".

Nessas ocasiões, quando os pais não eram apenas indiferentes, eram muitas vezes fatalistas, e viam na morte dos filhos os caminhos misteriosos de Deus.

> É uma parte maravilhosa da Providência Divina que tantas pequenas criaturas pareçam nascer apenas para morrer[...] Deus, que nada faz em vão, sem dúvida tem sábias intenções e objetivos que devam ser atendidos pelo nascimento de bebês que aparentemente nascem apenas para morrer. (*The Gentleman's Magazine*, 1740)

Embora essa atitude possa parecer elogiável para alguns, é pouco provável que tenha contribuído muito para o progresso da obstetrícia ou da pediatria. Às consequências do fatalismo quanto à morte de bebês, no século XVIII acrescentava-se a moda cada vez mais aceita, entre mulheres saudáveis, de não amamentar os filhos, a fim de não prejudicar a beleza de seu corpo — o que era uma volta a um costume do século XVI. Em tais condições, os modos alternativos de criar o filho, com alimento dado com colher ou por ama de leite, tinham seus perigos. Era costume procurar algumas amas de leite, entre as quais a mais adequada era escolhida para amamentar a criança, mas a ignorância e a falta de cuidado dessas mulheres, cujas consequências para os filhos dos pobres já foram indicadas, também atingiam as crianças de famílias ricas. No que se refere a alimento dado com colher, numa época em que pouco se sabia de dietética infantil e em que ainda não se tinham inventado os alimentos especiais para bebês, as consequências eram ainda mais desastrosas. Uma comparação entre o índice de mortalidade de bebês alimentados com colher e o de bebês alimentados por amas de leite revelou que o primeiro era mais que o dobro do segundo.

No entanto, a ignorância, a indiferença e o fatalismo constituem apenas explicação parcial, embora considerável, para as numerosas mortes de crianças nos séculos XVII e XVIII. Sem dúvida, uma proporção considerável resultava de negligência culposa e crueldade. Hoje, para os pais é impossível desistir voluntariamente das responsabilidades quanto a seus filhos, a não ser por meio das formas prescritas pela Lei de Adoção [na Inglaterra]. Mas até o fim do século XVIII, e em menor proporção mesmo no século XIX, era prática comum "expor" as crianças indesejáveis — filhos de mães solteiras, ou dos que consideravam que suas famílias já eram muito numerosas —, seja nas ruas e becos da cidade, seja no campo. Frequentemente essas crianças morriam antes de serem descobertas. Às vezes eram descobertas por mendigos que as mutilavam para provocar piedade e emprestá-las para outros mendigos, à razão de algumas moedas por noite. É compreensível que poucas dessas crianças chegassem à maturidade. Em suas casas, nem sempre as crianças tinham tratamento melhor. *The Covent Garden Journal* de 3 de março de 1752 contém uma descrição muito revoltante de uma criança virtualmente torturada até a morte por sua madrasta:

> Um homem e uma mulher estão na prisão de Malden por terem ameaçado vizinhos que os acusaram de crueldade. Parece que a mulher costumava colocar alfinetes numa criança (da qual era madrasta) e ativar o fogo com seus pés, de forma que os dedos da criança definharam; por isso, a paróquia retirou a criança dessa casa, depois da queixa dos vizinhos, colocando-a na Casa de Trabalho, onde veio a morrer

mas, continua laconicamente a descrição, "não sabemos de processo que tenha sido movido contra essa mulher". A incerteza da acusação aos pais, nos casos de crueldade com relação aos filhos, devia continuar não apenas durante o século XVIII, mas até o último quartel do século XIX, quando se aprovou a primeira *Lei para a Prevenção de Crueldade contra as Crianças*. Em grande parte, isso refletia a contínua aceitação social de violência que, no que se refere às crianças, era um aspecto de seu tratamento pelos pais e pelos professores. William Blundell, membro de uma família não conformista de Lancashire, não era um pai muito severo. Na realidade, parece ter tido compreensão autêntica de crianças. No entanto, por pequenos erros — por exemplo, falta de boas maneiras ou comportamento barulhento — suas filhas de 7 ou 8 anos eram frequentemente "surradas e recebiam castigos"; se não cumpriam a promessa de comportamento melhor, eram novamente surradas. Quando, numa oportunidade, uma das meninas não foi surrada por falta de maneiras adequadas para moças, mas escapou com a promessa de "reza e emenda", comentou:

> Nunca, em toda a minha vida, consegui me livrar dessa forma, quando meu pai estava encolerizado. Esperava, pelo menos, ser trancada num quarto escuro durante uma ou duas semanas e almoçar e jantar com varadas [...]. (Blundell, 1933, p.304-8 *passim*)

Tão habituados estavam nossos antepassados a essa disciplina que, quando o autor de um ensaio sobre "Açoites", publicado no *Gentleman's Magazine* de 1735, afirmava que frequentemente tinha pensado que "nem em nossa época e nem em época imediatamente anterior um conhecedor tinha tratado com autoridade dessa Arte", alguém que se assinava "Britannus" foi levado a escrever ao diretor da revista, dizendo:

> Será que essa forma de correção não é muito comum em quase todas as famílias, bem como em todas as escolas da Grã-Bretanha? Não deve causar admiração que nenhuma autoridade nos tenha dito aquilo que todos sabem.

Animado pelo tema, "Britannus" passa a dizer que o autor parecia fazer "agradecimentos muito indelicados pelos cuidados recebidos na juventude, em vez de agradecer aos seus superiores a correção feita em momento oportuno" e, por isso, afirmava que devia ser um ignorante, educado provavelmente por "uma velha mulher ou um pedagogo do interior", e que na próxima edição à sua tolice acrescentaria a "indignação contra o pelourinho, os açoites e as forcas..." (*The Gentleman's Magazine*, 1735, p.89-90).

3

Não havia novidade na suposição explícita de "Britannus" quanto à superioridade natural dos mais velhos com relação aos mais jovens. Nem havia qualquer novidade na sua expressão contemporânea da vida familial e disciplina. Um homem casado, que escreve a seu pai em 1715, assina da seguinte forma: "prezado senhor, seu agradecido filho e mais humilde servidor [...]"; e sua mulher, ao escrever ao seu sogro: "Peço que meu presente seja aceitável por minha mãe e tenha utilidade para minha irmã. Sou, prezado senhor, sua obediente e agradecida filha [...]" (Hill, 1952, p.26, 20, 27). Depois da Restauração, os pais eram aconselhados a não fazer de "suas famílias o assunto frequente de suas conversas"[2] de forma a não dar aos filhos um sentido falso de sua importância; e já no século XVIII os pais eram advertidos quanto às lamentáveis consequências de indulgência com relação aos jovens.

> Diz-se que as pessoas do povo exprimem mais afeto por seus filhos do que as pessoas de qualificação; o bom senso destas últimas impede que sua afeição seja perturbadora, enquanto as outras não têm consideração e atormentam as pessoas com minúcias de beleza, inteligência e espírito de seus filhos, ficam ofendidas se suas impertinências não são apreciadas. Em consequência desse afeto, as crianças têm muita liberdade com empregadas que não podem castigá-las, não consideram que tais crianças serão difíceis e desobedientes quando ficarem maduras. (*The Gentleman's Magazine*, 1732, p.556)

2 Fuller, 1642.

No entanto, nem todas as pessoas de posição tentavam disfarçar seu afeto pelos filhos ou impedir que se tornassem inoportunas. Lord Holland — Henry Fox — descrevia seu filho, Charles, com a maior satisfação, como sendo “muito saudável, muito inteligente e muito capaz de enfrentar uma discussão”.[3] Na verdade, Charles James foi o herói da história quase lendária da criança mimada que podia andar em cima da mesa montado num carneiro, enquanto seus pés batiam nos pratos de temperos, uma história que é testemunho mais que adequado da decisão de seu pai, que desejava que seu “espírito não fosse destruído [...] [pois] o mundo fará isso muito rapidamente”. Dificilmente a psicologia progressista do século XX poderia ir mais longe do que isso, e poucos pais do século XVIII chegaram a aproximar-se desse modelo. Embora por volta do fim do século o antigo formalismo começasse a desaparecer em algumas famílias, pois as crianças já não se ajoelhavam para pedir a bênção de seus pais e nem ficavam de pé em sua presença, o costume mais formal ainda era aceito, de forma que a sra. Sherwood, por exemplo, pôde escrever no fim de sua vida: “Na presença de minha mãe, nunca me sentei numa cadeira”.[4] Sob muitos aspectos, essa manutenção de costumes antigos foi apoiada pela ascensão do Wesleyanismo e dos Evangelistas. A família Wesley devia estabelecer, durante quase cem anos, o padrão para muitos jovens ingleses, e as descrições da casa dessa família apresentam contraste marcante com as de Lord Holland. Susannah Wesley conta como seus filhos eram mantidos em grande parte com papinhas de crianças e deviam comer com frugalidade até os 6 anos de idade, um regime que devia acalmar suas paixões de cólera. “Quando completavam 1 ano (e alguns antes disso), eram ensinados a temer a vara e a chorar baixo; com isso, escapavam aos castigos que poderiam receber; na casa raramente se ouvia o odioso barulho de choro

3 Ver Sylvia Lynd, 1942, p.36.
4 Ver Bayne-Powell, 1939, p.3, 7.

de crianças, e a família vivia tão silenciosamente como se ali não houvesse crianças".[5] Portanto, apesar do *Gentleman's Magazine*, em algumas famílias da classe alta começava a manifestar-se, no fim de século XVIII, uma atitude de mais liberdade para as crianças; em muitas outras, no entanto, as duras atitudes com relação às crianças continuavam a ser aceitas sem discussão. Alguns homens — por exemplo, o pai de Mary Wollstonecraft — regularmente surravam seus filhos, sem outra razão aparente, a não ser satisfazer sua brutalidade (Bayne-Powell, op. cit., p.5); e a nova literatura para crianças — por exemplo, a revista mensal *Juvenile Magazine: or an instructive & entertaining Miscellany for Youth of Both Sexes* — continuava a pregar o antigo dever de respeito dos filhos pelos pais.

4

No entanto, apesar da persistência dos antigos costumes, o contexto da família estava mudando, e mudando de uma forma que, inevitável, embora gradualmente, devia influir na natureza das relações entre pais e filhos. Como vimos, na Inglaterra do período anterior à Restauração, muitas famílias de classe média e alta — que incluíam não apenas pais e filhos pequenos, mas parentes mais velhos, primos e parentes por afinidade, além dos empregados de todos os moradores e dos aprendizes de vários tipos — eram maiores até do que as maiores que conhecemos hoje. Na metade do século XVII não eram pouco comuns as famílias de trinta ou quarenta pessoas. Em 1643, a sra. Isham lamentava-se de ter soldados hospedados em casa: "há cem soldados aqui, e acho muito difícil colocar todos em casa, pois já somos cinquenta na família [...]".

5 Miller; Swanson apud Bayne-Powell (1939, p.10).

No entanto, no fim do século XVII e no século XVIII, a crescente riqueza de alguns grupos da classe média e da classe alta começou a estimular uma forma mais cômoda de vida. Uma das provas práticas disso era a separação entre as acomodações dos empregados e as dos patrões, do que resultou que a família, não mais "afogada" por muitos empregados domésticos e aprendizes, estava livre para desenvolver relações mais íntimas e um grau de consciência da família até então impossível. Esse desenvolvimento não se limitou às casas dos ricos nas cidades, mas começou também a influir na vida familial no campo. Arthur Young, ao descrever as casas de fazendeiros ricos, fala no sino da sala de estar para que a mulher do proprietário chamasse suas empregadas domésticas, da mesma forma que comenta outro aspecto da vida rural no século XVIII — o hábito então em declínio de alimentar e abrigar muitos empregados na própria casa.

Da mesma forma que o desenvolvimento institucional da educação formal nas escolas, com o consequente isolamento entre a criança e a sociedade adulta, era condição prévia para o aparecimento dos conceitos sociológicos e psicológicos modernos de infância, também o isolamento gradual e a individualização da família, como uma entidade social e psicológica, em última análise contribuiu para o mesmo fim. As ligações entre os pais e o filho ficavam necessariamente mais intensas numa família reduzida a pais e filhos, uma família da qual estavam excluídos empregados, clientes e amigos. A maior intimidade entre os pais e os filhos devia contribuir para menos formalidade entre eles, e para crescente preocupação de pais com o bem-estar dos filhos, o que se manifestava no uso de termos de carinho entre pais e filhos, bem como na crescente preocupação dos pais quanto a muitos aspectos de seus filhos, de sua saúde e comportamento, quando pessoas da família, por uma razão ou outra, estavam distantes.

No conjunto, tais influências eram muito mais observáveis nas classes médias da Inglaterra do século XVIII do que em outras secções da sociedade da época. Nas classes mais altas, uma contínua preocupação com linhagem, e não com a família nuclear, contribuía para a perpetuação de uma atitude com relação a crianças que as via e empregava como meios para ampliar a posição material e social do grupo familial mais amplo; como uma forma de propriedade da família que devia ser explorada, e não como personalidades imaturas, mas individuais, que deviam desenvolver-se cuidadosamente. Se isso se refletia em formalidade nas relações entre pais e filhos em muitas casas de classe alta, foi também exemplificado pela continuação, no século XVIII, da atitude tradicional com relação ao casamento. Ainda em 1729, uma menina com alguns recursos econômicos, mas com apenas 9 anos de idade, foi tirada do internato pelo seu tutor para que se casasse com o filho deste último, ainda aprendiz. Convém lembrar que essas práticas persistiam porque houve oposições a algumas tentativas para introduzir, nos últimos vinte anos do século XVII, algumas alterações nas leis de matrimônio na Inglaterra, destinadas a mudar a idade legal de consentimento de menores e os poderes dos tutores quanto aos casamentos de seus tutelados. Se tivessem triunfado as tentativas para limitar esses poderes e aumentar a idade dos tutelados, as pressões exercidas sobre filhos de famílias antigas e ricas teriam diminuído, e seria afastado um dos maiores obstáculos para o desenvolvimento de atitudes modernas com relação a crianças e infância. Na verdade, o triunfo dos interesses adquiridos quanto aos direitos de crianças no casamento se manteve durante todo o século XVIII e até o século seguinte, de forma que John Cordy Jeaffreson pôde escrever em 1872:

> e até hoje os pais ingleses têm poder para reunir no menos sagrado dos casais um par de crianças relutantes que não têm a coragem e o conhecimento necessários para a proteção de seus direitos naturais. (Jeaffreson, 1872)

5

A energia dedicada à revogação das antigas leis de casamento — durante a última metade do século XVII e até o século XVIII — esteve notavelmente ausente quanto à manutenção dos programas antigos e paternalistas do período Tudor para os filhos dos pobres e dos que não tinham propriedade. Talvez seja absurdo esperar que isso pudesse ser diferente. Subjacente à complexa estrutura do programa Tudor, havia a crença de que a pobreza, a vadiação e a delinquência poderiam ser virtualmente eliminadas numa geração através de esquemas de instrução e da imposição de castigos para os que se desviassem, ou fizessem com que outros se desviassem do ideal Tudor de automanutenção. No entanto, o tempo mostrou que nem a inadequação humana nem a ineficiência econômica poderiam ser rapidamente erradicadas da sociedade humana. E a administração da época também não estava preparada para as tarefas exigidas pela lei. Com o passar dos anos, desapareceu o entusiasmo pelos programas antigos. Localmente, como vimos, o apoio aos vários esquemas foi muito variável, antes do Interregno: depois deste, a decisão de limitar o poder da Coroa destruiu o esquema administrativo que tinha procurado assegurar eficiente operação local das leis. O resultante colapso da administração das leis do período da rainha Elizabeth, depois de as paróquias e os mestres de aprendizes pobres ficarem sem supervisão, o que lhes permitiu ignorar os deveres legais, criou o solo fértil para muitos dos problemas do século XIX. Além disso, as afirmações, inicialmente pelos puritanos e depois pelos evangélicos, de que a pobreza e a maldade estavam inextricavelmente ligadas, reforçavam a convicção geral de que as leis para os pobres e seus filhos deviam ser mínimas quanto aos recursos dados e, quando possível, deviam ter caráter punitivo. Assim se perderam quase todos os aspectos positivos e construtivos dos programas sociais do período Tudor, em que as crianças tinham lugar tão importante.

Como vimos, a partir do fim do século XVII os esquemas locais para cuidar da criança pobre que despertavam apoio público mais entusiástico eram os que esperavam que as crianças fossem as principais responsáveis pela sua manutenção. Pode-se sustentar que, "ao fazer com que os pobres trabalhassem", tais programas continuavam, fundamentalmente, as leis de pobres do período da rainha Elizabeth. No entanto, ao acentuar o trabalho, e não o bem-estar da criança, ao procurar o rendimento econômico e não o conteúdo educacional, refletiam uma sociedade em que a noção de "felicidade comum" da época Tudor tinha sido colorida pelo materialismo e em que a promoção da riqueza nacional, mais do que da estabilidade nacional, se tinha transformado no ideal aceito.

Tais mudanças fundamentais de acentuação são bem exemplificadas num *Relatório para a Reforma da Lei dos Pobres*, apresentado à Comissão de Comércio, em 1697, pelo filósofo John Locke, então delegado dessa Comissão:

> As crianças dos trabalhadores constituem um peso constante para a paróquia e geralmente são mantidas na vadiação, de forma que seu trabalho geralmente não beneficia o público, a não ser quando chegam a 12 ou 14 anos de idade [...] O remédio mais eficiente para isso, segundo pensamos, e que humildemente aqui apresentamos, é que se organizem escolas de trabalho nas paróquias, e que sejam de frequência obrigatória para todas as crianças que peçam auxílio da paróquia, e que tenham entre 3 e 14 anos de idade, enquanto vivem em casas de seus pais e não estejam empregadas para conseguir seu sustento, segundo consentimento dos fiscais dos pobres.

Dessa forma, segundo Locke,

> a mãe ficará aliviada de grande parte de seu trabalho para tomar conta das crianças e mantê-las em casa, e assim terá mais liberdade para trabalhar; as crianças ficarão em condições muito melhores, serão tratadas de modo mais eficiente, e a partir de sua infância

serão levadas a trabalhar, o que tem grande importância para fazer com que, depois de adultas, sejam trabalhadoras e sóbrias.

Se esta fosse a única explicação para as virtudes das propostas de Locke, e o principal fundamento para sua aceitação, esse esquema já apareceria como uma corrupção do programa Tudor de "torcer o pepino" e inculcar hábitos de sobriedade e trabalho nos jovens. Na realidade, Locke recomenda suas propostas a partir do fundamento explícito de que, se adotadas, permitiriam que se eliminassem os recursos dados aos pais de famílias grandes, o que, como vimos, era um aspecto aceito da lei de assistência aos pobres na época Tudor. Em vez de subsídios para a família, os pais incapazes de sustentar os numerosos filhos deveriam enviá-los para a escola de trabalho, onde, com o tempo, contribuiriam substancialmente para seu sustento e por isso deixariam de representar um peso para a comunidade. "É razoável concluir", escreveu Locke,

> que, calculando-se tudo que ganha, dos 3 aos 14 anos, o sustento e o ensino dessa criança durante todo esse tempo nada custariam à paróquia, enquanto que hoje uma criança mantida até os 14 anos pela paróquia custa de quinze a sessenta libras. (Locke, 1817, p.14)

Exatamente essa redução da área de responsabilidades aceitas pela comunidade com relação aos pobres; essa tentativa indiscriminada para fazer o pobre manter o pobre, e que caracteriza a operação da lei dos pobres durante o Interregno, faz com que, no espírito e na prática, seja marcantemente diversa da sua operação em período anterior. Além disso, o esquema de Locke para fazer com que trabalhem a partir de 3 anos de idade, o que virtualmente lhes negava a possibilidade de qualquer educação formal, apresenta nítido contraste com a generosidade das propostas dos cidadãos de Londres que, no século XVI, fundaram o Christ's Hospital, e outros que, como Starkey, advogavam uma escola para os pobres de cada paróquia. O fato de que Locke, homem de grande humanidade e pioneiro em ideias educacionais, pudesse propor esse esquema como programa oficial para a reforma da Lei dos Pobres, é um testemunho eloquente da mudança no clima de opinião no fim do século XVII.

No entanto, o trabalho infantil para os pobres, em vez de educação, devia tornar-se parte do padrão e do ideal aceito em todo o século XVIII. Em 1724, segundo Defoe, "na parte oriental e média de Norfolk não havia mãos desocupadas, desde que pudessem trabalhar; e as crianças a partir de 4 ou 5 anos de idade podiam ganhar o seu pão". Em Taunton, verificou que na cidade, ou nas vilas próximas, toda criança com mais de 5 anos, desde que não fosse negligenciada pelos pais, e recebesse instrução, poderia ganhar o seu sustento; enquanto que em Yorkshire, declarava, "dificilmente uma criança com mais de 4 anos deixa de ganhar o seu pão". Já se descreveu até que ponto as indústrias domésticas dependiam do trabalho das crianças.

> A exploração do trabalho infantil nas primeiras fábricas provavelmente causou, e com razão, mais horror e indignação do que qualquer outro aspecto da revolução industrial; mas frequentemente não se lembra que a mesma coisa era característica das indústrias domésticas anteriores. Escondidas em casas de campo, onde não atraíam a atenção, milhares de crianças em áreas rurais trabalhavam no horário de fábrica todos os dias, sob condições que frequentemente não eram melhores do que aquelas que despertaram tantos sentimentos nos centros industriais. (Pinchbeck, 1930, p.232)

Esse padrão continuou até pelo menos a metade do século XIX. Em áreas de fábricas de cordões, as crianças eram ensinadas a segurar bobinas quando eram ainda bebês de 3 ou 4 anos de idade, e com 5 já estavam trabalhando em horários regulares nas escolas de cordões. Nas fábricas que trançavam palhas, as crianças de 4 anos separavam palha, faziam o trançamento aos 5, e aos 6 ou 7 estavam recebendo um ordenado regular, o que às vezes acontecia antes disso. Quase todas as crianças empregadas em tais indústrias trabalhavam em escolas de propriedade da dona da casa, ou de um vendedor que dava materiais e empregava um supervisor que fiscalizava o trabalho. Em algumas escolas, a leitura era ensinada uma vez por dia — geralmente com versos da *Bíblia* —, mas na prática as escolas nada mais eram do que oficinas em que as crianças eram comumente obrigadas, pelos pais ou patrões, a trabalhar além de suas forças. Também na agricultura, onde a partir da metade do século XVIII os ordenados tinham caído rapidamente com relação aos preços, as crianças eram levadas a trabalhar em idade que hoje nos parece incrivelmente precoce, a fim de aumentar a possibilidade de seu sustento ou permitir a manutenção de suas famílias. O mesmo era verdade nas áreas de mineração, onde as crianças trabalhavam desde muito cedo em minas de carvão e metal, sob condições incrivelmente duras.

Apesar disso, o século XVIII viu também o lento desenvolvimento de um ideal de filantropia e humanitarismo que, com relação às crianças, se dedicava a livrá-las de ganância e maus-tratos; a dar abrigo a crianças não desejadas; a criar esquemas para deficientes e delinquentes; dar algum tipo de educação para a criança pobre, de forma que, na vida eterna, não fosse condenada por ignorar a religião cristã.

Se os objetivos de alguns desses esquemas apresentam certa semelhança com as tentativas realizadas no período Tudor para dar assistência à criança, o contexto social em que deviam realizar-se frisa marcantes diferenças nas atitudes da época quanto à responsabilidade da comunidade e à função da filantropia particular.[6] No século XVI, a filantropia particular era considerada, não como alternativa, mas como expressão da responsabilidade da comunidade, como se pode ver no esquema dos Hospitais Reais. No entanto, é ainda mais importante reconhecer que os

6 Ver V. K. Jordan, 1959, p.151.

fundadores do Christ's Hospital, assim como os que esquematizaram a legislação Tudor referente à criança, tinham uma visão muito menos limitada da assistência a ser dada: não procuravam o imediatamente mais barato, mas os métodos mais duradouros para ajudar a criança desprotegida. Por isso, tentavam elaborar programas complexos em que a instrução significativa e a educação adequada representavam um papel importante. Gerações posteriores, como vimos, deviam enfraquecer tais programas e transformá-los em simples exercícios de redução de despesas, em que a economia para o público representava o principal interesse. Aos indivíduos começou a caber a assistência mais positiva, quando havia interesse em se voltar para esta. Se o início de esquemas filantrópicos no século XVIII foi caótico, e seus resultados irregulares, representavam os restos de um conceito de apoio positivo de comunidade que os administradores da época Tudor tinham pretendido colocar na legislação, e que seus sucessores do século XVIII concebiam como interesse apenas individual.

Com a maior industrialização e a maior urbanização, no século XIX desenvolveu-se um agudo conflito de opinião entre os filósofos do *laissez faire* e os filantropos reformistas. A vitória final desses últimos levou a novo despertar da consciência nacional, e ao reconhecimento gradual de que era errado e prejudicial o fato de o Estado renunciar a todas as responsabilidades pelas crianças, a não ser às responsabilidades mínimas. Disso resultou um interesse comunitário corporificado numa rede de legislação social que agora dá a todas as crianças uma nova posição, baseada em seus direitos legais.

Referências bibliográficas

BAYNE-POWELL, R. *The English Child in the Eighteenth Century*. Nova York: E.P. Dutton, 1939.

BLUNDELL, M. *Cavalier*: Letters of William Blundell to his friends, 1620-98. s.l., 1933.

CAULFIELD, E. *The Infant Welfare Movement in the Eighteenth Century*. s.l., 1931.

EARLE, A. M. *Child Life in Colonial Days*. s.l., 1899.

EDMONDS, T. R. On the Mortality of Infants in England. *Lancet*, 30 jan. 1836.

FULLER, T. *The Holy State*. 1642.

GIBBON, E. *Autobiography*. s.l., 1796.

HARRIS, W. *Treatise of Acute Diseases of Infants*. s.l., 1742.

HILL, J. W. F. (org.). *Letters and Papers of the Banks Family of Revers by Abbey*. s.l.,1952.

JEAFFRESON, J. C. *Brides and bridals*. v.1. s.l., 1872.

JORDAN, K. *Philanthropy in England, 1480-1660*. s.l., 1959.

LOCKE, J. Report to the Board of Trade to the Lords Justices, in the year 1697, respecting the relief and employment of the poor. In: *Report of the Select Committee... from time to time to the House*. 1817.

LYND, S. *English Children*. s.l., 1942.

PINCHBECK, I. *Women Workers and the Industrial Revolution*. s.l., 1930.

THE GENTLEMAN'S MAGAZINE, v.X, fev. 1740.

THE GENTLEMAN'S MAGAZINE, v.V, fev. 1735.

THE GENTLEMAN'S MAGAZINE, v.II, jan. 1732.

VERNEY, E. *Verney Memoirs*. v.2. London: Longmans Green, 1925 [1892].

3
Ciclo de vida dos tapirapé

Herbert Baldus

Nascimento

Em tapirapé, *aán* significa "eu caio" e "eu nasço", correspondendo ao *aa* em Montoya (1876) e no dicionário guarayo de Hoeller (1932). A ligação entre "cair" e "nascer" lembra a palavra alemã *niederkommen*, se bem que esta, além de "vir abaixo", quer dizer "parir" e não "nascer", e a palavra kayapó *kra-rua* que, segundo Lukesch (1965), significa literalmente: "deixar cair a criança."

Não tive ensejo de observar um parto entre os tapirapé, de modo que só posso reproduzir as informações que obtive do rev. Kegel e dos índios. O parto se dá dentro de casa. Enquanto o futuro pai fica na rede, mulheres assistem a parturiente que está ou deitada em outra rede com as pernas encolhidas, ou pendurada, segurando em vigas horizontais. Colocam perto uma grande panela com água que serve para lavar mãe e filho. Sendo o parto difícil, uma mulher aperta o ventre da parturiente até sair a criança. Esta é tomada nos braços por outra mulher que fica embaixo da parturiente. Cortam o cordão umbilical por meio duma tira de taquara e enterram as páreas. Pai e mãe abstêm-se durante um dia de qualquer comida. Ambos permanecem na rede "até acabarem as perdas de sangue, isto é, frequentemente por muitos dias".

Antes do parto não há abstenções alimentares para os futuros pais. Desde o nascimento do filho, durante cerca de dois anos, os pais deixam de comer amendoim e bananas. Além disso, muitas vezes, até que a criança atinja a idade de 6 anos, o pai abstém-se de alimentos naturais que nunca são ingeridos pela mulher, especialmente anta, veado galheiro, ema e jacaré. Só sendo pajé pode comer de tudo. A mulher do pajé, porém, não goza desse privilégio.

Os tapirapé acreditam que a criança morre caso não sejam feitas as mencionadas abstenções. Dizem que então a morte não seria causada, como pensam em geral, por um feiticeiro mau, mas por aquilo que não devia ser comido e que se torna ruim quando comido. E acrescentam que para tais casos os brancos têm muitos remédios que poderiam salvar a criança, ao passo que os tapirapé não têm nenhum, de modo que, entre eles, a criança estaria perdida. A carne de veado que lhes ofereci, muito cobiçada por todos os homens de Tampiitaua, talvez por ser caça que, embora abundante, é raramente morta por eles que não têm arma de fogo, não era aceita por pais de crianças de 1 ano de idade. Mesmo Urukumy que, na qualidade de pajé, poderia comer essa carne, tomou a precaução de passá-la para outro, depois de amavelmente aceitá-la de mim.

A abstenção de bananas e amendoim é impressionante se considerarmos o importante papel desempenhado por esses víveres na alimentação dos tapirapé. É possível que a grande mortalidade de crianças nos primeiros 2 anos de vida tivesse levado a preceitos tão pesados. Aliás, esses índios afirmam que os vizinhos karajá e os brancos comem de tudo quando seu filho está doente, ao passo que os pais tapirapé se alimentam, em tal caso, exclusivamente de mandioca e cauí de milho e de mandioca, mesmo que a criança já tenha mais de 6 anos.

O comportamento dos pais índios em relação ao recém-nascido lembra, de certo modo, um costume dos colonos de S. Bonifácio, no estado de Santa Catarina, provenientes na maioria da Vestfália. Segundo Francisco S. G. Schaden (1940), os pais de família, dessa localidade, acompanhados de sua mulher, visitam no domingo depois do parto, a mulher que deu à luz, não podendo recusar, por ocasião do chamado "Kindchenkaffee", um gole de aguardente, porque do contrário, dizem, o recém-nascido ficaria sem poder urinar. Vemos, portanto, que nesse caso o bem-estar da criança depende do comportamento dos amigos dos pais.

Há tribos sul-americanas que não permitem ao pai, nos primeiros dias depois do parto, ir caçar (cf. Koch-Grünberg, 1923). Fui informado de que o tapirapé, nessas condições, caça e até mesmo acompanhado da mulher, logo que esta possa.

Wagley e Galvão (1948) afirmam que os pais tapirapé devem abster-se de relações sexuais até que a criança esteja "desmamada". Talvez queiram referir-se com esta palavra (*weaned* no original inglês) ao momento em que a criança começa a tomar outros alimentos além do leite materno, pois este é tomado, sendo possível, durante dois, três e mais anos. É verdade que os xamakóko me informaram que entre eles a mulher se abstém de relações sexuais durante dois anos depois do parto (Baldus, 1931). Mas pode ser que nisso influa o fato de estes índios do Chaco não serem sedentários como os tapirapé, de modo que pretendem com tal abstenção evitar o grave obstáculo para as caminhadas de terem um filho a cada ano. Dos taulipáng refere Koch-Grünberg (1923) que o pai, durante um ano inteiro depois do nascimento do filho, não pode ter relações nem com a mãe da criança nem com outra mulher, pois do contrário "o umbigo do filho incha ou a uretra entope e a criança tem de morrer".

Parece que os tapirapé acreditam em concepção mágica, embora saibam ser a gravidez consequência das relações sexuais. Em 31 de março de 1942 contou-me o dr. Wagley que, nos primeiros tempos em que esteve em Tampiitaua, ouviu de repente: "Lá vem Dotoí". Sabia que esse era o nome com que as mulheres e crianças da aldeia costumavam me tratar, acrescentando o diminutivo "i" ao título pelo qual o camarada Daniel me chamava. Wagley, surpreso, virou-se e viu aproximar-se, não o colega de São Paulo, mas um menino tapirapé. "Onde está Dotoí?", perguntou. Indicaram-lhe o menino. "Mas Dotoí está longe", objetou. Então ensinaram-lhe que o menino também se chamava Dotoí, por ser filho do Dotoí de São Paulo. E como prova dessa relação de parentesco mostraram ao etnólogo que o menino, como seu longínquo genitor, não tinha buraco no lábio inferior para uso do tembetá, como se vê nos meninos tapirapé de sua idade. Numa obra cientificamente seca como esta, não é preciso tomar em consideração o que Wagley então pensou de mim e se ele comparou a cor da pele de Dotoí II com a das outras crianças ao redor. Basta dizer que ele é meu amigo e o norte-americano mais compreensivo que conheço. Naturalmente não deixou de perceber que a idade do menino correspondia mais ou menos ao número de anos passados desde a minha estada em Tampiitaua. Verificou também que Vuanomanchi estava desempenhando o papel de pai do rapazinho. E Vuanomanchi tinha sido meu amigo íntimo, em 1935.

Algumas semanas mais tarde, Wagley soube que o "espírito do filho" é trazido para a mulher por um pajé bom durante as excursões que ele costuma fazer no sonho. Os tapirapé não ignoravam a minha capacidade para "sonhar de Tampiitaua até São Paulo", isto é, de realizar tão longa viagem enquanto meu corpo estava dormindo numa rede pendurada na casa de Kamairahó. Não duvidavam ser eu um grande pajé. É claro, pois, que me consideravam habilitado para trazer espírito de criança. O fato de eu ter sido considerado portador do espírito do filho de

Vuanomanchi deve ser tido, antes de tudo, como reconhecimento dos laços de simpatia existentes entre mim e este índio.

Em oposição a certos outros índios, por exemplo, aos guaikurú descritos por Sánchez Labrador (1910), que matam os gêmeos recém-nascidos, os tapirapé, pelo que informaram, gostam de tais nascimentos duplos. Em contradição com esta informação está, porém, a dada por Wagley (1951), segundo a qual também esses tupi matam os gêmeos. Haverá casos especiais em que isso acontece, ou mudança cultural a respeito?

Contaram-me em Tampiitaua que marido e mulher comem bananas inconhas a fim de que lhes nasçam gêmeos, de preferência um casalzinho. Chamam *apekunia* tanto aos gêmeos como a tais filipinas, usando aquele termo também quando há três bananas dentro da mesma casca. Kamairahó disse com referência a tal banana tripla que ela consiste num menino e em duas meninas. Nunca os informantes tapirapé ouviram falar no nascimento de trigêmeos humanos.

Outra tribo de língua tupi, os sirionó da Bolívia oriental, atribui às filipinas o mesmo efeito. Escreve Holmberg (1950):

> Acreditam que os gêmeos nascem porque o pai ou a mãe comeram uma espiga dupla de milho. Na realidade, qualquer planta que possa ser dupla — por exemplo, mandioca ou camote — é cuidadosamente evitada por adultos, a fim de evitar nascimentos múltiplos. Essas plantas sempre são dadas a crianças.

Os sirionó consideram tais nascimentos "não naturais", mas deixam viver ambos os gêmeos (idem, ibidem).

À vista daquilo que ouvi em Tampiitaua a respeito de gêmeos, poder-se-ia talvez supor ter sido a vida pouco sedentária que levou os guaikurú ao infanticídio, enquanto os tapirapé, como lavradores apegados à gleba, gostam de ter muitos filhos, conservando todos os que nascem. Indubitavelmente, o modo de vida daqueles índios caçadores e pastores da bacia do Paraguai contribuiu para que se matassem recém-nascidos. Por outro lado, porém, parece que os tapirapé tampouco deixam viver todas as crianças. Segundo fui informado, acham ruim ter um casal mais de três filhos e mais de dois do mesmo sexo, matando, por isso, os que excedem esses números. Wagley e Galvão (1948) confirmam essas informações, acrescentando que a criança destinada a morrer é enterrada em buraco escavado para as páreas dentro da casa. Como, aliás, já mostrou o capítulo V [do livro *Tapirapé*], havia em Tampiitaua, no ano de 1935, só um casal com três filhos, procedentes do próprio matrimônio, e nenhum com mais do que esse número. Os filhos eram um menino de cerca de 4 anos, uma menina de aproximadamente 11 anos e outra de menos de 1 ano.

[Omitem-se dois trechos: um sobre couvade e outro sobre nomes entre os tapirapé. N.O.]

Infância

O Padre Fernão Cardim (1925) escreveu com referência aos tupinambás: "Os pais não têm cousa que mais amem, que os filhos, e quem a seus filhos faz algum bem tem dos pais quanto quer". Grosso modo, essa frase poderia referir-se a quase todas as tribos do Brasil e, entre elas, aos tapirapé. Tal amor manifesta-se na compreensão com que os adultos tratam as crianças. A uma pergunta do filho, o pai índio nunca responderia: "Isto é coisa de gente grande que você não pode entender", destruindo assim, como certos pais brancos, a confiança com que o menino procura o amigo mais instruído. O pai índio não fala com ar de superioridade e assim não se abre aquele abismo divisório que, entre nós, frequentemente separa as crianças dos adultos.

Aliás, já antes mesmo de a criança chegar à idade de pedir explicações, o tapirapé mostra, em relação a ela, seu espírito de paciência. Nunca esquecerei a atitude de Vuanomanchi quando uma criancinha sentada em seu colo urinou nas suas pernas nuas. Nada de agitação! O digno pai de família sequer se levantou. Tomou do chão um pedaço de palha, empurrando com este o líquido. Não se limpou esfregando nem levantando. Não disse palavra nem fez movimento que pudesse molestar a criança.

Nunca também esquecerei o comportamento de Maäyma durante a doença de sua filhinha. Muitas mulheres estavam chorando ao redor da rede da menina e Maäyma era o único homem que chorava. Sentado na sua rede, cobria o rosto com as mãos e soluçava. Parecia ter emagrecido no curto tempo em que a criança ficara doente. Como convém ao pai cuidadoso, nada comera, nesse tempo, além de um pouco de cauí de milho e farinha de mandioca. No dia seguinte, tendo aparentemente melhorado a menina, Maäyma, deitado na rede, a segurava como uma coisa quebradiça e quando movia, às vezes, as mãos, as movia com embaraço.

Na tribo dos tapirapé, como em muitas outras tribos índias, a ligação íntima e constante entre filho e pais é reconhecida e respeitada pelos últimos por meio das abstenções a que se submetem em prol da criança durante longo tempo e não só quando esta adoece. Também a época dos contatos físicos dura mais do que, em geral, entre nós. Embora seja exagerada a afirmação de frei Vicente do Salvador (1887), segundo a qual certas mães tupinambá davam de mamar aos filhos "sete ou oito anos", podemos supor que, a esse respeito, se deu entre esses tupi, o mesmo que observamos entre os tapirapé e numerosas outras tribos do Brasil, isto é, uma criança que já, sem a guarda dos adultos, brinca correndo com outras crianças, se sacia ainda nos seios maternos. As crianças karajá, segundo Lipkind (1948), dormem com a mãe até desmamar. Em Tampiitaua encontrei, dormindo com ambos os pais na mesma rede, em 1935, um menino e uma menina de 1 ano, duas meninas de 3 anos e uma menina de 4 anos, e, em 1947, duas meninas de 1 ano; dormindo com a mãe, em 1935, uma menina de poucos meses, uma menina de 1 ano, uma menina de mais de 1 ano e um menino de 3 anos; em 1947, um menino de 1 ano, um menino de 2 e um menino de 4 anos; dormindo com o pai, sendo que a mãe dormia numa rede pegada, com a criança menor, em 1935, uma menina e um menino de 4 anos e uma menina de 6 anos e, em 1947, um menino de 2 anos; ainda no mesmo ano, dormindo com o pai, homem de 35 anos de idade, uma menina de aproximadamente 10 anos, enquanto a mulher, que não era a mãe da menina, grávida de cerca de sete meses, estava deitada na rede pegada; e, em 1935, dormindo com a irmã maior da mãe, um menino de 6 anos, enquanto a mãe dormia em outra casa com o marido, que não era pai do menino.

Com carinho especial os tapirapé enfeitam as crianças. Mostrei [no capítulo VI do livro *Tapirapé*] como já antes do nascimento do filho preparam *tamankurá* para seus tornozelos. Vindo à luz tratam de guarnecê-lo com os adornos tradicionais da tribo, pendurando-lhe ao pescoço, além disso, miçangas obtidas dos brancos. Estas, como qualquer outra coisa que lhe dão, são respeitadas, então, como sendo propriedade da criança. Um colecionador de museu teria, às vezes, dificuldade em obter um objeto do qual dispõe exclusivamente uma criança ainda não bastante crescida para poder entender o seu desejo.

Fiquei comovido quando vi uma mãe tapirapé que atravessava a praça da aldeia procurar proteger contra o forte sol do meio-dia seu filhinho de poucos meses. Apertava-o contra o ventre e corria profundamente curvada, de modo que a criança estava na sombra produzida pelo corpo nu da mulher. Só ao alcançar a maloca a mãe voltou a erguer-se e a carregar a criança nos braços.

Em geral, a criança de Tampiitaua, quando carregada, cavalga no quadril do adulto e este a segura com a mão. O mesmo vemos entre os karaká (cf. também Krause, 1911). Em ambas as tribos não observei o uso de charpas de carregar crianças [...]. Embora as mulheres tupinambá, segundo Fernão Cardim (1925), transportassem os filhos "metidos nuns pedaços de redes", carregavam-nos à maneira tapirapé "como ciganas escanchados no quadril". Staden (1927), porém, afirma que trabalhando os carregavam às costas, e mostra isso em xilogravuras. Como entre os habitantes de Tampiitaua, também entre os antigos tupi orientais, segundo Vicente do Salvador (1887), eram tanto as mães como os maridos que traziam o filho ao colo.

Referindo-se ao taulipáng, Koch-Grünberg (1923) observa que os pais raríssimas vezes falam rispidamente ao filho ou lhe batem, acrescentando: "Nunca vi punição exemplar". Isto poderia ser dito também, a respeito de quase todas as tribos do Brasil e, especialmente, acerca dos tapirapé. Dos tupinambá observa Fernão Cardim (1925) que não aplicavam ao filho "nenhum gênero de castigo". Entre os karajá, segundo Lipkind (1948), "às vezes a caçoada é usada como castigo para crianças muito desobedientes". Os pais tapirapé costumam rir-se da criança que chora, salvo se estiver doente.

Em 1935 encontrei em Tampiitaua nove órfãos de pai e mãe com menos de 10 anos de idade, sendo seis meninos a saber: um de 3, três de 5 e dois de 8 anos, e três meninas que tinham entre 6 e 8 anos. Dessas últimas, uma tinha sua rede ao lado da do irmão do pai, e outra na casa da madrasta. Um dos meninos de 5 anos tinha a rede ao lado da rede da irmã do pai. Não achei parentes chegados dos outros seis órfãos. O menor destes, o menino de 3 anos, não tinha sorte invejável. Servia de joguete à aldeia, sendo vítima dos bons e maus humores de cada um. Andava sujo e triste. Os órfãos maiores, porém, não estavam em tal estado lamentável, não se distinguindo, no comportamento, das outras crianças da mesma idade. Segundo Wagley e Galvão (1949), na tribo tupi dos tenetehara (Guajajara) do Maranhão, só os órfãos masculinos são descuidados. Em 1947 encontrei em Tampiitaua um único órfão de pai e mãe com menos de 10 anos de idade. Era um menino de cerca de 2 anos. Quando os kayapó, pouco depois de minha visita, assaltaram a aldeia, foi capturado por eles. O fato de ser a única criança roubada por essa ocasião talvez contribua para caracterizar a situação dos órfãos de menos de 4 anos.

Contrastando com estas crianças insuficientemente protegidas, encontramos, entre os tapirapé, uma figura que se distingue da criança comum por ser tratada com muito mais atenção e mimo. Em 1935 era Ampitania a "criança preferida". Esta menina de 4 a 5 anos era realmente a princesinha de Tampiitaua. Sempre se mostrava delicada e polida, revelando cada vez novos encantos. Andava muito mais enfeitada do que as outras crianças, usando, além dos enfeites de algodão pintados de urucu, penugem branca colada no corpo e vários colares de miçangas. Estava alternadamente na companhia dos dois homens mais importantes da aldeia, passando um dia e uma noite com Kamairahó e sua mulher, e o dia e noite seguintes com Vuatanamy e esposa. Morava, portanto, nas duas casas maiores e com os líderes que, de certo modo, eram rivais. Tinha assim, sem dúvida, função unificadora. Kamairahó fez questão de dizer-me, repetidamente, descender ela de "capitães", chamando assim minha atenção para o "sangue azul" da menina. Aliás, ele mesmo parece ter sido também "criança preferida" (cf. Wagley; Galvão, 1949).

A instituição da "criança preferida" existe igualmente entre os karajá, segundo minha averiguação feita em 1935 (cf. Baldus, 1937) e confirmada, anos mais tarde, por Lipkind (1948). Estes índios do Araguaia têm termo especial para tais crianças, denominando-as *ioló*.

Entre os tapirapé, como em todas as outras tribos sul-americanas que visitei, observei o comportamento das crianças entre si e em relação com os adultos, o qual se distingue profundamente do comportamento das crianças que conheci na Alemanha. Estas aparentavam, por assim dizer, muito mais "infantilidade" que as crianças índias e também muitas crianças neobrasileiras. Seu interesse pelo mundo dos adultos era menor, por ser-lhes esse mundo menos acessível do que para as crianças das selvas e cidades do Brasil. Por não discutirem com os adultos em pé de igualdade, comportamento muito comum entre as crianças daqui, as crianças educadas no autoritarismo alemão do começo de nosso século não tinham tanto "ar de adulto". A atitude da criança índia é determinada, porém, não só pela liberdade de que goza, como muitas crianças neobrasileiras, mas também por dois outros fatores que sempre a tornam parecida com os adultos: 1) entre índios, as atividades da criança se assemelham muito mais às dos adultos do que entre nós, nunca representando espécies de trabalhos diferentes das executadas pelos pais; 2) a criança índia possui propriedade particular desde a mais tenra idade, propriedade da qual ela e exclusivamente ela pode dispor à vontade.

À rigorosidade com que é respeitada a propriedade da criança já aludimos acima. No tocante aos trabalhos, pode-se dizer que as crianças tapirapé aprendem brincando aquilo que é o trabalho dos adultos. O menino de 3 anos já tem um pequeno arco com flechas, cujo tamanho corresponde à estatura do dono. A menina de 3 anos já possui uma pequena peneira, cujo tamanho corresponde à estatura da dona. Assim, os dois vão pescar como um casal adulto, o pequeno homem flechando os peixes, a pequena mulher recolhendo-os na peneira. Naturalmente o tamanho dos peixes corresponde também à estatura dos pescadores. Voltando à casa põem os peixinhos na brasa, assando-os. Depois os comem, mostrando assim que tapirapé de 3 anos já sabe cuidar da vida. Crescendo menino e menina, crescem arco e peneira também, até alcançarem, estando os donos na puberdade, o tamanho dum arco de homem e duma peneira de mulher. E assim se dá com tudo que é manejado por esses índios, a saber cacetes, cestos, pilões, fusos e outros utensílios. Isso, porém, não significa que os meninos, antes da puberdade, participem tão seriamente da vida econômica como as meninas que, desde pequenas, enquanto os meninos vadiam, ajudam frequentemente a mãe, na medida das forças e capacidade de sua idade, representando, assim, um fator cada vez mais produtivo.

Naturalmente, as crianças tapirapé imitam os adultos não só nos trabalhos. Desde cedo já praticam o sorriso por assim dizer automático que caracteriza esses índios, como também uma certa afabilidade e aquilo que mais agita a alma de sua tribo, isto é, a dança e o canto. Vi meninos de 4 a 7 anos fabricarem para si máscaras de dança com folha de banana-brava, colocá-las na cabeça e, então, dançam e cantam de modo correspondente à espécie de máscara usada. Na aldeia karajá de Santa Isabel assisti em 1947 a cenas semelhantes.

Podemos dizer das crianças desta aldeia da ilha do Bananal, de Tampiitaua e de muitas outras tribos brasileiras, o mesmo que Fernão Cardim (1925) escreveu com referência aos tupinambá:

> [...] os meninos são alegres e dados a folgar e folgão com muita quietação e amizade, que entre elles não se ouvem nomes ruins, nem pulhas, nem chamarem nomes aos pais e mães, e raramente quando jogão se desconcertão, nem desavêm por cousa alguma, e raramente dão uns nos outros, nem pelejão [...].

Autores modernos nos falam, de modo semelhante, das crianças agradáveis que encontraram entre índios sul-americanos (cf., por exemplo, Koch-Grünberg, 1923).

Crianças pequenas de ambos os sexos, até cerca de 5 anos de idade, são chamadas *antaí* em tapirapé. No vocabulário nheengatu de Stradelli (1929) encontramos o seguinte verbete:

> Taína — criança. Nome que serve para os dous sexos durante os primeiros annos de vida, até que comecem a andar e a falar, quando já tenham recebido um nome, e já comecem a especializar-se nos respectivos serviços, porque então passa o menino a ser curumi e a menina, chunhantaí.

Os tapirapé usam, além disso, os termos *ampyki* para o menininho e *pi-tyngi* para a menininha. Yves d'Evreux (1864), tratando dos "degraus" de idade dos tupinambá do Maranhão, escreve: "*Le premier degré supposé comum aux mascles & aux femelles sortans immediatement du ventre de leurs mères, appelé du mot,* Peitan..." [O primeiro degrau supostamente comum a meninos e meninas assim que deixam o útero materno é chamado *Peitan*]. Em Montoya (1876), lemos: "*Niña, o niño hasta três años, Mitang*".

De cerca de 6 anos até aproximadamente 12 anos, isto é, até a primeira menstruação da menina e o começo da puberdade do rapazinho, os tapirapé chamam aquela de *kutantaí* e este de *ekonomí*. Montoya (1876) dá *Cuña taí* para "*niña hasta diez años*" e *Cunumí* para "*Muchacho*".

Passagem para a maioridade

Entre os tapirapé, a entrada para o grupo dos adultos é solenizada, em ambos os sexos.

Com aproximadamente 12 anos, o rapaz deixa de ser *ekonomí* para tornar-se *auayai*. Começa a usar estojo peniano e a dormir na *takana*. Tal como o rapaz karajá da mesma idade (cf. Krause, 1911; Lipkind, 1948) pintam-no inteiramente com jenipapo, cortando-lhe o cabelo rente à cabeça. Escarificam-lhe os braços e as pernas [...]. Não somente isso como também o banho matinal tem o fim de enrijecê-lo. De madrugada, podiam-se ver os rapazes sair da casa dos homens para entrarem na água e de lá voltarem tiritando de frio.

O tapirapé fica em tal *status* de "iniciando" por mais ou menos dois anos, sendo no segundo ano tratado de *auayahó*. Durante todo esse tempo tem de abster-se de carne de veado e da de certos outros animais. As escarificações são várias vezes repetidas.

A entrada para o *status* de "homem", *achivuaité*, é marcada por uma cerimônia chamada "amarrar o cabelo", segundo Wagley (1943), "pois que desde então o rapaz passará a usar o cabelo amarrado sobre a nuca, à maneira dos adultos". Sendo esta cerimônia realizada ao findar da estação chuvosa, isto é, mais ou menos em março, não tive ensejo de assistir a ela. Wagley

(1943) publicou boa descrição do festival em que, como prova de resistência, o jovem tapirapé, envergando a grande roda de cabeça, adornada de penas, o tembetá de quartzo e numerosos outros adornos, deve dançar 24 horas seguidas, tendo à sua volta homens e mulheres que dançam e cantam.

Informaram-me em Tampiitaua que atualmente, devido à diminuição do número de homens em *status* de guerreiro, o rapaz tem de passar por aquela cerimônia muito mais cedo do que antigamente. Esta antecipação de "iniciação" parece demonstrar que, para a instituição em apreço, o fator social tem maior importância do que o fenômeno biológico da puberdade.

Já o fato de eu não ter conseguido adquirir, a preço algum, o único tembetá de quartzo existente, em 1935, em Tampiitaua, dá ideia da vontade de conservar íntegros todos os aspectos da cerimônia, única oportunidade na qual aquele adorno labial entra em função.

Acerca dos tupinambá, escreve Métraux (1928): "Le passage de l'enfance à la puberté n'était marqué pour les garçons par aucune cérémonie particulière". [A passagem da infância para a puberdade era mais forte para os meninos e marcada por uma cerimônia específica.] Florestan Fernandes (1949), referindo-se ao fato, observa: "[...] as cerimônias de iniciação processavam-se muito depois", interpretando (1949, p.231) como sendo aspectos da iniciação o jovem tupinambá aprisionar um inimigo, matá-lo ritualmente e passar pelas cerimônias de renomação realizadas em consequência disso, dependendo desses atos a "admissão formal" do homem de 25 anos para cima "à convivência dos adultos". O problema aqui está não somente em ser muito tarde essa admissão, mas também em saber se todo tupinambá conseguia aprisionar um adversário. Mas seja como for, todos aqueles atos ligados ao complexo da antropofagia não têm relação alguma com a solenização da entrada para o grupo dos adultos entre os tapirapé.

Na tribo tupi dos tenetehara (Guajajara) do Maranhão, Wagley e Galvão (1949) assinalam que a passagem para a maioridade é marcada por uma cerimônia realizada, toda vez, ao mesmo tempo, para vários iniciandos de ambos os sexos, consistindo, principalmente, em danças e cantos coletivos e em exibições de pajelança por meio dos xamãs que se deixam possuir por seres sobrenaturais. Os iniciandos não participam desses cantos e danças, mas quando, ao pôr do sol, tudo termina, com as práticas mágicas, sendo eles então considerados "homens", começam timidamente e com voz baixa a participar de outros cantos.

Os tapirapé distinguem-se, por conseguinte, a respeito da entrada do rapaz para o grupo dos adultos, tanto dos tupinambá como dos tenetehara, isto é: daqueles, por solenizar a passagem, ou, se admitimos a interpretação de Florestan Fernandes, por solenizá-la mais cedo e de modo diverso e, destes, pelos aspectos inteiramente diferentes da cerimônia, destacando-se o fator de ser ela realizada, em Tampiitaua, individualmente para cada iniciando e não para vários ao mesmo tempo e em conjunto com as meninas. Wagley e Galvão (1949) mencionam ainda que, antigamente, entre os tenetehara, rapazes e meninas tinham de passar, antes daquela cerimônia, durante dez dias ou mais, cada um por si, num ranchinho que distava quarenta ou cinquenta metros da aldeia. Não me consta semelhante reclusão dos iniciandos tapirapé.

A passagem do rapaz para a maioridade é, portanto, uma instituição pela qual os tapirapé diferem consideravelmente daquelas duas outras tribos tupi e que os assemelha aos karajá com referência à pintura do corpo e ao corte do cabelo.

O ritual, porém, em que o jovem pesadamente carregado de adornos tem de dançar, como prova de resistência, 24 horas seguidamente, apresenta-se como sendo peculiar aos tapirapé, pois é motivado pela lenda de uma aventura de um antepassado desses índios (cf. Wagley, 1943), não havendo, por outro lado, informação em Krause (1911) e Lipkind (1948) da qual se pudesse deduzir sua existência entre os Karajá. Krause (l.c.) escreve que estes não parecem realizar cerimônias ao tatuar o distintivo tribal nos púberes de ambos os sexos, e Lipkind (l.c.), com referência ao "amarrar o cabelo" do rapaz karajá, observa somente: "quando seu cabelo chega a descer até o ombro, é enrolado numa trança, e o rapaz atinge o *status* integral de homem jovem".

Com a primeira menstruação, a menina tapirapé passa a ser *kuchamukú*. O vocabulário nheengatu de Stradelli (1929) dá Cunhã-mucú com o significado de "Moça púbere". Yves d'Évreux (1864), depois de ter tratado do segundo e terceiro "graus" de idade da menina tupinambá, sendo esta chamada naquele de *Kougnantin-myri* e neste de *Kougnantin*, escreve: "O quarto grau é a partir de 15 anos até 25; o que impõe à moça dessa idade o nome de *Kougnanmoucou*, isto é, uma moça ou mulher em seu tamanho e estatura perfeita, que nestes locais denominamos moça casadoura."

Os tapirapé designavam, além disso, a moça menstruada mas ainda não tatuada, como o termo *ikymohó*. Em Stradelli (1929) lemos: "*Cunha-kyra* — Virgem (mulher que ainda dorme?)".

Quando tatuada, a tapirapé chama-se *achahít* ou *ikuchiniania*. Tratei, em outro capítulo, da tatuagem cuja finalidade era distinguir a mulher da menina. Verifiquei em 1947 que, nos últimos anos, por falta de especialistas, essa tatuagem deixou de ser aplicada às moças casadouras.

Entre os tapirapé, homem e mulher designam a menstruação com termos diferentes, dizendo aquele *achekakúm* e a mulher *achemaniám*. O homem emprega, ainda outro termo, a saber: *aramungmúng*. Quando Kamairá me disse esta palavra em presença de sua mulher, ela, mostrando-se envergonhada, reprovou-o com gestos amistosos. Stradelli (1929) apresenta o vocábulo *Iamunera* para "menstruo". Em Montoya (1876) encontramos: "*Regla, menstruo de la mujer la primeira vez,* Nê môndiá. *Las demás vezes,* Mýñê'y."

Em 27 de junho de 1935, de manhã, Mariampinió, moça tapirapé de 12 a 14 anos que havia dois anos convivera com homem, é enfeitada de maneira muito especial por Taipá, viúva de idade bem madura e que morava com ela na mesma casa. É que nesse dia terminara a primeira menstruação de Mariampinió. Taipá pinta-lhe o corpo com jenipapo, traçando desenhos geométricos, coloca-lhe no pescoço numerosos colares de contas de diversas cores e nos tornozelos os adornos recém-cobertos de urucu. Põe tal quantidade da mesma matéria corante na cabeleira puxada para trás, que esta parece espessa gorra vermelha. Durante todos esses aprestos, Mariampinió está sentada apaticamente no solo. Quando acabam, ela se deita e fica com a mesma apatia na rede. À noite, o urucu é tirado de seu cabelo, e ela, ainda com ar sério e aparentemente fatigada, participa com outras mulheres da dança do *kauí* de milho. No tempo do "milho grande", isto é, na próxima estação chuvosa, ela receberá a tatuagem, característica da mulher adulta.

Durante as menstruações, a mulher tapirapé nada come além do *kauí* de milho ou de mandioca. Isto não quer dizer que, nessas ocasiões, ela seja considerada doente, como acontece com a menstruada de certas tribos do Chaco (Baldus, 1931), ou impura e obrigada à reclusão isolada. A "rede de menstruação", que se distingue das outras redes por ter abertura especial no meio, existia em tão poucos exemplares que podia ser tida como objeto de luxo excepcional. A maioria das mulheres dormia também durante a menstruação com o marido na mesma rede e nenhuma delas se tamponou para obstruir o fluxo de sangue que, aliás, costumava ser relativamente fraco.

Wagley e Galvão (1949) escrevem com referência à moça tapirapé: "Durante os três primeiros ciclos menstruais da moça, no seu corpo se traça um desenho geométrico com jenipapo". Não tive oportunidade de observar segunda e terceira menstruações, e, como mencionei acima, Mariampinió foi pintada no fim e não durante a primeira menstruação. Continuam os mesmos autores (ibidem): "Nesse período, deve abster-se de relações sexuais. Não existe cerimônia especial de puberdade para moças." Também eu não notei outra coisa, por ocasião da primeira menstruação, além do acima descrito. Mas, à vista do fato de existir aquela ornamentação festiva para assinalar especialmente tal acontecimento, acho que podemos dizer que a entrada da jovem tapirapé para o grupo das mulheres adultas é solenizada. Acresce, ainda, que importante detalhe na mencionada ornamentação lembra, de certo modo, aspectos característicos da iniciação da moça entre antigas tribos tupi-guarani. É que também ao defunto os tapirapé untam o cabelo com urucu, e talvez haja nisto uma relação com um fenômeno para o qual Florestan Fernandes (1949) chamou a atenção, isto é, com as analogias que havia, naquelas tribos, entre práticas ligadas à primeira menstruação e a morte. Já Métraux (1928) tinha apontado, com referência aos tupinambá, a semelhança entre o costume de fazer incisões no corpo do homem que matou outro ou perdeu um parente e o de cortar a pele da moça púbere. Florestan Fernandes (1949) vai mais longe quando, baseado na mesma fonte de Métraux, isto é, em Thevet, afirma que "a iniciação das mulheres entre os tupinambá implicava a observância de ritos de morte, e de renascimento". Cita (ibidem., p.228), ainda, a seguinte informação bem significativa de Montoya (1876) acerca dos guarani da região de Guaíra: "As raparigas, quando chega o tempo da menstruação, elas deitam imediatamente nas suas redes, as envolvem e costuram realmente como fariam com um defunto em sua mortalha, e deixam unicamente de costurar para o lado da boca para que elas possam respirar".

Referências bibliográficas

BALDUS, H. *Ensaios de etnologia brasileira*. São Paulo, 1937.

BALDUS, H. Indianerstudien in nordostlichen Chaco. *Forschungen zur Völkerpsychologie una Soziologie* XI, Leipzig, 1931.

CARDIM, F. *Tratado da terra e gente do Brasil*. Rio de Janeiro, 1925.

D'ÉVREUX, Y. *Voyage dans le nora du Brésil fait durant les années 1613 et 1614*. Avec une introduction e des notes par Ferdinand Denis. Leipzig/Paris, 1864.

FERNANDES, F. *Organização social dos Tupinambá*. São Paulo, 1949.

HOELLER, A. *Guarayo-Deutsches Wörterbuch*. Hall in Tirol, 1932.

HOLMBERG, A. R. Nomads of the Long Bow. *Smithsonian Institution*, n.10, 1950.

KOCH-GRÜNBERG, T. *Vom Roraima zum Orinoco. Ergebnisse einer Reise in Nordbrasilien una Venezuela in der ahren 1911-1913*. Parte III – *Ethnographie*. Stuttgart, 1923. [Edição brasileira: *Do Roraima ao Orinoco*. São Paulo: Unesp, 2006]

KRAUSE, F. *In der Wildnissen Brasiliens*. Berich und Ergebnisse der Leipziger Araguaya-Expedition 1908. Leipzig, 1911.

LABRADOR, J. S. *El Paraguay Católico*. 2v. Buenos Aires, 1910.

LIPKIND, W. *The Carajá. Handbook of South Indians*, III. Washington: Smithsonian Institution. Bureau of American Ethnology. Bulletin 143, 1948.

LUKESCH, A. Stellung der Frau in einer indianischen Gesells-chaftsordnung. *Mitteilungen der Anthropologischen Gesellschaft in Wien, XCV*. Horn Viena, 1965.

MÉTRAUX, A. *La religion des Tupinamba et sés rapports avec celle des autres tribus tupi-guarani*. Paris, 1928.

MONTOYA, A. R. de. *Vocabulário y Tesoro de la lengua guarani, o mas bien tupi*. Parte II: *Tesoro guarani (o tupi) español*. Nueva edición. Viena/ Paris, 1876 [Madri, 1640].

SALVADOR, V. *História do Brasil*. Rio de Janeiro, 1887 [1627].

SCHADEN, F. S. G. *Notas sobre a localidade de São Bonifácio*. Florianópolis, 1940.

STADEN, H. *Warhaftige Historia und beschreibung eyner Landts-chafft der wilden nacketen grimmigen Menschafresser-Leuthen in der Newenwelí America gelegen, etc*. Frankfurt a. M., 1927.

STRADELLI, E. Vocabulários da língua geral portuguez-nheêngatú e nheêngatú-portuguez, precedidos de um esboço da Grammatica nheênga-umbuêsáua miri e seguidos de contos de lingua geral nheêngatú porandua. *Revista do Instituto Histórico e Geográfico Brasileiro*, t.CIV, v.158 (fev. 1928), Rio de Janeiro, 1929.

WAGLEY, C. Cultural Influences on Population: A Comparison of two Tupi Tribes. *Revista do Museu Paulista*, Nova Série, V, São Paulo, 1951.

WAGLEY, C. Um Tapirapé atinge a maioridade. *Revista do Museu Nacional*, ano I, n.3, Rio de Janeiro, 1943.

WAGLEY, C.; GALVÃO, E. *The Tenetehara Indians of Brazil*. Nova York, 1949.

WAGLEY, C.; GALVÃO, E. *The Tapirapé. Handbook of South American Indians III*.Washington, Smithsonian Institution. Bureau of American Ethnology. Bulletin 143, 1948.

4
Um menino vai para a escola*

RAUL POMPEIA

"Vais encontrar o mundo, disse-me meu pai, à porta do Ateneu. Coragem para a luta." Bastante experimentei depois a verdade deste aviso, que me despia, num gesto, das ilusões de criança educada exoticamente na estufa de carinho que é o regime do amor doméstico, diferente do que se encontra fora, tão diferente, que parece o poema dos cuidados maternos um artifício sentimental, com a vantagem única de fazer mais sensível a criatura à impressão rude do primeiro ensinamento, têmpera brusca da vitalidade na influência de um novo clima rigoroso. Lembramo-nos, entretanto, com saudade hipócrita, dos felizes tempos; como se a mesma incerteza de hoje, sob outro aspecto, não nos houvesse perseguido outrora e não viesse de longe a enfiada das decepções que nos ultrajam.

* Raul Pompeia, *O Ateneu*, 2.ed. São Paulo: Melhoramentos, s.d., p.11-3. (1.ed. Rio de Janeiro: Tip. Gazeta de Notícias, 1888.)

Eufemismo, os felizes tempos, eufemismo apenas, igual aos outros que nos alimentam, a saudade dos dias que correram como melhores. Bem considerando, a atualidade é a mesma em todas as datas. Feita a compensação dos desejos que variam, das aspirações que se transformam, alentadas perpetuamente do mesmo ardor, sobre a mesma base fantástica de esperanças, a atualidade é uma. Sob a coloração cambiante das horas, um pouco de ouro mais pela manhã, um pouco mais de púrpura ao crepúsculo — a paisagem é a mesma de cada lado beirando a estrada da vida.

Eu tinha onze anos.

Frequentara como externo, durante alguns meses, uma escola familiar do Caminho Novo, onde algumas senhoras inglesas, sob a direção do pai, distribuíam educação à infância como melhor lhes parecia. Entrava às nove horas, timidamente, ignorando as lições com a maior regularidade, e bocejava até às duas, torcendo-me de insipidez sobre os carcomidos bancos que o colégio comprara, de pinho e usados, lustrosos do contato da malandragem de não sei quantas gerações de pequenos. Ao meio-dia, davam-nos pão com manteiga. Esta recordação gulosa é o que mais pronunciadamente me ficou dos meses de externato; com a lembrança de alguns companheiros — um que gostava de fazer rir à aula, espécie interessante de mono louro, arrepiado, vivendo a morder, nas costas da mão esquerda, uma protuberância calosa que tinha; outro adamado, elegante, sempre retirado, que vinha à escola de branco, engomadinho e radioso, fechada a blusa em diagonal do ombro à cinta por botões de madrepérola. Mais ainda: a primeira vez que ouvi certa injúria crespa, um palavrão cercado de terror no estabelecimento, que os partistas denunciavam às mestras por duas iniciais como em monograma.

Lecionou-me depois um professor em domicílio.

Apesar deste ensaio da vida escolar a que me sujeitou a família, antes da verdadeira provação, eu estava perfeitamente virgem para as sensações novas da nova fase. O internato! Destacada do conchego placentário da dieta caseira, vinha próximo o momento de se definir a minha individualidade. Amarguei por antecipação o adeus às primeiras alegrias; olhei triste os meus brinquedos, antigos já! os meus queridos pelotões de chumbo! espécie de museu militar de todas as fardas, de todas as bandeiras, escolhida amostra da força dos estados, em proporções de microscópio, que eu fazia formar a combate como uma ameaça tenebrosa ao equilíbrio do mundo; que eu fazia guerrear em desordenado aperto, — massa tempestuosa das antipatias geográficas, encontro definitivo e ebulição dos seculares ódios de fronteira e de raça; que eu pacificava por fim, com uma facilidade de Providência Divina, intervindo sabiamente, resolvendo as pendências pela concórdia promíscua das caixas de pau. Força era deixar à ferrugem do abandono o elegante vapor da linha circular do lago, no jardim, onde talvez não mais tornasse a perturbar com a palpitação das rodas a sonolência morosa dos peixinhos rubros, dourados, argentados, pensativos à sombra dos tinhorões, na transparência adamantina da água...

Mas um movimento animou-me, primeiro estímulo sério da vaidade: distanciava-me da comunhão da família, como um homem! ia por minha conta empenhar a luta dos merecimentos; e a confiança nas próprias forças sobrava. Quando me disseram que estava a escolha feita da casa de educação que me devia receber, a notícia veio achar-me em armas para a conquista audaciosa do desconhecido.

Um dia, meu pai tomou-me pela mão, minha mãe beijou-me a testa, molhando-me de lágrimas os cabelos e eu parti.

Parte 2

Interpretações globais do desenvolvimento

Introdução

Nesta Parte 2, depois de uma introdução que procura mostrar como apareceu a psicologia da criança, são apresentados textos que defendem a teoria comportamentista, a psicanalítica e a organísmica. Um pequeno trecho de Robert White, com comentários a respeito das consequências de experiências infantis para o comportamento adulto, encerra esta parte do livro.

* * *

Se uma teoria resultasse de um conjunto de dados coerentes, ainda não haveria lugar para uma concepção global da infância. Afinal, não é difícil demonstrar que os dados que temos a respeito do comportamento infantil — a respeito de percepção, sentimento ou pensamento de crianças — estão muito longe de coerência. Nem por outra razão, diga-se de passagem, existem teorias contraditórias a respeito desse comportamento. Ocorre que uma teoria não é apenas isso, nem principalmente isso; na maioria das vezes, embora não resulte de dados coerentes, a teoria apresenta um conjunto de hipóteses que esperam comprovação. Nesse sentido, seria absurdo esperar que a teoria, uma vez enunciada, tivesse todas ou quase todas as provas de que precisa para ser confirmada.

Se não temos os dados que confirmem a teoria, como podemos julgá-la? Um critério para isso é verificar se, em si mesma, a teoria é coerente; outro critério é saber até que ponto pode dar conta dos dados que utiliza, ou saber se permite a explicação de fenômenos importantes. Em última análise, a teoria só poderá ser aceita no momento em que for confirmada; no entanto, se não for claramente desmentida, é possível continuar a aceitá-la como explicação provisória, pelo menos enquanto não aparecerem outras teorias melhores ou mais coerentes, ou que mais facilmente possam ser comprovadas.

Consideremos como exemplo a teoria dos sonhos, apresentada em 1900 por Sigmund Freud. Está claro que Freud tinha várias observações, tanto de seus sonhos, quanto de sonhos dos pacientes, e foi a partir de tais observações que chegou à teoria. Mas não havia, no momento, uma forma adequada para sua comprovação.

De maneira bem esquemática, a teoria dizia o seguinte: o sonho é a realização disfarçada de um desejo reprimido; a função do sonho é, de um lado, proteger o sono; de outro, permitir que os desejos de vigília, que não puderam ser satisfeitos, e que exerceriam uma pressão insuportável na pessoa, possam encontrar uma forma de expressão inócua. Por hipótese, a pessoa que não sonhasse acabaria por apresentar desequilíbrio. Além disso, Freud apresentava várias hipóteses de ordem fisiológica, pelas quais seria possível explicar por que o sonho apresenta uma alucinação, enquanto o devaneio é percebido como algo imaginado, ou explicar por que um desejo "perigoso" na vigília é inócuo durante o sono.

Está claro que a comprovação dessa teoria precisaria ser feita por etapas, pois cada uma das afirmações anteriores supõe um encadeamento de variáveis, de forma que seria possível comprovar uma parte da teoria sem comprovar as outras. De maneira bem ampla, a parte de comprovação mais fácil seria a referente à função do sonho com relação ao sono: como frequentemente continuamos a dormir depois de um ruído externo que nos despertaria (por exemplo, a campainha do despertador), e como nesses casos surge um sonho que integra o ruído externo, de maneira que não chegamos a despertar, parece aceitável a hipótese de que todos os sonhos tenham, entre outras, essa função. A parte de comprovação mais difícil refere-se à hipótese de que o sonho representa a realização de um desejo anterior: a comprovação pela interpretação posterior é logicamente falha, como toda interpretação *a posteriori*; todos sabem que a confirmação efetiva de uma teoria é obtida quando conseguimos provocar um fenômeno, de acordo com variáveis que controlamos. Como fazer o caminho inverso ao do sonho, isto é, como seria possível saber, antecipadamente, qual o desejo do sonhador, para depois verificar se esse desejo apareceria disfarçado no sonho? Alguns discípulos de Freud encontraram uma solução engenhosa para o problema: sugerir, durante sono hipnótico, um desejo, e "obrigar" a pessoa a sonhar com esse desejo. Se o sonho assim obtido correspondesse ao sonho interpretado por Freud, haveria uma confirmação parcial para a afirmação de que o sonho apresenta o desejo de maneira disfarçada.

No entanto, a parte mais importante da teoria dos sonhos, a afirmação de que se a pessoa não sonhasse acabaria por apresentar perturbações, esperou aproximadamente 50 anos para uma confirmação parcial. Hoje, quando se sabe que é possível identificar certas fases do sonho por meio de movimentos dos olhos, embora estes estejam fechados durante o sono, a teoria parece razoavelmente confirmada, pois, embora durma, se não sonhar a pessoa apresenta perturbações.

Ora, se pensarmos que a teoria dos sonhos é apenas parte da teoria psicanalítica, é fácil compreender quantos trabalhos de pesquisa e, em outros casos, quantos desenvolvimentos técnicos serão necessários para que seja possível confirmar ou desmentir as afirmações iniciais de Freud. E, aqui, convém dar um outro exemplo. Há um aspecto da teoria freudiana — a sua interpretação da vida social — que parece bem menos passível de comprovação rigorosa. Como saber se a sociedade contemporânea apresenta mais repressão da vida instintiva do que a vida primitiva? Como comprovar que hoje temos mais neuróticos do que há 200 ou 300 anos? Mesmo assim, algumas hipóteses de Freud — referentes, por exemplo, ao comportamento sexual diferente em classes sociais diferentes — parecem ter sido ao menos parcialmente comprovadas pela pesquisa de Kinsey, realizada trinta e tantos anos depois de Freud ter apresentado a teoria.

Esses exemplos procuram mostrar qual o sentido de uma teoria e, especificamente, como devem ser aceitas as interpretações adiante apresentadas. É fácil notar que muitas afirmações de Watson e Staats estão em domínio puramente hipotético, e que o mesmo ocorre com certas afirmações de Werner. A sua função, atualmente, é propor caminhos para pesquisas e, enquanto isso não for ou não puder ser feito, dar uma coerência à nossa interpretação do comportamento infantil.

Em alguns casos, já é possível perguntar se as teorias aqui apresentadas foram suficientemente ricas para provocar pesquisas ou tentativas de confirmação. E vale a pena examinar cada uma delas separadamente.

Para apresentar a teoria comportamentista (ou *behaviorista*) do desenvolvimento, foram selecionados dois textos: um de J. B. Watson e outro de Arthur Staats.

Watson, como todos sabem, foi o fundador do comportamentismo norte-americano. Principalmente nos Estados Unidos sua influência foi extraordinária, e talvez não seja errado dizer que, em grande parte, a psicologia acadêmica norte-americana foi até hoje dominada pelas suas teses. As mais importantes delas podem ser resumidas dizendo-se que Watson pretendia fazer uma psicologia que ignorasse os dados da consciência (até então considerados o objeto da psicologia) e que explicasse o comportamento por meio de estímulos recebidos pelo organismo.

Essas teses foram revolucionárias, não tanto pelo fato de mudar o método da psicologia (que de introspectivo passaria a ser extrospectivo), mas por mudar o esquema de interpretação do comportamento. Convém mostrar como isso foi possível. A psicologia do século XIX pensava ser científica — da mesma forma que Watson —, mas procurava as leis da ciência por meio do estudo da consciência psicológica. Não ignorava que o organismo estivesse num ambiente, mas pensava que, para entender a vida mental, que constituía o seu foco de análise, seria necessário descobrir como a consciência organizava ou sintetizava os dados que lhe eram apresentados pelo ambiente. O campo predileto dessa psicologia era a percepção, pois seria necessário que, a partir do que a pessoa descrevia em seu universo mental, o psicólogo pudesse descobrir os elementos mais simples que utilizara para chegar ao objeto que descrevia. Em outros casos, o psicólogo estava preocupado em saber como é que a pessoa chegava a uma solução, a partir de vários dados desconexos. Watson revoluciona essa psicologia, pois, no seu esquema, há uma relação de causa e efeito entre o ambiente (estímulo) e a resposta do organismo (comportamento). O que se passava na consciência não poderia ser observado diretamente pelo psicólogo e, por isso, não constituía objeto de estudo científico. Em outras palavras, o objeto de estudo da psicologia tradicional era a consciência psicológica, enquanto para Watson era o comportamento; para a psicologia tradicional, a relação de causa e efeito devia ser encontrada entre os estímulos dados pelo ambiente (ou pelo organismo) e o que ocorria na consciência, o que significa que esta última é que deveria ser explicada; para Watson a relação de causa e efeito se estabeleceria entre o estímulo e a resposta. Isso significa, em termos concretos, que em vez de procurar, na consciência psicológica, uma explicação para o comportamento, Watson a procurava nas condições em que estava ou estivera colocado o organismo.

Isso explica que Watson tenha sido um ambientalista radical, como se pode ver pelo texto adiante apresentado.

Aqui, seria possível perguntar: Será que Watson estava certo? Será que suas teorias podem ser comprovadas? Ou será que já foram comprovadas?

Em grande parte, essas perguntas não têm muito sentido, ou já não têm muito sentido para nós. As explicações de Watson são em grande parte ingênuas, e provavelmente nunca poderiam ser comprovadas, pelo menos sob a forma pela qual foram propostas. Mas a proposição de Watson foi importante por ter mudado o foco de interesse do psicólogo. Ainda que todas as teorias que apresentou sejam falsas, essa mudança de foco levou o psicólogo a procurar no ambiente uma explicação para o comportamento e essa mudança constitui o principal mérito da psicologia contemporânea. Mais ainda: se não admitirmos a tese mais geral de Watson, segundo a qual o comportamento do indivíduo resulta de influências do ambiente, não é só o psicólogo que fica desarmado; também o educador nada terá a fazer, a não ser classificar os indivíduos e esperar que manifestem aquilo que, por sua hereditariedade, devem manifestar.

Em resumo, ainda que haja outras formas de aprendizagem além das apresentadas por Watson, ainda que seja impossível fazer uma psicologia sem utilizar a experiência direta da pessoa que desejamos entender, as suas teses mudaram o rumo da psicologia, e não podemos ignorá-las.

O texto de Staats, escrito muitos anos depois, apresenta as mesmas teses; no entanto, o seu rigor conceitual é muito maior e, além disso, Staats dispõe de várias comprovações parciais da teoria. O leitor observará, no entanto, que tanto a teoria de Watson quanto a de Staats têm uma dificuldade básica para enfrentar o problema de uma psicologia do desenvolvimento. Como não admitem um processo interno de maturação, e como não admitem diferenças de inteligência inata, não podem admitir fases de desenvolvimento intelectual ou emocional da criança.

Pelos princípios da teoria, tudo isso precisa ser explicado por aprendizagem e, mais ainda, por uma aprendizagem do tipo estímulo-resposta (o que significa que não podem levar em conta os processos denominados "compreensão").

Essa coerência teórica faz com que o esquema comportamentista esteja muito longe do senso comum, embora o seu ponto de partida seja evidentemente a experiência diária ou o comportamento usual dos pais e professores diante de crianças: quando desejam que a criança apresente um comportamento, prometem ou dão prêmios; quando desejam impedir um comportamento, prometem ou aplicam castigos.

Apesar disso, convém notar as observações e descrições de Staats, pois muitas delas mostram como é possível modificar o comportamento, utilizando o chamado condicionamento operante.

O artigo de David Rapaport é uma tentativa de estabelecer a teoria psicanalítica como teoria do desenvolvimento. Basicamente, o que o autor deseja demonstrar é que algumas das teses inicialmente defendidas por Freud podem ser hoje confirmadas, pelo menos parcialmente, por várias outras teorias. O ponto de partida de Rapaport é muito conhecido: ao descrever o desenvolvimento do ser humano, Freud foi levado a supor várias fases do desenvolvimento sexual (a fase oral, a anal e a genital), cada uma das quais com características próprias. Como se vê, Freud estaria, sob este aspecto, no polo oposto ao de Watson, pois o comportamentismo não precisa supor fases para explicar o desenvolvimento.

O problema teórico da psicanálise é não apenas comprovar a existência das fases supostas no desenvolvimento, mas também conseguir provar como o desenvolvimento se dá pela interação entre as fases e as experiências sucessivas da criança ou do jovem. Freud não imaginava, evidentemente, que determinado desenvolvimento fosse fatal; ao contrário, na explicação do comportamento do adulto, as experiências, sobretudo as da infância, tinham para Freud uma importância básica. O seu problema, dentro de uma teoria do desenvolvimento, era explicar como uma experiência, que em determinada fase teria uma influência muito pequena, poderia ter influência decisiva em outra.

Rapaport procura mostrar como, nas teorias contemporâneas, encontramos várias confirmações parciais para a teoria freudiana, notadamente na concepção de estádios de Piaget e na concepção de instintos dos etologistas.

Ainda a respeito da teoria do desenvolvimento de Freud, cabe talvez um pequeno comentário. Poucas teorias psicológicas terão tido uma influência tão grande na concepção atual da criança, ou nas explicações psicológicas do processo educativo. No entanto, nem sempre essas aplicações ou inferências foram corretas. Freud nunca imaginou que a educação ideal fosse aquela em que a criança não tivesse restrições. O seu pessimismo radical quanto à condição humana vem exatamente do fato de não ver uma saída para o homem: se não reprimir os seus impulsos instintivos, o homem voltará a ser um animal agressivo; quando os seus instintos são reprimidos, torna-se infeliz e talvez neurótico. No entanto, os seus discípulos foram menos pessimistas, e aí não viram uma oposição radical, ou um dilema sem saída. Ao contrário, pensaram que seria possível encontrar um equilíbrio entre a repressão e a expressão da vida instintiva — mas também não chegam a supor um mundo edênico, onde todos pudessem fazer ou não fazer qualquer coisa, independentemente das condições reais.

Finalmente, um pequeno comentário sobre a teoria de Heinz Werner. Ao contrário do que ocorre com os comportamentistas, Werner é muito pouco conhecido no Brasil (embora o seu livro mais importante, de onde foi tirado o texto aqui traduzido, tenha sido traduzido para o castelhano há alguns anos). O texto aqui reproduzido refere-se apenas a um aspecto da teoria de Werner e é importante por mostrar como, em situações muito diferentes, encontramos fases muito semelhantes no desenvolvimento de crianças. O leitor notará, por certo, que algumas das descrições aí feitas são hoje clássicas na psicologia. É o que ocorre, por exemplo, com a descrição dos processos perceptuais na criança.

Como se nota, as três teorias globais aqui apresentadas são incompatíveis, mas talvez ainda seja cedo para dizer qual delas terá mais possibilidade de comprovação, ou em que domínio cada uma delas será mais eficiente ou produtiva. Está claro que a incompatibilidade maior existe entre a teoria comportamentista e as outras duas, o que se explica pelo fato de os comportamentistas não admitirem o conceito de fases "autônomas" de desenvolvimento. No entanto, a teoria de Werner e a de Freud, embora admitam fases, têm um foco diferente da análise: Werner pensa muito mais em processos cognitivos — de percepção e pensamento —, enquanto Freud estava muito mais interessado pelos processos de desenvolvimento emocional ou sexual.

Apesar disso, as três teorias continuam vivas no pensamento psicológico contemporâneo e, embora em campos diferentes, as três já apresentaram e devem continuar apresentando contribuições para nossa compreensão do desenvolvimento da criança.

5
Psicologia da criança: história e principais campos de estudo

Dante Moreira Leite

Na história da ciência observamos um princípio bem geral: a existência de um problema não conduz, por si só, à criação de uma teoria ou de um ramo do conhecimento científico. Além de haver um problema, é necessário que haja também recursos conceituais que permitam tratá-lo de forma científica ou, pelo menos, racional. Se não fosse assim, alguns problemas que sempre acompanharam a vida humana — por exemplo, o da doença mental — teriam sido tratados de há muito como problemas científicos. E isso não ocorreu. Durante muito tempo — na verdade, durante quase toda a sua história —, o homem encontrou soluções por meio de um empirismo mais ou menos grosseiro ou por meio de explicações sobrenaturais. Hoje, estamos tão habituados às soluções científicas, e à sua incomparável eficiência, que tendemos a esquecer que tais métodos constituem a exceção, e não a regra para enfrentar problemas.

No caso das ciências humanas, o processo parece enfrentar ainda outras dificuldades. De um lado, as ciências humanas lidam com um objeto histórico, isto é, em constante transformação. Embora se possa dizer que toda natureza evolui, essa evolução — a não ser quando provocada pelo homem — não está na escala da historicidade humana. Pensamos hoje que todo o universo resulta de uma longa evolução; mas na história que importa ao homem, hoje contemplamos a mesma Lua e as mesmas estrelas contempladas pelos nossos antepassados mais longínquos. Podemos supor, sem muito medo de errar, que quando o homem primitivo falava na divindade da Lua ou do Sol pensava nos mesmos astros que os cientistas estudam hoje. Mas quando Platão pensava numa cidade ideal, construída pela vontade humana, não poderia imaginar uma cidade com chaminés de fábrica, onde os homens se comunicassem por telefone, combatessem a doença com antibióticos, ou viajassem de avião. Nem imaginava o prolongamento da vida humana, ou o aumento extraordinário da população.

Outra dificuldade peculiar às ciências humanas reside na resistência que opomos às novas interpretações de nossa vida, nossos costumes ou nossos ideais. Embora o homem possa mudar a cada instante, o passado interfere no presente, frequentemente por meio de atitudes e formas de comportamento que já não se ajustam às novas condições de vida. Ora, ao contrário do que ocorre nas ciências da natureza, as ciências humanas não se referem a *objetos*, mas a *sujeitos* de ação. Portanto, não é suficiente ter uma solução melhor para muitos problemas; é preciso que os homens se convençam dessa solução, pois não podemos tratá-los como trataríamos um animal ou uma planta. Aqui, um exemplo extremo permitirá compreender essa diferença. Se nos convencermos de que a população de ratos ou coelhos está aumentando de maneira prejudicial, o problema científico será apenas o de encontrar uma forma eficiente para sua destruição ou limitação. Mas se estivermos certos de que a população humana está crescendo de maneira patológica ou prejudicial, precisamos encontrar formas para convencer os homens da necessidade dessa limitação; neste caso, a ideia de destruição intencional ou esterilização seria monstruosa. Mais ainda, seria a própria negação do objetivo proposto pela ciência, pois corresponderia a admitir que um dos objetivos da ciência pode ser a destruição de parte da humanidade.

No caso da psicologia da criança, encontramos os mesmos princípios: só depois de a infância aparecer como problema é que seria possível o aparecimento de uma ciência dedicada ao seu estudo; ao mesmo tempo, o desenvolvimento propriamente científico precisou esperar o aparecimento de conceitos e esquemas que permitissem propor a psicologia da criança em modelos racionalmente aceitáveis e produtivos.

A Parte 1 deste estudo procurou documentar o aparecimento da infância como fase psicologicamente distinta do desenvolvimento, e que precisaria ser estudada com métodos próprios. Esta Parte 2 apresenta algumas das versões globais do desenvolvimento da criança. No entanto, antes de apresentá-las, convém discutir, ainda que esquematicamente, como surgiram na história da psicologia, e que importância têm para nossa compreensão do mundo infantil.

Como ainda recentemente observou M. Debesse (1970), a psicologia da criança ainda não teve seu historiador; na verdade, o artigo em que escreve essas palavras apresenta, por ora, o melhor esquema do desenvolvimento desse ramo da psicologia, e foi amplamente utilizado na redação deste trabalho.

Às vezes se consideram todos os educadores "precursores" da psicologia da criança. Se aceitamos essa classificação, a psicologia da criança começaria com Platão e Aristóteles, principalmente com o primeiro. É certo que Platão propõe alguns problemas que ainda hoje preocupam educadores e políticos, pois o que pretende é um sistema educacional que permita a formação da cidade ideal. Por isso, talvez seja possível rastrear na sua obra uma concepção de infância. Por exemplo, Platão tem uma noção muito clara do problema de uma seleção que hoje se denominaria genética, bem como da influência da família na formação das pessoas, o que faz com que imagine a comunidade de mulheres e crianças. Platão tem, igualmente, uma ideia muito viva da influência que a educação pode exercer nos homens. Mas, na verdade, essa é uma psicologia implícita, que não o obriga a descrever o comportamento da criança, mas apenas as consequências do processo educativo.

Ora, mais ou menos a mesma coisa pode ser dita a respeito dos grandes educadores europeus. Muitas vezes tiveram — como foi o caso de Locke — uma compreensão até surpreendente de certos aspectos do comportamento da criança ou da necessidade de educação. No entanto, o objetivo de todos eles é a formação do adulto, não a compreensão da criança. E embora o mesmo possa ser dito a respeito de Rousseau, que também foi educador e não psicólogo, a sua teoria da educação explicita alguns aspectos do desenvolvimento da criança que, a partir desse momento, não mais poderão ser esquecidos por educadores e psicólogos.

Rousseau: a descoberta da infância e da inocência

Se lembramos o que se disse no capítulo 1 a respeito da criança na família contemporânea, será fácil compreender por que Rousseau está num ponto crítico do pensamento moderno, ou na passagem do pensamento tradicional para o contemporâneo. Mas convém não esquecer que está num momento preciso de choque, e sua vida (1712-1768), sobretudo no que se refere à concepção de crianças e ao sentimento com relação a elas, revela com clareza essa contradição. Em grande parte, é a Rousseau que devemos algumas descrições bem modernas do amor romântico e das necessidades de afeto das crianças; no entanto, como pai, Rousseau fez o que faziam muitos pais pobres da época — entregou seus cinco filhos à caridade pública, isto é, não os criou. Isso não o impediu de mostrar como a criança precisava desde muito cedo da atenção da família, e no *Emílio* defendeu (contra os costumes da época) a amamentação da criança pela mãe.

Sob muitos aspectos, é possível dizer que o gênio de Rousseau se revela no fato de ter percebido, ou sentido, antes de outros, aquilo que a sociedade de sua época estava criando: a infância moderna. Quando dizemos que Rousseau compreendeu a infância, que percebeu que a criança não era um adulto em miniatura, precisamos talvez acrescentar que isso começava a ser verdade em sua época. Em outras palavras, antes de Rousseau não seria errado dizer que a criança *era* um adulto em miniatura; na verdade, por sua vida, sua roupa, seu universo mental, a criança era exatamente isso. Mas ainda sob outro aspecto, Rousseau é moderno. Ao proclamar a inocência do homem, ao dizer que se tornaria corrupto pela vida social, contrariava uma das crenças mais arraigadas no pensamento de sua época: a do pecado original.

Aqui, importa apenas salientar o que se pode ver como contribuição de Rousseau para uma psicologia da criança. Ao tentar resumir essa contribuição, Debesse (1970) chega a alguns princípios que podem ser assim resumidos: 1) a infância corresponde a uma realidade psicológica definida; 2) por isso, a infância tem valor próprio e a criança tem direito à felicidade durante o seu desenvolvimento; 3) a infância é inocência; como nega o pecado original, Rousseau procura preservar a criança da corrupção que lhe seria imposta pela vida social; 4) a infância corresponde a um crescimento ordenado, cujo ritmo é fixado pela natureza; 5) o conhecimento dos alunos é indispensável para os educadores.

Todos esses princípios seriam hoje subscritos pela maioria dos psicólogos da criança, embora a interpretação de cada um deles possa variar de um psicólogo para outro. Mesmo para aqueles que negam alguns desses princípios — por exemplo, o da inocência da criança ou do ritmo de crescimento — a proposição de Rousseau é fundamental, pois são obrigados a negá-la.

Freud: a infância como paraíso perdido

Pouco mais de um século depois de Rousseau, Freud irá contestar algumas dessas teses sobre a infância. Sob certos aspectos, Freud está no fim de uma evolução que começara no século XVIII e sua interpretação, como a de Rousseau, decorre em grande parte das condições reais que observou.

No século XVIII, a afirmação da inocência da criança poderia ainda soar como escandalosa; as crianças ainda estavam muito perto dos adultos e, se lembramos algumas descrições de Ariès (1960), perto também de algumas brincadeiras sexuais que hoje nos parecem de extrema grosseria. Na época de Freud, a época vitoriana, a evolução do tratamento da criança tinha chegado a um de seus pontos extremos: a criança estava separada dos adultos, preservava-se a sua inocência sexual, esperava-se que não trabalhasse, mas apenas brincasse e estudasse (está claro que Freud pensa na classe alta e na classe média).

Diante desse quadro, as interpretações de Freud serão tão chocantes quanto as de Rousseau no século anterior: ao contrário do que se fazia em sua época, Freud admitirá que a criança tem vida sexual, e que as vicissitudes desse instinto fundamental, durante o desenvolvimento, irão determinar a personalidade do adulto.

O sentido moderno da infância foi apreendido de maneira lapidar por Freud, ao escrever:

> Quando olhamos para trás, para esse período desinibido da infância, parece-nos o Paraíso; e o Paraíso não é mais que uma fantasia de grupo para a infância do indivíduo. Por isso é que a humanidade estava nua no Paraíso e as pessoas não se envergonhavam na presença de outras; mas chegou um momento em que

> a vergonha e a angústia despertaram, houve a expulsão e a vida sexual, e começaram as atividades culturais. Mas todas as noites reconquistamos esse Paraíso em nossos sonhos. (Freud, 1961)

Esse texto dá bem uma ideia da criança no século XIX: distante do mundo dos adultos, conservava sua inocência, só perdida mais tarde no choque com o mundo — o mundo do trabalho, a dura realidade da vida, oposta ao mundo do sonho. Se se quisesse uma interpretação mais ousada, ou mais sociológica, seria possível dizer que Rousseau estava colocado no início da Revolução Industrial e do individualismo moderno, e podia antever o desenvolvimento do homem sob o novo regime, livre das peias da tradição; Freud teria visto o processo em estado adiantado, quando o desenvolvimento do individualismo podia revelar todas as suas consequências.

Sob vários outros aspectos Freud também pode ser visto como o polo oposto a Jean-Jacques Rousseau; se este considerava o homem inocente, e a sociedade como fonte de corrupção, para Freud o homem estaria dotado de instintos radicalmente antissociais, e a custo dominados. Para Freud, a vida social e moral começa com um crime — os filhos matam o pai dominador e, a partir do sentimento de culpa, instituem as proibições morais. A cada geração, os impulsos antissociais do indivíduo (os impulsos do *id*) precisam ser dominados pelos pais. Mas o pessimismo radical de Freud não se revela apenas nesses dois princípios. Para ele, o domínio da vida instintiva parece ser uma violência contra a parte animal e inata do homem.

As influências intelectuais

Tanto Rousseau quanto Freud demonstram que, a partir do século XVIII, pelo menos na Europa, a infância passou a constituir uma fase distinta do desenvolvimento humano; o texto de Freud demonstra, além disso, que também a passagem para o mundo adulto começava a ser sentida como um choque. No entanto, a existência dessa situação nova não seria suficiente para permitir ou exigir o estudo científico da criança. A literatura da segunda metade do século XIX e do início do século XX mostra que esses conflitos da infância, ou da passagem da infância para a vida adulta, poderiam encontrar uma expressão artística, mas não levar a uma ou várias teorias científicas. Na literatura europeia, os exemplos de Proust e de Joyce podem mostrar como a infância passava a ser um tema relativamente constante. Na literatura brasileira, o tema da infância e o da passagem para a vida adulta começaram a aparecer no romantismo, e podem ser identificados na poesia do século XX. No romantismo, será suficiente lembrar a poesia de Casimiro de Abreu, na qual o choque com a vida adulta e a perda da infância constituem dois temas constantes. No século XX, talvez Manuel Bandeira seja o exemplo mais nítido de apresentação da infância na poesia, enquanto Carlos Drummond de Andrade, ao lado da evocação da infância, exprime os sentimentos do homem maduro diante dos conflitos infantis e da família. Também a prosa brasileira do século XX mostra como a infância passou a ser problemática; para comprovar isso, será suficiente lembrar o número relativamente grande de memorialistas (Raul Pompeia, Humberto de Campos, Graciliano Ramos, José Lins do Rego, Gilberto Amado) ou de cronistas que evocam e reconstroem a infância (Carlos Drummond de Andrade, Fernando Sabino). Essa expressão literária pode mostrar como o problema da infância seria apresentado fora do domínio científico; pode mostrar também que, na ausência de modelos científicos mais ou menos adequados, talvez a infância continuasse a ser um tema artístico ou literário, mas não chegaria a ser aceita no domínio científico.

Por isso, convém procurar saber quais foram as influências intelectuais ou quais os esquemas científicos que tornaram possível a análise científica da infância.

O cientifismo e o evolucionismo. Certamente não poderemos entender o século XIX europeu se não considerarmos o impacto da ciência no pensamento da época. Embora já no século XVIII seja possível identificar o crescente prestígio da ciência, este estava muito longe de chegar ao nível atingido no século XIX — e, claro, ainda mais longe do que hoje encontramos. Na verdade, os triunfos científicos que contam para o grande número aparecem com a tecnologia; por exemplo, com as aplicações da ciência à medicina — sendo suficiente lembrar, aqui, os trabalhos de Pasteur e Koch. É no século XIX que encontramos a utilização dos motores a vapor que terão tanta influência na redução do trabalho e aumentarão enormemente as possibilidades de transporte.

Não admira, por isso, que um dos objetivos de cientistas e filósofos da época tenha sido a transposição dos métodos de ciência natural para o estudo do homem. É isso que ocorre com o estudo da sociedade, do homem adulto e da criança. Mas para a realização desse programa, a passagem para um estudo científico da psicologia da criança precisaria de um "modelo" pelo qual pudesse ser justificado e compreendido.

Esse modelo parece ter sido dado, principalmente, pela biologia do século XIX e, dentro desta, pela teoria evolucionista. Foi esta última que, em grande parte, revolucionou o pensamento biológico e, depois, o sociológico e o psicológico. Mesmo no pensamento de Darwin — frequentemente mais prudente do que seus seguidores — parece nítido o estabelecimento de uma sequência ou de um encadeamento no reino animal e na vida humana.

E é o pensamento que se desenvolve a partir do evolucionismo que vai justificar a psicologia comparada e, depois, a psicologia da criança. Tanto num caso como noutro, os psicólogos e naturalistas esperavam encontrar, sob formas simples, aquilo que seria complexo no homem adulto; ou, o que era talvez mais frequente, esperavam que, por meio do animal e da criança, conseguissem encontrar uma explicação para o comportamento do adulto.

Em J. M. Baldwin, *Desenvolvimento mental na criança e na espécie* (1895), encontramos a explicação muito clara dessa ideia:

> Sem dúvida devemos ao aparecimento da ideia da evolução pelo menos parte do benefício trazido pelo que podemos denominar o renascimento psicológico dos últimos 25 ou 30 anos. A amplitude da concepção atual da psicologia está certamente de acordo com as concepções de há muito aceitas em outros ramos da pesquisa científica; mas uma fase dessa ampliação da pesquisa psicológica só se torna notável quando interpretada à luz da doutrina da evolução. Essa é a fase que podemos denominar fase genética ou da evolução. A ideia anterior de alma supunha uma substância fixa, com atributos fixos. O conhecimento da alma era imediato na consciência, e era adequado; pelo menos, tão adequado quanto poderia ser esse conhecimento. [...] A ideia genética inverte tudo isso. Em vez de uma substância fixa, temos a concepção de uma atividade em crescimento e desenvolvimento. Em vez de começar com a exibição complexa desse desenvolvimento, obteremos mais instrução na atividade mais simples que é, ao mesmo tempo, a mesma atividade. O desenvolvimento é um processo de involução, bem como de evolução, e os elementos chegam a ficar ocultos sob as formas de complexidade que constroem. (Herrnstein; Boring, 1971, p.612-3)

Mais adiante, nesse mesmo texto, Baldwin procura mostrar como o estudo da criança vai permitir uma explicação para a psicologia.

Em exposição de divulgação, escrita no início do século XX, Robert Gaupp apresenta essa ideia com todas as palavras:

> A psicologia da criança só se converte em verdadeira ciência quando a psicologia procura contato com a fisiologia, e passa a utilizar os métodos indutivos da ciência natural; se conseguiu a categoria de ciência, isso se deve ao influxo das ideias evolucionistas.

Em outro trecho desse mesmo livro, Gaupp cita Preyer para apresentar uma das ideias mais aceitas nos fins do século XIX e início do século XX:

> Essa psicologia do desenvolvimento procura também saber se, do estudo do desenvolvimento dos acontecimentos psíquicos individuais, é possível deduzir conclusões a respeito do desenvolvimento psíquico do ser humano; da proposição desse problema surgem sugestões que a psicologia da criança recebe da psicologia animal, da história primitiva e da psicologia dos povos, tendo sido obrigada a estabelecer comparações entre a ontogênese (desenvolvimento do indivíduo) e a filogênese (desenvolvimento da espécie). Por isso, Preyer diz que o desenvolvimento psíquico da humanidade encontra-se, resumido, na criança. (Gaupp, 1936, p.13, 10-1)

O paralelismo entre a ontogênese e a filogênese — isto é, o paralelismo entre o desenvolvimento do indivíduo e o da espécie — foi princípio aceito praticamente sem discussão. Em alguns autores do século XIX e mesmo do século XX, levou à ideia de que haveria raças "infantis", onde seria possível encontrar o desenvolvimento da criança, mas não do adulto; em outros casos, esperava-se que a criança manifestasse as várias fases de evolução da humanidade. Hoje, dificilmente se aceitaria esse princípio, pois não é fácil dizer o que é infantil no comportamento, a não ser que se tenha um critério social de definição. Como se observa no texto de Baldus (capítulo 3), a criança no grupo primitivo pode parecer mais adulta do que nos povos industrializados; além disso, mesmo o adulto não perde o gosto pelo jogo e pelo brinquedo, supostamente infantis.

Em Ed. Claparède encontramos uma outra aplicação da teoria evolucionista ao estudo da criança. Depois de perguntar para que serve a infância, e de dizer que essa pergunta não poderia ser proposta quando se pensava que os seres vivos seriam representantes imutáveis de tipos naturais, escreve Claparède:

> A revolução trazida pela teoria evolucionista, não só às ciências naturais, como também a todos os nossos hábitos de pensar, leva-nos hoje a não nos recusarmos a considerar essa questão. Mais ainda, sentimos que ela se nos impõe. Habituados como estamos a considerar que, na luta pela existência, tudo que pôde ser desvantajoso para a espécie desapareceu inexoravelmente, indagamos com admiração como um período tão mal adaptado às necessidades da vida ambiente, qual o da infância, não só não foi suprimido, como, ao contrário, se desenvolveu constantemente, de sorte que são as espécies mais altamente colocadas na espécie animal que possuem infância mais longa. [...] Por que então a natureza protegeu esse período tão precário? Por que criou instintos, como os instintos maternais, capazes de lhe assegurar o prolongamento? Sem dúvida — somos forçados a responder — porque esse período, como tal, é útil ao indivíduo e à espécie. (Claparède, 1940, p.93-4)

Como se vê por essas breves citações, a teoria evolucionista foi o modelo ou o esquema dentro do qual os psicólogos da criança começaram a trabalhar. A vantagem do modelo era permitir que o estudo da criança fosse integrado nas ciências naturais, o que garantia o seu valor e o seu alcance como trabalho científico.

De outro lado, embora alguns desses psicólogos, como foi o caso de Claparède, fossem também pedagogos, e tivessem preocupação com o ajustamento da criança, como criança, o modelo da teoria evolucionista levaria fatalmente a uma preocupação com as consequências das experiências infantis para a vida adulta. Em última análise, esta é que constituiria o foco de atenção, ou a fase que deveria ser explicada pelo psicólogo. Isso pode ser visto muito claramente em Freud, pois a este faltavam as preocupações pedagógicas que encontramos em Claparède; toda a teoria psicanalítica vê a criança como fase de preparação, pela qual seria possível explicar os conflitos adultos. E o fato de, mais tarde, alguns psicanalistas (como Anna Freud, entre outros) se interessarem pela infância mostra exatamente que aí estaríamos diante de uma outra etapa, com a mudança do foco de análise.

> O fato de focalizar a criança como etapa preparatória para a vida adulta, isto é, o fato de estudar a criança para chegar ao conhecimento do adulto, não é necessariamente um defeito ou deficiência da teoria. E isso talvez possa ser visto de maneira muito clara na teoria de Jean Piaget — cuja influência na psicologia da criança é indiscutível —, pois a sua intenção sempre foi compreender o adulto; se estudou a criança, e não o adulto, isso se explica pelo fato de pensar num modelo biológico de desenvolvimento, isto é, Piaget procurava a gênese do desenvolvimento intelectual e, para isso, começou com a criança. Em sua autobiografia, deixa esse aspecto muito claro, pois chega a dizer que, logo depois de ter publicado os primeiros livros sobre a linguagem e o pensamento da criança, ficou admirado com os convites que recebeu de várias universidades, onde deveria falar a professores; é que, diz Piaget, antes do nascimento dos seus filhos não tinha interesses pedagógicos, mas fundamentalmente epistemológicos. (Piaget, apud Boring et al., 1968 p.246-7)

De qualquer forma, só indiretamente o estudo da criança para compreender o adulto poderia chegar ao conhecimento da criança como tal. Essa última perspectiva corresponde à seguinte pergunta: o que é necessário para que a criança seja ajustada enquanto criança? Ou, dizendo de outra forma, não será necessário conhecer a criança independentemente das consequências do comportamento ou das experiências infantis para a vida adulta?

As condições objetivas

Esta segunda perspectiva para estudar a psicologia da criança decorreu de necessidades práticas. Fundamentalmente, esse estudo foi consequência da escolarização universal que começou a ser implantada na Europa nos fins do século XIX e início do século XX. Nesse momento, torna-se cada vez mais intenso o movimento contra o trabalho infantil; torna-se também mais claro que as condições do trabalho numa sociedade industrializada exigem uma preparação formal. No entanto, no momento em que todas as crianças são levadas para a escola, surgem três problemas que ainda hoje constituem preocupações centrais de psicólogos e pedagogos: a inteligência, a aprendizagem e, de maneira mais ampla, o problema das diferenças individuais.

Inteligência e aprendizagem. Às vezes se diz que o estudo da aprendizagem e da inteligência continua a tradição filosófica do estudo do conhecimento, embora utilize métodos diferentes. Apenas em parte isso é verdade. Entre o estudo do conhecimento e o estudo da aprendizagem existe uma diferença básica no interesse do pesquisador: o filósofo estava e está interessado em saber como é possível, para o pensamento humano, conhecer o mundo externo ou conhecer a si mesmo; o psicólogo está interessado em saber como é possível que alguém chegue a repetir ou conhecer uma resposta que já foi dada a determinado problema.

É por isso que Herrnstein e Boring não têm muita razão quando dizem (1971) que a teoria da aprendizagem continua a tradição do associacionismo. A teoria associacionista estava interessada em saber como conhecemos, não em saber como aprendemos. Quando muito, seria possível dizer que algumas teorias modernas de aprendizagem aceitaram o modelo associacionista de conhecimento, aplicando-o ao estudo da aprendizagem. A diferença fica bem nítida quando pensamos nos experimentos de Ebbinghaus ou de Thorndike: o seu interesse era saber como se memoriza uma resposta, sempre a mesma, e não saber como se encontra uma relação inteiramente nova.

Ao contrário do que poderia parecer, a distinção não é um problema secundário ou de minúcias. É ela que explica que exatamente o problema do conhecimento novo, isto é, da descoberta, tivesse sido tão pouco estudado pela psicologia moderna. Interessados em saber como o homem aprende, e às vezes utilizando para essa explicação a aprendizagem do animal, até muito recentemente os psicólogos tiveram pouco interesse por aquilo que hoje se vem denominando criatividade. Ora, esse problema era o mais importante para a filosofia: como é que se chega ao conhecimento matemático, ao conhecimento da natureza ou do homem?

A razão para a diferença pode também ser compreendida historicamente. Os psicólogos do início do século XX desejavam encontrar formas pelas quais fosse possível melhorar ou acelerar a aprendizagem nas escolas; nesse nível, o problema da verdade científica ou filosófica passava para um segundo plano, supondo-se que só fosse atingido por alguns indivíduos, e já na vida adulta.

De outro lado, está claro que não havia uma razão teórica para que isso precisasse ter ocorrido. A orientação diversa é, também aqui, apresentada por Jean Piaget. Piaget não tem, pelo menos inicialmente (e como já foi visto em citação anterior), interesse pelo problema pedagógico da aprendizagem da criança. O seu interesse básico é o antigo problema filosófico do conhecimento; se estuda a criança, e não o adulto, isso se explica pelo fato de, por sua formação fundamentalmente biológica e filosófica, estar convencido de que o conhecimento do mundo real pode ser explicado por meio de seu desenvolvimento a partir da criança.

A preocupação com a aprendizagem de crianças vai levar à construção de alguns métodos hoje clássicos: Ebbinghaus cria o método de sílabas sem sentido, enquanto Thorndike, a partir do estudo de animais, apresenta a teoria da aprendizagem por ensaio e erro, com acerto casual; Köehler, que inicialmente também trabalha com animais, falará em "compreensão brusca" ou "inteligência". Willard Stanton Small cria o método do estudo por meio de labirintos, utilizado também com animais; Pavlov e muitos outros psicólogos falarão em condicionamento de reflexos (Herrnstein; Boring, 1971, 637 e ss.).

Essas várias orientações mostram um processo mais ou menos igual — isto é, a busca de situações cada vez mais simples, e que pudessem ser analisadas experimentalmente: do problema mais complexo que seria o conhecimento de uma verdade nova pelo cientista, passa-se ao estudo da criança e, depois, para o estudo do animal. Embora este não seja o lugar certo para tentar uma história ou uma crítica da teoria da aprendizagem, convém lembrar um aspecto muito importante para a psicologia da criança e para a psicologia da educação de modo geral. Se a psicologia da criança partiu de um movimento científico e, por isso, tentou utilizar os métodos de observação e principalmente experimentação das ciências naturais, foi, por isso mesmo, levada a situações que permitissem a experimentação. Como a sala de aula, ou a criança, apresentavam situações muito complexas e com pouca possibilidade de controle, os psicólogos foram levados a estudar a aprendizagem em animais, com a esperança de, a partir dos princípios aí descobertos, chegar à melhor compreensão da aprendizagem observável na criança. No entanto, a história da psicologia nos últimos cinquenta ou sessenta anos mostra um aparente paradoxo: se as teorias de aprendizagem chegavam a um rigor experimental cada vez maior, a sua influência na sala de aula era cada vez menor. A influência de Piaget, muito menos preocupado, pelo menos inicialmente, com o rigor experimental, parece ter sido muito maior do que a dos psicólogos da aprendizagem. Embora as aplicações mais recentes de instrução programada e máquinas de ensinar — quase sempre baseadas na teoria de aprendizagem de Skinner — possam ter modificado um pouco esse panorama geral, o princípio ainda hoje é válido: com a exceção indicada, a psicologia da aprendizagem, tal como foi desenvolvida pela psicologia do século XX, parece ter tido pouca influência na sala de aula.

Essa observação não pretende ser uma crítica às teorias de aprendizagem, mesmo porque, do ponto de vista metodológico e na interpretação global do comportamento, sua influência foi extraordinária. Para avaliar essa influência, será suficiente comparar as atuais descrições do comportamento às descrições encontradas no início do século XX; ou comparar as atuais observações de crianças às observações feitas há sessenta ou setenta anos. No entanto, talvez não fosse ocioso perguntar por que houve essa ampliação de distância entre o problema proposto pelo psicólogo da aprendizagem, quando trabalha no laboratório, e o problema do professor na sala de aula. Talvez não fosse errado pensar na seguinte explicação. Os psicólogos da aprendizagem desde o início do século utilizam, como modelos, situações padronizadas, em que o critério é a repetição uniforme de determinada resposta. A pedagogia moderna, que precisa conseguir a aprendizagem — ou mais amplamente, a adaptação do educando — em situações que estão em constante mudança, não tem o que fazer com essa aprendizagem padronizada. Na realidade, se o pedagogo conseguir que o aluno apresente respostas sempre iguais, terá conseguido muito pouco: como as condições reais da vida social estão em constante mudança, essa aprendizagem "cega" é inútil ou talvez prejudicial. Um exemplo simples esclarece isso: se a criança aprender a economizar dinheiro e, depois de adulta, enfrentar uma situação de inflação crônica, essa aprendizagem, longe de permitir um ajustamento satisfatório, irá provocar seu desajustamento. Os exemplos poderiam ser multiplicados, mas indicariam sempre a mesma coisa: o pedagogo deseja ensinar princípios, com aplicação muito geral e flexível, e não hábitos que sejam repetidos mecanicamente (embora, evidentemente, muitas aprendizagens de técnicas utilizem este esquema, como se pode ver pela aprendizagem da leitura ou da escrita). Por isso, a teoria da aprendizagem parece oferecer pouco para o pedagogo, embora tenha sido criada exatamente para atender às solicitações da escola moderna. Em outras palavras, a teoria da aprendizagem não encontrou ainda um modelo explicativo que atenda às condições da escola contemporânea.

Alguns críticos das teorias da aprendizagem, e da experimentação com animais, diriam que algumas dessas situações não apenas são artificiais, mas também podem impedir que o animal manifeste as qualidades que estamos tentando examinar. Konrad Lorenz, por exemplo (1970, p.20 e ss.), mostra como o estudo do animal por meio do labirinto pode prejudicar os mais inteligentes ou mais medrosos. E lembra um exemplo clássico: seria possível examinar a inteligência do homem em situações de pânico? Para Lorenz, quanto mais inteligente o animal, maior a probabilidade de que fracasse numa situação desse tipo. Essa crítica é radical porque supõe que os métodos utilizados pela teoria da aprendizagem, quando procura fazer uma análise experimental, levarão forçosamente a resultados falsos.

A escola universal não provocou apenas os estudos de aprendizagem. Um outro domínio que praticamente nasce nessa época é o estudo da inteligência. Está claro que a palavra inteligência já fora utilizada antes — notadamente por Spencer, por volta de 1855 (apud Herrnstein; Boring, 1971, p.467 e ss.) — mas, aparentemente, não era usual (Butcher, 1972); é só no século XX que passa a ser mais empregada, e por razões muito semelhantes às que levaram à utilização do conceito de aprendizagem. Embora, no esquema aqui apresentado, se faça referência principalmente aos critérios para avaliar a inteligência, em grande parte os mesmos princípios valem para todo o estudo dessa área.

No estudo da inteligência é possível, grosseiramente, pensar em duas perspectivas: numa delas, que seria a geral, estaremos interessados na inteligência como um processo que deve, ou não, ser separado de outros processos que ocorrem no comportamento. Nesse sentido, é possível pensar que determinado comportamento decorre de inteligência, enquanto outro decorreria de hábito, de aprendizagem etc. Numa segunda perspectiva, mais propriamente de psicologia individual ou diferencial, estamos interessados em distinguir ou comparar a inteligência de diferentes indivíduos.

A primeira forma de estudo pode ser observada nas análises de Claparède, Piaget, Köehler ou Wertheimer; o que esses psicólogos procuram é caracterizar o comportamento inteligente, ou, no caso de Piaget, mostrar as várias etapas de seu desenvolvimento. Fundamentalmente, não estão interessados em *medir* a inteligência, embora não haja razões teóricas que impeçam a construção de uma prova a partir, por exemplo, da distinção de etapas estabelecidas pelas pesquisas de Piaget.

A segunda forma de estudo começa com Galton, na Inglaterra, e Cattell, nos Estados Unidos, mas só foi proposta em termos realmente práticos ou utilizáveis por Binet, na França, e por W. Stern, na Alemanha. Numa outra direção, a partir de correlações entre resultados obtidos em provas diferentes, os testes ganharam grande impulso a partir de Spearman (apud Herrnstein; Boring, 1971, p.518 e ss.). Também neste caso, nada impede que os testes sejam usados para a criação de teorias da inteligência, embora na verdade isso não tenha ocorrido com muita frequência. Como os testes de inteligência constituem um domínio em que a psicologia e, especificamente, a psicologia da criança obtiveram alguns de seus triunfos mais notáveis na utilização de medidas, convém fazer um pequeno comentário a respeito.

O objetivo fundamental do teste de inteligência é conseguir uma medida que permita predizer o êxito relativo do indivíduo em determinada atividade, ou, em alguns casos, em todas as atividades que exigem processos intelectuais superiores. Para conseguir uma medida adequada, não é necessário ter uma teoria da inteligência; é suficiente que se consigam atividades por meio das quais seja possível predizer o que o indivíduo fará nas atividades posteriores em que estamos interessados. Geralmente, como a escola exige atividades intelectuais, podemos avaliar a adequação do teste se examinarmos até que ponto o resultado no teste permite predizer os resultados obtidos na escola. Em outras palavras, se o meu teste permitir que classifique os alunos (em 1º, 2º, 3º...... nº de lugares), e, se depois verifico que essa classificação está muito próxima da obtida nas notas de escola, tenho uma correlação positiva entre os resultados no teste e os obtidos na escola. A vantagem do processo é que não preciso esperar que o aluno frequente vários anos de escola para depois dizer se teria ou não capacidade para as atividades aí exigidas. Quando se diz que o teste de Binet foi produtivo, enquanto isso não ocorreu com os de Cattell, o que queremos dizer é que os testes do tipo utilizado por Binet permitiam essa predição, enquanto isso não ocorria com os de Cattell. O capítulo 11 deste livro apresenta o processo de padronização de um teste, realizado por Terman e seus colaboradores.

Nesse sentido, não é necessário definir inteligência nem ter uma teoria correta de inteligência; é suficiente conseguir provas que permitam predição. Observe-se, no entanto, que as correlações estabelecidas ainda não constituem uma explicação para os resultados; a rigor, quando conseguimos "medir" a inteligência, não estamos dando uma explicação para ela. Não sabemos se os resultados obtidos decorrem de hereditariedade, de ambiente ou de influências específicas. Por isso, ainda há tantas controvérsias a respeito das explicações possíveis.

De qualquer modo, e ao contrário do que ocorreu no caso do estudo experimental da aprendizagem, os estudos de inteligência, tanto os de ordem geral como os baseados em testes, tiveram imensa influência na educação. Em alguns países — por exemplo, na Inglaterra e nos Estados Unidos —, todas as crianças em idade escolar respondem a testes de inteligência. Em outros — por exemplo, no Brasil —, essa aplicação é geralmente limitada a casos em que há indícios de dificuldades intelectuais da criança em idade escolar; mais recentemente, os testes de inteligência são de aplicação obrigatória, não para crianças, mas para adultos candidatos a motoristas profissionais.

Cabe perguntar, e muitos já perguntaram, se essa aplicação é justificada, se beneficia ou prejudica as crianças e os adultos a ela submetidos. Embora os problemas aí existentes sejam muito numerosos, há alguns pontos que parecem mais ou menos indiscutíveis. O teste pode ser prejudicial se for considerado ponto definitivo que a criança pode atingir, ou indício seguro de determinado resultado na vida prática. Tanto num caso como noutro, estamos supondo a inteligência como algo estático, dado de uma vez por todas, e que pudesse atuar independentemente de outros processos — independentemente, por exemplo, da motivação. Além disso, se uma criança sabe que, segundo o teste, não pode ultrapassar certos limites, poderá não ter motivação para fazer um esforço que a levaria a um ponto mais alto. E, embora exista correspondência entre os resultados nos testes e os resultados na escola, essa correspondência não é perfeita; mais ainda, pode não existir correspondência entre os resultados obtidos no teste, os obtidos na escola e os obtidos na vida prática. O que vai determinar o triunfo ou fracasso de uma pessoa não é apenas a inteligência medida pelo teste — embora esta seja muito importante. Todavia, o teste é indiscutivelmente útil — desde que seja bem feito e corretamente aplicado — para impedir que a pessoa perca tempo num estudo para o qual não tem qualificações intelectuais mínimas. No entanto, mesmo aqui a tarefa do psicólogo não é fácil. Para avaliar como essa tarefa pode ser mal interpretada, e como pode efetivamente conduzir a resultados talvez indesejáveis, é suficiente lembrar as polêmicas despertadas na Inglaterra pelo exame de admissão aos diferentes tipos de escolas médias, onde as crianças eram separadas, fundamentalmente, pelos resultados obtidos em testes de inteligência aplicados aos 11 anos de idade.

Como se verá no capítulo 6, uma corrente da psicologia contemporânea — o comportamentismo — nega a utilidade do conceito de inteligência, supondo que aquilo que o teste de inteligência mede é, na realidade, o que foi aprendido pela criança. Será possível essa interpretação? Evidentemente, como sempre se reconheceu, há uma grande parte de coisas aprendidas e utilizadas no teste. Mas ainda que Staats e os outros teóricos da mesma linha tivessem razão, o teste continuaria sendo útil: se duas crianças passaram pelas mesmas experiências, e se uma aprendeu, digamos, 70% dessas experiências, enquanto a outra só aprendeu 30%, podemos dizer que, em situações semelhantes, continuaria a ocorrer a mesma coisa e que, portanto, o teste é igualmente útil. Note-se, no entanto, que a observação dos comportamentistas, embora possa ser discutida do ponto de vista teórico, tem uma significação que não pode ser desprezada: lembra que, quando categorizamos uma criança como pouco inteligente, podemos estar esquecendo que não teve oportunidade para aprender e, colocando-a em situação em que terá condições ainda menores para fazê-lo, estamos apenas perpetuando uma injustiça inicial.

Diferenças individuais. O estudo quantitativo da inteligência é o campo mais conhecido e mais padronizado para a avaliação de diferenças individuais. Foi também aquele em que os psicólogos conseguiram maior rigor metodológico.

No entanto, o campo das diferenças individuais é muito mais amplo, e em grande parte passou a interessar psicólogos e educadores por causa das novas condições de vida social. Até o século XIX, quando eram pouco numerosas as profissões, quando a escola constituía realmente um privilégio, as diferenças individuais, embora pudessem ser notadas na vida diária, não exerciam grande influência no processo de escolarização. Com a obrigatoriedade da escola, no entanto, o problema passa para o primeiro plano: como ajustar o programa escolar para um grupo de crianças evidentemente diferentes quanto a interesses e aptidões? Os testes de Binet nasceram, como se sabe, de uma situação extrema: a das crianças retardadas que não conseguiam acompanhar o programa das escolas primárias de Paris. Mas do início do século até os nossos dias, o problema tende a agravar-se, pois, quando a escola se torna obrigatória para todas as crianças e jovens até 15 ou 17 anos, as dificuldades para uma escola única tendem a ser cada vez maiores. Infelizmente, e a não ser no caso já mencionado dos testes de inteligência, o estudo das diferenças individuais está longe de ter atingido o rigor desejável. Na verdade, não é fácil encontrar uma solução para esse problema. Não se pode supor que as tendências, os interesses, as aptidões e as motivações das crianças sejam imutáveis. Em grande parte, isso seria absurdo, contrariando a própria noção de desenvolvimento; de outro, deixaria de considerar o grande papel desempenhado pelo esforço da criança para a obtenção de determinado resultado. Ou, em outras palavras, o rendimento da criança na escola depende, não apenas de sua capacidade, mas também de sua motivação, isto é, do esforço que realiza no trabalho. É evidente que, se não tiver capacidade, não poderá realizar a tarefa; o mesmo acontecerá se não quiser esforçar-se no trabalho. Se os casos extremos são facilmente explicáveis, o mesmo não ocorre com os intermediários. Suponhamos duas crianças que tenham obtido o mesmo resultado, a que vamos dar o índice 100. Se não sabemos qual a capacidade inicial das crianças, ou se não sabemos quanto tempo precisaram para executar o trabalho, não podemos saber se têm a mesma capacidade, ou se uma é mais capaz do que outra, nem saber qual das duas tem maior interesse.

É fácil imaginar o que ocorre quando conhecemos a inteligência do aluno, avaliada por um teste; passamos a esperar muito ou pouco desse aluno, de acordo com o fato de ter revelado grande ou pequena capacidade. O fato de esperar mais ou menos acabará por interferir no seu rendimento efetivo: se, por saber que o aluno A tem pouca inteligência, dele exigimos pouco trabalho, acabará rendendo menos do que o faria se fosse mais estimulado. O que talvez não se calcule é até que ponto essa influência pode ir. Como se verá no capítulo sobre a criança retardada, mesmo neste caso extremo a exigência menor faz com que a criança chegue a render menos.

Essas dificuldades explicam que, embora o campo das diferenças individuais seja o campo por excelência da educação, é relativamente menos estudado do que os outros. Finalmente, é também um campo em que — pelo menos na explicação dos resultados — são muito grandes as interferências ideológicas.

As teorias

Em livro recente, dedicado ao estudo das teorias do desenvolvimento da criança, Alfred Baldwin (1972) distingue as seguintes orientações: Kurt Lewin, Jean Piaget, Psicanálise, Comportamentismo, Teoria Organísmica e "ponto de vista" sociológico. Se considerarmos que, em grande parte, a teoria de Lewin é continuação da teoria gestaltista, e que Baldwin ainda sugere uma possível aplicação da teoria de F. Heider ao estudo da psicologia da criança, aí estão as mais conhecidas teorias contemporâneas de psicologia. Em outras palavras, as principais teorias do desenvolvimento da criança são aplicações das teorias psicológicas mais amplas. Mas a correspondência não é perfeita. Por exemplo, não existe ainda uma teoria fenomenológica ou existencialista da criança. No sentido inverso, não é muito fácil imaginar o que seria uma teoria global da psicologia fundamentada em Jean Piaget.

O fato de não haver uma correspondência perfeita sugere um outro aspecto, cada vez mais claro na psicologia contemporânea: há uma tendência muito nítida para que não se procurem teorias amplas, supostamente capazes de explicar todo o comportamento humano. A tendência atual — com a exceção adiante indicada — parece ser a concentração em determinado aspecto do comportamento, ainda que a mesma teoria não seja aplicável a outros aspectos. E na teoria do desenvolvimento da criança isso fica muito nítido: Piaget não tem uma teoria sobre o desenvolvimento afetivo, nem uma forma de medir a inteligência necessária para a vida escolar; a teoria psicanalítica não tem critérios para descrever o desenvolvimento intelectual; a teoria de Werner não permite uma verificação quantitativa. A exceção é a teoria comportamentista, em sua versão skinneriana — neste livro apresentada pelo artigo de Staats — para a qual todos os aspectos do comportamento podem ser explicados pelos mesmos processos de aprendizagem observados em determinadas situações. Isso explica que os skinnerianos suponham a possibilidade de explicar a vida emocional, a vida intelectual e todo o desenvolvimento como resultado de estímulos e respostas. No entanto, apesar de um programa ambicioso, essa teoria compreensiva do comportamento humano parece estar na mesma situação das teorias mais limitadas, que pretendem explicar apenas parte do comportamento, pois consegue explicar apenas alguns de seus aspectos.

E aqui, é importante lembrar as realizações, nada desprezíveis, da psicologia contemporânea. O fato de as teorias serem parciais ou limitadas não significa que sejam inúteis; o fato de uma teoria deixar de ser objeto de pesquisa não significa que não tenha importância. Nem o fato de uma teoria psicológica não ter o rigor das teorias contemporâneas de física significa que não seja útil ou não tenha ampliado nossa compreensão do desenvolvimento da criança.

O psicólogo sabe hoje muita coisa a respeito da percepção da criança, bem como a respeito das várias fases que apresenta durante o desenvolvimento; sabe muita coisa a respeito do desenvolvimento intelectual, tanto de um ponto de vista qualitativo (que pode ser visto na teoria de Piaget), quanto de um ponto de vista quantitativo ou mensurável, que podemos analisar por meio de testes de inteligência; conhece muito melhor as principais fases de desenvolvimento emocional, geralmente descritas pela psicanálise e por teorias dela derivadas; conhece muito melhor a interferência da vida social no desenvolvimento, o que foi permitido pela sociologia e pela psicologia social. Os artigos reunidos neste livro podem dar ideia da amplitude desses conhecimentos.

Mas está claro que a psicologia do desenvolvimento não solucionou todos os problemas que os leigos são capazes de ver no comportamento da criança. Alguns deles talvez não possam ser respondidos, ou talvez não possam ter uma resposta única, como às vezes se espera. Por exemplo, parece que aquilo que se denomina retardamento mental não é sintoma único, que possa ser explicado, em todos os casos, por meio de uma única variável; podemos desconfiar que o mesmo ocorra no outro extremo, com a criança superdotada. Também não temos, aparentemente, uma explicação única para as perturbações emocionais de crianças, nem para o fato de algumas crianças se desenvolverem tarde, embora acabem por chegar ao nível das crianças normais.

O reconhecimento dessa impossibilidade de encontrar respostas únicas ou unitárias para os problemas de desenvolvimento explica que nos últimos anos encontremos uma atomização dos estudos do comportamento infantil.

Os campos de estudo

Os primeiros trabalhos que podem ser classificados como de psicologia da criança começaram, no século XIX, por descrições globais do comportamento, geralmente por meio do diário de uma criança. Tais estudos de acompanhamento foram muito importantes por mostrar a possibilidade de distinguir etapas características de desenvolvimento, e foram repetidos, já no século XX, por vários psicólogos (entre os quais Piaget e W. Stern).

Pode-se dizer que esse é o estudo mais amplo possível, pois o psicólogo pretende abranger todo o comportamento da criança, embora lide com indivíduos e não com grupos. Um método basicamente semelhante a esse foi depois usado, não com indivíduos considerados isoladamente, mas com grupos de crianças observadas periodicamente, de maneira que fosse possível distinguir as várias etapas de seu desenvolvimento intelectual, emocional e social. O mais conhecido desses estudos foi o realizado há alguns anos, por Gesell e colaboradores.[1] Ainda no nível que se poderia denominar descritivo, embora mais voltados para comportamento social da criança do que para o seu comportamento em situações de isolamento, temos os estudos de Barker, Wright e seus colaboradores.[2] Neste caso, os psicólogos se voltam explicitamente para um nível descritivo, com a intenção de descobrir regularidades no comportamento social ou interpessoal das crianças.

No entanto, tais estudos globais, apesar de sugestivos e apesar de darem indicações importantes para a identificação de problemas de desenvolvimento (no caso de Gesell) ou do ambiente em que as crianças estão colocadas (no caso de Barker e Wright), não constituem o campo preferido pelos psicólogos da criança. Ao contrário, um dos aspectos mais notáveis da pesquisa atual sobre desenvolvimento da criança é sua divisão em áreas relativamente bem delimitadas. Já não se trabalha, na maioria das vezes, nem com a criança total, como se fazia há algumas décadas, nem com domínios amplos — por exemplo, vida emocional, vida intelectual, comportamento social. Ao contrário, o comportamento emocional é dividido em vários campos específicos — por exemplo, agressão, identificação, relações com companheiros de idade; o comportamento intelectual é também dividido, considerando-se a criatividade, a aprendizagem, a percepção, o pensamento, a linguagem etc., como áreas que podem ou devem ser estudadas separadamente.

É difícil julgar esta tendência mais recente. Em última análise, resulta de uma crescente especialização que podemos notar em várias ciências, e não apenas na psicologia. De outro lado, essa divisão pode ser precoce no caso da psicologia da criança, em que ainda faltam teorias bem específicas que devam ou possam ser verificadas. A favor dessa tendência é possível dizer,

1 Ver, por exemplo, Arnold Gesell e Frances L. Ilg, 1946.

2 Ver, entre vários outros trabalhos realizados dentro desse esquema, Roger G. Barker e Herbert F. Wright, 1951; 1955.

no entanto, que as pesquisas a respeito de psicologia da criança são hoje tão numerosas, que parece difícil considerar todos os dados existentes nos vários campos. Além disso, essa divisão de campos na psicologia da criança parece corresponder a uma divisão semelhante que ocorreu no estudo da psicologia.

De qualquer modo, esses trabalhos isolados precisarão ser, aos poucos, integrados em teorias mais amplas, capazes de dar conta dos dados específicos de cada um dos campos particulares. Essa exigência constitui o processo normal na ciência, em que dados específicos são integrados em sistemas mais amplos, ou então abandonados como incorretos ou imprecisos.

Em conclusão, não seria muito errado dizer que as teorias do desenvolvimento começaram com problemas muito amplos e interpretações globais, mas aos poucos caminharam para uma limitação cada vez maior do foco de interesse. Embora as teorias amplas continuem a dar interpretações globais — é o caso da teoria de Werner, da psicanálise ou do comportamentismo —, as pesquisas geralmente se limitam a aspecto bem definido do comportamento da criança. Pode-se esperar que, dentro de algum tempo, tais pesquisas possam ser agrupadas em teorias mais específicas do que as atualmente existentes, mas é impossível predizer quando e até que ponto isso ocorrerá. Ainda que possam ser aos poucos rejeitadas, as teorias globais têm, por enquanto, uma função muito importante para o pensamento: permitem uma interpretação ampla do comportamento e, pelo menos provisoriamente, dão sentido às pesquisas de pormenor.

Referências bibliográficas

ARIÈS, P. *L'Enfant et la Vie Familiale sous l'Ancien Régime*. Paris: Plon, 1960.

BALDWIN, A. L. *Teorias do desenvolvimento da criança*. Trad. Dante Moreira Leite. São Paulo: Pioneira, 1972.

BARKER, R. G.; WRIGHT, H. F. *Midwest and Its Children*: The Psychological Ecology of an American Town. Evanston: Row Peterson, 1955.

BARKER, R. G.; WRIGHT, H. F. *One Boy's Day*. Nova York: Harper, 1951.

BUTCHER, H. J. *A inteligência humana*. Trad. Dante Moreira Leite. São Paulo: Perspectiva, 1972.

CLAPARÈDE, E. *A Educação Funcional*. Trad. J. B. Damasco Penna. São Paulo: Companhia Editora Nacional, 1940.

DEBESSE, M. L'enfance dans l'histoire de la psychologie. In: GRATIOT--ALPHANDÉRY, H.; ZAZZO, R. (orgs.). *Traité de Psychologie de l'Enfant*. Paris: Presses Universitaires de France, 1970. v.1. p.6-77.

FREUD, S. *The Interpretation of Dreams*. Trad. James Strachey. Nova York: Science Editions, 1961.

GAUPP, R. *Psicología del Niño*. Trad. António Vallejo Nágera. 4.ed. Barcelona: Labor, 1936.

GESELL, A.; ILG, F. L. *The Child from Five to Ten*. Nova York: Harper, 1946.

HERRNSTEIN, R. J.; BORING, R. J. *Textos básicos de história da psicologia*. Trad. Dante Moreira Leite. São Paulo: Herder/EDUSP, 1971.

LORENZ, K. *Essais sur le Comportement Animal et Humain*. Trad. C. e P. Fredet. Paris: Editions du Seuil, 1970.

PIAGET, J. Autobiografia. In: BORING, E. G. et al. (orgs.). *A History of Psychology, in Autobiography*. Nova York: Russell & Russell, 1968 [1952].

6
A teoria comportamentista do desenvolvimento

1. Primeira fase do comportamentismo*

John B. Watson

A tese apresentada

O homem é um animal que nasce com certos tipos definidos de estrutura. Como tem esse tipo de estrutura, é obrigado, por ocasião do nascimento, a responder a certos estímulos de determinadas formas (por exemplo: respiração, batidas do coração, espirro e assim por diante) [...] Este repertório de respostas é, de modo geral, igual para todos nós. Apesar disso, existe certa quantidade de variação em cada uma delas — uma variação que provavelmente é apenas proporcional à variação que existe em

* John B. Watson, 1930, p.93-105. (Ed. original, 1924, ed. revista, 1930.) O texto é o da edição revista. Tradução de Dante Moreira Leite. Reproduzido com permissão dos editores.

estrutura (incluindo-se em estrutura, evidentemente, a constituição química). Provavelmente, o mesmo repertório hoje encontrado já existia quando o *genus homo* apareceu inicialmente, há muitos milhões de anos. Denominemos *comportamento humano não aprendido* esse grupo de reações.

Nessa lista relativamente simples de respostas humanas, nada existe que corresponda ao que hoje é denominado "instinto" pelos psicólogos e biologistas atuais. Portanto, para nós não existem instintos — já não precisamos desse termo na psicologia. Tudo que hoje estamos acostumados a denominar "instinto" é resultado, em grande parte, de instrução — pertence ao comportamento humano aprendido.

Como corolário disso tiramos a conclusão de que não existe algo como hereditariedade de *capacidade, talento, temperamento, características* e *constituição mental*. Tais coisas também dependem de instrução que ocorre principalmente na infância. O comportamentista *não* diria: "Ele herda a capacidade ou talento de seu pai para ser um bom esgrimista." Diria: "Esta criança certamente tem a mesma constituição delgada de corpo que vemos em seu pai, o mesmo tipo de olhos. Sua constituição física é muito semelhante à de seu pai. Também tem a constituição de um esgrimista." E diria depois: "— e seu pai gosta muito dele. Colocou uma espada pequena em sua mão quando tinha um ano de idade, e quando passeiam sempre falam de esgrima, ataque e defesa, o código do duelo e assim por diante." Um certo tipo de estrutura, mais instrução inicial — *inclinação* — explica a realização adulta.

O argumento e sua defesa

Comecemos por dizer que, a partir de agora, o homem é para nós um *animal global. Quando reage, reage com cada uma e com todas as partes do seu corpo.* Às vezes reage mais intensamente com um grupo de músculos e glândulas do que com outro. Nesse caso, dizemos que está fazendo alguma coisa. Indicamos vários desses atos — por exemplo, respirar, dormir, andar, correr, lutar, chorar. Mas, por favor, não esqueça que esses atos indicados incluem o corpo todo.

Também precisamos começar a pensar no homem como um mamífero — um animal de duas pernas, com dois braços e duas mãos móveis e delicadas. Como um animal que tem uma vida embrionária de nove meses, uma longa infância em que está indefeso, uma meninice de lento desenvolvimento, oito anos de adolescência e uma vida total de aproximadamente setenta anos.

Encontramos esse animal vivendo nos trópicos quase que sem abrigo; anda nu, vive de animais caçados facilmente e de frutas e vegetais que não exigem cultivo. Encontramo-lo em regiões temperadas, mas nesse caso vive em habitações bem construídas e aquecidas. Encontramos o homem sempre pesadamente vestido, mesmo no verão, com um chapéu colocado na cabeça — a única parte naturalmente protegida de seu corpo. Encontramos a mulher vestida com roupas mais leves. Encontramos o homem trabalhando energicamente (a mulher menos vezes) em quase qualquer tipo de profissão, desde abrir buracos no solo, represar água como castor, construir elevados edifícios de aço e concreto. Encontramos o homem nas regiões árticas, agasalhado em peles, comendo alimentos gordurosos e morando em casas construídas de neve e gelo.

Sempre que encontramos o homem, vemos que está fazendo as coisas mais estranhas, apresentando maneiras e costumes muito divergentes. Na África, encontramos negros que se devoram; no sul da China, encontramos homens que comem arroz com pauzinhos. Em outros países, vemos que o homem utiliza faca e garfo. O comportamento adulto do australiano primitivo das selvas é tão diverso do encontrado nos habitantes da China do interior, e esses grupos apresentam comportamentos tão diversos do apresentado pelo inglês educado, que enfrentamos a seguinte pergunta: — *Será que todos os membros da espécie* homo, *onde quer que sejam encontrados na história biológica, por ocasião do nascimento têm o mesmo grupo de respostas, e será que tais respostas são despertadas pelo mesmo conjunto de estímulos?* Para dizer de outro modo, será que a bagagem *não aprendida*, que o homem tem por ocasião do nascimento, e que estamos habituados a denominar *instintos*, serão os mesmos sempre que encontramos o homem, na África ou em Boston, no ano 6 milhões a.C. ou 1930? Tem a mesma bagagem não aprendida, nasça nos campos de algodão do Sul dos Estados Unidos, no "Mayflower" ou sob os mantos dourados da realeza europeia?

A resposta do psicólogo geneticista

O psicólogo geneticista — o estudioso com melhor qualificação para responder a essa pergunta — detesta enfrentar o problema, pois seus dados são limitados. Mas como é obrigado a responder, pode dar sua convicção honesta. Sua resposta é a seguinte: "Dentro dos limites de variação individual, todos os homens nascem iguais, qualquer que seja a posição de seus pais, qualquer que seja a era geológica e qualquer que seja a zona geográfica em que nascem."

No entanto, alguém poderia dizer: "Não existe nada na hereditariedade, nada na eugenia — não existe vantagem em ter nascido numa família tradicional — não tem havido progresso na evolução humana?". Examinemos algumas dessas perguntas que excitam tanto as pessoas, a ponto de torná-las combativas.

Certamente, se sua linhagem for pura, os pais negros terão filhos negros (a não ser, talvez, uma vez num milhão de anos aproximadamente, quando nasce um "mutante" que teoricamente pode ser branco, amarelo ou vermelho). Certamente os pais chineses, com pele amarela, terão filhos amarelos. Certamente pais caucasianos terão filhos brancos. Mas tais diferenças são relativamente pequenas. Devem-se, entre outras coisas, a diferenças na quantidade e tipo de pigmentos da pele. Seria muito difícil pegar esses bebês por ocasião do nascimento, e assinalar as diferenças de comportamento que distinguiriam os negros dos brancos, ou os brancos dos amarelos. Haveria diferenças de comportamento, mas a prova cabe ao indivíduo, biólogo ou eugenista, que afirme que tais diferenças raciais são maiores do que as diferenças individuais.

De outro lado, ouve-se a seguinte pergunta: "O que dizer de crianças cujos pais têm mãos grandes, dedos curtos, número maior de dedos ou artelhos? Pode-se mostrar que tais crianças herdam tais peculiaridades de estrutura." Nossa resposta é a seguinte: certamente milhares de variações são dadas pelo plasma germinal e aparecerão (em condições idênticas) nos descendentes. Outros aspectos herdados são: cor do cabelo, cor dos olhos, textura da pele, albinismo (indivíduos muito claros com pouco ou nenhum pigmento no cabelo e nos olhos — e sempre com visão deficiente). O biólogo, se conhecer a constituição dos pais e dos avós, poderá predizer muitas das características estruturais mais delicadas dos descendentes.

Por isso, devemos logo admitir a existência de diferenças herdáveis em forma, em estrutura. Algumas pessoas nascem com dedos longos e finos, com estrutura delicada da garganta, algumas nascem com constituição forte e grande; outros com pele delicada e coloração nos olhos. Tais diferenças estão no plasma germinal e são passadas dos pais aos filhos. Mais discutível é a hereditariedade de algumas características — por exemplo, embranquecimento precoce ou tardio dos cabelos, perda precoce de cabelos, a duração da vida, procriação de filhos gêmeos, e assim por diante. Muitas dessas perguntas já foram respondidas pelos biólogos e muitas outras estão a ponto de ser respondidas. Mas não devemos deixar que tais fatos indiscutíveis de hereditariedade nos afastem da verdade, que foi o que ocorreu com alguns biólogos. A simples presença de tais estruturas nada nos diz a respeito da função. Isso tem sido fonte de muita confusão. Grande parte da estrutura estabelecida pela hereditariedade nunca apareceria, nunca se apresentaria na função, se o organismo não fosse colocado em determinado ambiente, sujeito a certos estímulos e obrigado a passar por instrução. Nossa estrutura hereditária está pronta para ser modelada de mil maneiras diferentes — a mesma estrutura — de acordo com a forma pela qual se desenvolve. Para nos convencermos disso, basta medir a mão direita do ferreiro, olhar os retratos de homens fortes nas terríveis revistas dedicadas à cultura física. Ou olhar as costas curvadas do antigos guarda-livros. Tais pessoas são estruturalmente modeladas (dentro de certos limites) pelos tipos de vida que levam.

Será que os traços "mentais" são herdados?

Mas desde que se admita isso no caso de ossos, músculos e tendões — o que dizer de traços mentais? Será que o comportamentista pretende dizer que o grande talento não é herdado? Que as tendências para o crime não são herdadas? "Certamente podemos provar que tais coisas são herdadas." Essa é a ideia antiga, a ideia que se desenvolveu antes de sabermos tudo que hoje sabemos a respeito da modelagem inicial da vida do bebê. Muitas vezes a pergunta é apresentada de maneira específica: "Veja os músicos que são filhos de músicos; veja Wesley Smith, o filho do grande economista John Smith — certamente um digno descendente da velha cepa." O comportamentista não reconhece tendência, disposições ou traços mentais. Por isso, para ele não tem sentido apresentar o problema da hereditariedade do talento em sua forma antiga.

No início de sua vida, Wesley Smith foi colocado num ambiente em que se discutiam problemas econômicos, políticos e sociais. Tinha uma grande ligação com seu pai. O caminho que seguiu era um caminho natural. Foi levado a essa vida pela mesma razão que o filho do leitor se torna advogado, médico ou político. Se o pai é sapateiro, barbeiro ou varredor de rua — ou vive em qualquer outra profissão não reconhecida socialmente —, o filho não segue tão facilmente os passos do pai, mas isso é outra história. Por que é que Wesley Smith conseguiu atingir a eminência, quando tantos filhos de pais famosos não conseguem chegar a esse ponto? Será que esse filho determinado herdou o talento do pai? Pode haver mil razões, nenhuma das quais confirma a opinião de que Wesley Smith tenha herdado o "talento" de seu pai. Suponha-se que John Smith tivesse tido três filhos, que por hipótese tivessem corpos anatômica e fisiologicamente constituídos de forma que todos pudessem adquirir a mesma organização (Hábitos).[1] Suponha-se, além disso, que os três começassem a trabalhar em economia aos 6 anos de idade. Um seria amado pelo pai. Seguiria os passos do pai e, por causa do ensino dado por este, logo o alcançaria e superaria. Dois anos depois do nascimento de Wesley, nasceria o segundo filho; mas o pai já estaria ligado ao primeiro filho. O segundo seria o predileto da mãe; como esta receberia cada vez menos tempo do marido, dedicaria toda a sua atenção a esse segundo filho. Este não poderia acompanhar tão de perto os passos do pai; seria naturalmente influenciado por aquilo que a mãe fazia. Logo desistiria dos seus estudos de economia, e finalmente se tornaria um vadio. O terceiro filho, nascido dois anos depois, seria indesejado. O pai estaria ligado ao filho mais velho; a mãe, ao segundo. O terceiro seria também levado a estudar economia, mas, como teria pouca atenção dos pais, tenderia a ligar-se às empregadas. Aos 3 anos aprenderia a masturbar-se com uma criada desonesta. Aos 12 anos seria levado à homossexualidade pelo motorista da casa. Mais tarde, ligando-se a ladrões da vizi-

1 E com essa afirmação *não queremos dizer que sua constituição genética seria idêntica.*

nhança, começaria a praticar pequenos furtos, depois seria um assaltante e, finalmente, viciado em drogas. Morreria de paralisia num hospital para doentes psiquiátricos. Nenhum dos três teria hereditariedade deficiente. Por hipótese, os três teriam as mesmas possibilidades por ocasião do nascimento. Todos poderiam ser pais de crianças saudáveis, desde que suas mulheres também fossem de boa hereditariedade (a exceção seria a possibilidade de o terceiro filho ter contraído sífilis).

Os opositores provavelmente diriam que o comportamentista está negando fatos conhecidos de eugenia e evolução experimental — que os geneticistas provaram que muitas características de comportamento dos pais passam para os descendentes — e citariam a capacidade matemática, a musical, e muitos outros tipos de capacidade. Nossa resposta é que os geneticistas estão trabalhando sob o signo da velha psicologia de "faculdades". Não é necessário dar muito valor a quaisquer conclusões atuais. Já não acreditamos em faculdades nem em padrões estereotipados.

Diferenças em estrutura e diferenças em instrução inicial explicam todas as diferenças em comportamento posterior

Já afirmamos que, embora exista variação em estrutura, não podemos encontrar prova real de que o repertório não aprendido de atos do homem tenha diferido muito em diferentes épocas ou que tenha sido alguma vez menos capaz de instrução complexa do que o é em 1930. O fato de que existam marcantes diferenças individuais de estrutura entre os homens é coisa conhecida desde o início da biologia. Mas não o utilizamos suficientemente para analisar o comportamento do homem. Desejo utilizar outro fato, só recentemente revelado pelos comportamentistas e outros estudiosos da psicologia animal, isto é, que *muito provavelmente a formação de hábito começa na vida embrionária e que, mesmo no bebê humano, o ambiente modela o comportamento tão rapidamente que se destroem todas as antigas ideias a respeito dos tipos de comportamento herdado e aprendido.* Admitam-se variações em estrutura por ocasião do nascimento e rápida formação de hábitos a partir da mesma época, e temos base para explicar muitos dos chamados fatos de hereditariedade de características "mentais". Consideremos mais dois aspectos.

(I) Os seres humanos diferem em sua constituição

Em nosso estudo da constituição do corpo, obtivemos uma pálida ideia da complexidade do material e dos processos que participam da constituição de um ser humano. Isso também nos permitiu admitir o fato de que deve haver variação na reunião desses complexos tecidos. Acabamos de indicar que alguns seres humanos nascem com dedos longos, outros com dedos curtos; alguns com grandes ossos de braços e pernas, outros com ossos pequenos; alguns com ossos duros, outros com ossos moles; alguns com glândulas superdesenvolvidas; alguns com glândulas que funcionam mal. Sabemos também que podemos identificar os seres humanos pelas diferenças em suas impressões digitais. Dois seres humanos nunca terão as mesmas impressões digitais, embora seja possível separar as impressões humanas de pés e mãos e as apresentadas por outros animais. Dois seres humanos nunca terão ossos exatamente iguais, embora qualquer bom anatomista possa separar um osso humano (e há mais de 200) dos ossos de qualquer outro mamífero. Se uma coisa tão simples quanto as impressões digitais é diferente em qualquer indivíduo, temos prova absoluta de que o comportamento será e deverá ser diferente. Os bebês vão chorar de forma diversa, engatinharão de maneira diferente, apresentarão diferenças na frequência de defecação e urina, nos esforços iniciais de vocalização, em exigências de alimento, na velocidade e rapidez no emprego das mãos — mesmo gêmeos idênticos mostram tais diferenças —, pois são estruturalmente diferentes e diferem ligeiramente em sua constituição química. Diferem também em minúcias mais sutis de bagagem orgânica, nas minúcias de estrutura cerebral e espinhal, nos mecanismos de coração e circulação, bem como em comprimento, amplitude, finura e flexibilidade do sistema muscular estriado.

Apesar de todas essas diferenças estruturais, um homem é um homem — é formado pelo mesmo material que forma outros homens e tem o mesmo plano arquitetônico, apesar do hábito.

(2) As diferenças na instrução inicial tornam o homem ainda mais diferente

Portanto, existem tais diferenças estruturais reconhecidas, pequenas mas significativas, entre cada ser humano e qualquer outro. As diferenças na instrução inicial são ainda mais marcantes. Hoje sabemos que os reflexos condicionados começam por ocasião do nascimento do bebê humano (e provavelmente antes disso) — sabemos que não damos a duas crianças, ainda que na mesma família, a mesma instrução. Um casal apaixonado tem gêmeos — uma menina e um menino. As crianças são vestidas e alimentadas da mesma forma. Mas o pai agrada e acaricia a menina, cerca-a de amor; e a mãe trata o menino da mesma forma, mas o pai deseja que o menino siga os seus passos. É severo com relação a ele — não pode deixar de modelar o menino dessa forma. A mãe deseja que a menina seja modesta e caseira. Logo as crianças mostram grandes diferenças no comportamento. Recebem instrução diferente desde a infância. Depois, nascem outros filhos. Agora, o pai está mais voltado para os negócios — precisa trabalhar mais. A mãe está mais ocupada com seu deveres sociais. Por isso, contratam empregadas. As crianças menores têm irmãos e irmãs; são criadas em mundo bem diverso do enfrentado pelos filhos mais velhos. Uma criança fica doente. Abandona-se a instrução rigorosa, pois todas as regras são modificadas diante de uma criança doente. Uma criança fica muito assustada — torna-se condicionada — e mostra medo diante de tudo; torna-se tímida e há interferência em sua sequência normal de atividade infantil. Na verdade, podemos considerar um caso real. Duas meninas, com 9 anos de idade, vivem em casas vizinhas. Têm a "mesma" instrução (as mães são amigas íntimas e educam as crianças de acordo com as mesmas regras). Certo dia, vão passear juntas. A menina que está à esquerda olhou para a rua e viu apenas a atividade comum; a da direita olhou para dentro de uma casa e viu um homem que exibia seus órgãos sexuais. A menina da direita ficou muito perturbada e só conseguiu tranquilizar-se depois de vários meses de conversa com os pais.

A conclusão que tiramos

Como é que esses dois aspectos explicam os chamados fatos de hereditariedade de talento ou de características mentais? Consideremos um caso hipotético. Imaginemos dois meninos, um com 7, outro com 6 anos de idade. O pai é um pianista de grande talento, a mãe uma pintora, uma retratista muito conhecida. O pai tem mãos grandes e fortes, mas dedos longos e flexíveis (é um mito a afirmação de que todos os artistas têm dedos longos e finos). O filho mais velho tem o mesmo tipo de mão. O pai gosta do filho mais velho, a mãe gosta mais do segundo. Depois começa o processo de "criá-los à sua imagem". Em grande parte, o mundo se forma por meio do esforço para modelar os jovens de que você gosta da mesma forma que você foi modelado. Neste caso, o filho mais velho se torna um maravilhoso pianista, o mais jovem, um artista medíocre. Isso esclarece o problema de instrução e inclinação diferente no período de formação. Mas o que dizer de estrutura diferente? Por favor, observe o seguinte.

O filho mais jovem, sob condições usuais, não teria instrução para ser pianista. Seus dedos não seriam suficientemente longos e a disposição muscular da mão não apresentava flexibilidade suficiente. Mas mesmo neste caso devemos ser cautelosos — uma vez que o piano é um instrumento padronizado e há necessidade de certa amplitude dos dedos, certa força de mão, pulso e dedos. No entanto, suponha-se que o pai gostasse mais do filho mais jovem e dissesse: "Desejo que seja pianista e vou tentar um experimento — seus dedos são curtos — nunca terá a mão flexível, e por isso vou construir um piano para ele. Farei teclas mais próximas, de forma que mesmo com os dedos curtos sua amplitude será suficiente, e farei teclas diferentes, de forma que não haverá necessidade de muita força ou flexibilidade para tocá-las." E quem sabe se, sob tais condições, o filho mais jovem não poderia ser o maior pianista do mundo?

Tais fatores, principalmente os ligados à instrução, têm sido inteiramente esquecidos no estudo da hereditariedade. Não temos os fatos para conseguir dados estatísticos a respeito da hereditariedade de tipos específicos de comportamento e, antes de termos os fatos referentes ao bebê humano, todos os dados a respeito da evolução de diferentes formas de comportamento humano e eugenia devem ser aceitos com o máximo cuidado.

Nossa conclusão, portanto, é que não temos provas reais da hereditariedade de traços. Eu teria confiança perfeita no resultado final favorável de educação cuidadosa de um *bebê saudável e bem formado*, embora nascido numa linhagem de bandidos, assassinos, ladrões e prostitutas. Quem tem qualquer prova em contrário? Anualmente, milhares de crianças se tornam desobedientes ou ladras, tudo por um ou outro erro de educação. Muitos outros milhares de filhos e filhas de pais imorais se tornam também imorais porque não poderiam ser outra coisa no ambiente em que vivem. No entanto, basta que uma criança adotada, e com má linhagem, não apresente bom resultado, para que isso seja empregado como prova indiscutível da hereditariedade de tendências criminosas e da depravação moral. Na realidade, em toda a nossa civilização não houve sequer duas dezenas de casos com registros suficientemente cuidadosos para que pudéssemos tirar tais conclusões — apesar dos aplicadores de testes, de Lombroso e de outros estudiosos da criminalidade. Na realidade, os filhos adotivos nunca são criados como se fossem filhos de sangue. Não é possível usar estatísticas conseguidas com observações em instituições de caridade e asilos de órfãos. Para ter noção do valor de tais dados, basta ir a essas instituições e lá trabalhar durante algum tempo — o que digo sem tentar desprezar o trabalho de tais instituições.

Agora, gostaria de ir um passo adiante e dizer: "Deem-me dez bebês saudáveis, bem formados, e um mundo específico em que possa criá-los, e garanto que pegarei qualquer um deles ao acaso, instruindo-o para que se torne qualquer tipo de especialista que eu deseje — médico, advogado, artista, gerente de empresa e até mendigo ou ladrão, quaisquer que sejam seus talentos, tendências, inclinações, capacidades, vocações e raça de seus ancestrais." Aqui estou ultrapassando o que posso dizer com os fatos de que disponho, e admito isso, mas o mesmo têm feito os defensores da tese contrária e isso ocorre há milhares de anos. Observe-se, por favor, que nesse experimento devo ter o direito de especificar a maneira pela qual devem ser educadas as crianças e o tipo de mundo em que irão viver.

Quando existem defeitos estruturais herdados — tal como ocorre, aparentemente, no caso de algumas doenças glandulares, em deficientes "mentais"; ou quando existe infecção intrauterina, tal como ocorre na sífilis e na gonorreia — o comportamento perturbado de um tipo ou de outro pode aparecer muito cedo e muito rapidamente. Mas algumas de tais crianças não têm as possibilidades estruturais para a instrução — por exemplo, quando há falta de ligações fundamentais no corpo e no cérebro.

Além disso, quando há defeitos estruturais mais facilmente observáveis — por exemplo, em deformidades, perda ou número excessivo de dedos —, ocorre inferioridade social, ou seja, é negada a competição social em base idêntica. O mesmo ocorre quando raças "inferiores" crescem com raças "superiores". Não temos prova segura da inferioridade da raça negra. No entanto, se educarmos uma criança negra e uma branca na mesma escola, se as criarmos na mesma família (teoricamente sem qualquer diferença) e, apesar disso, quando a sociedade começar a exercer sua influência, a criança negra não poderá entrar na competição.[2]

A verdade é que a sociedade não gosta de enfrentar os fatos. O orgulho de raça é muito forte, do que decorre o valor dado aos ancestrais do "Mayflower" — às nossas "Filhas da Revolução". Gostamos de nos vangloriar de nossos ancestrais. Isso nos coloca numa categoria à parte. Gostamos de pensar que um "cavalheiro" não se forma antes de três gerações (e às vezes muito mais) e que temos mais de três antes de nós. De outro lado, a crença na hereditariedade de tendências e traços nos livra de culpa na instrução de nossos filhos. A mãe diz, quando seu filho "procede mal" — "Olhe seu pai" ou "Olhe seu avô" (segundo a pessoa que odeia). "O que é que se poderia esperar com esses antepassados do lado de seu pai?" E o pai, quando a filha mostra tendências condenáveis — "O que é que você esperava? Sua mãe sempre namorou todo homem que se aproximava dela". Se tais tendências são herdadas, não podemos ser condenados por elas. Nas psicologias mais antigas, "os traços são dados por Deus, e se minha filha ou meu filho fracassam, não posso ser condenado por isso".

2 Aqui não me refiro à hereditariedade de características adquiridas de comportamento. Todas as provas biológicas desmentem essa ideia. Um bebê que seja descendente de ferreiros começa aproximadamente com o mesmo braço direito fraco de seu mais distante ancestral ferreiro — e esse braço não é maior do que o esquerdo. Os fatos favoráveis e contrários à hereditariedade de traços adquiridos são muito bem resumidos no livro de Jennings (1930, p.338 e ss.).

2. Comportamentismo contemporâneo*

ARTHUR W. STAATS

Deve-se dizer, antes de mais nada, que o método aqui empregado não nega a importância de diferenças individuais, com fundamento biológico, entre os homens. É certo que as pessoas variam em força, rapidez e assim por diante, em consequência de variáveis biológicas. Além disso, é muito provável que tais variáveis desempenhem um papel importante na aprendizagem. Por isso, o ritmo de aquisição de comportamento, sob condições idênticas, tende a diferir de um indivíduo para outro. Assim, deve-se esperar que dois indivíduos que apresentem diferenças quanto a esse ritmo desenvolvam repertórios com complexidade diferente, embora tenham enfrentado as mesmas condições ambientais, desde que cada um deles possa caminhar de acordo com sua velocidade. Ou, para dar outro exemplo, o mesmo estímulo pode ter efeitos reforçadores um pouco diversos em indivíduos diferentes; por exemplo, o afastamento de um estímulo que provoca aversão pode ter efeito reforçador diferente em dois indivíduos diferentes. É também possível a existência de comportamentos específicos que tenham determinantes biológicos. No entanto, antes que quaisquer afirmações a respeito dessas hipotéticas contribuições biológicas ao comportamento possam ser úteis para predição e controle do comportamento, é preciso fazer observação independente dos determinantes biológicos e ligá-los ao comportamento. Toda pesquisa possível deve ser estimulada nesta área. No entanto, a inferência de que ocorrem processos internos de maturação não dá essa informação.

---

* De Arthur W. Staats, *Complex Human Behavior: A Systematic Extension of Learning Principles*, Nova York: Holt, 1963, p.336-69. Tradução de Dante Moreira Leite. Reproduzido com permissão dos editores.

Além disso, considerando-se o que se sabe a respeito da maneira pela qual o comportamento pode ser condicionado, parece que até algumas diferenças com bases biológicas podem ser influenciadas por variáveis de instrução. Como já se disse antes, o ritmo de aquisição do comportamento, o valor de reforço de um estímulo, a velocidade e a força de um indivíduo, e assim por diante — tudo isso pode variar muito a partir apenas de variáveis de instrução. E embora o ritmo de aprendizagem ou o valor de diferentes reforçadores e assim por diante possam variar para diferentes crianças, os princípios de aprendizagem — reforço, horário, extinção e assim por diante — parecem ser os mesmos em grande amplitude de diferenças individuais e de espécie.

Além disso, os comportamentos específicos adquiridos parecem ser uma função da história de aprendizagem do indivíduo. Um organismo de bebê reage aos mesmos estímulos e é capaz de apresentar respostas semelhantes às de outros bebês humanos; o fato de se tornar, por exemplo, um adulto socializado ou um criminoso parece ser uma função de instrução.

Deve-se indicar novamente, dadas suas consequências práticas, que, quaisquer que sejam os determinantes biológicos de comportamento na criança, tais determinantes podem ser em grande parte inacessíveis. Atualmente há poucas manipulações que possam ser feitas para melhorar determinadas crianças nesse aspecto — por exemplo, óculos, ou medicamentos que "tranquilizam" a criança superativa. Quando se estabecerem as leis empíricas entre a ascendência genética da criança e o repertório comportamental que será capaz de adquirir, talvez seja também possível controlar o comportamento futuro da criança por meio da escolha de seus pais. No entanto, até agora não foram encontradas essas leis exatas e, de qualquer modo, a tarefa não é escolher pais mas, ao contrário, fazer o melhor possível com o fruto das "escolhas" feitas pelos pais.

Assim, pelo menos por enquanto, para a criança intacta existe pouco que possa ser feito quanto à natureza biológica, a fim de provocar os importantes comportamentos complexos do ser humano, ou mesmo para influir em algumas variáveis básicas — por exemplo, ritmo de aprendizagem. Ninguém que esteja interessado pelos problemas de modelagem de uma criança em adulto com comportamento aceitável pode depender de manipulação de fatores biológicos para provocar um comportamento desejável de algum tipo, ou para eliminar um comportamento indesejável. De outro lado, as condições ambientais são acessíveis e as importantes variações de comportamento que as determinam estão sujeitas à manipulação favorável.

Dollard e Miller (1950) consideraram o desenvolvimento da criança principalmente por meio da aprendizagem. Em seu método, a criança por ocasião do nascimento tem apenas um repertório limitado de respostas. O desenvolvimento de comportamentos adultos e complexos é visto como resultante da aquisição de controle de respostas por novos estímulos, extinção de controle do estímulo, desenvolvimento de novas respostas e novos reforçadores.

Sugere-se que essa apresentação pode ser proposta em termos ainda mais fortes, a fim de dizer que a criança aprende todas as suas habilidades sociais importantes: sua linguagem, seu pensamento, seu raciocínio; seu sistema de reforço, seus valores e sua moral; respostas adequadas a estímulos complexos; em resumo, o conjunto infinitamente complexo dos comportamentos que denominamos personalidade.

Não é possível resenhar os numerosos experimentos que ampliaram os princípios de aprendizagem — obtidos com situações, respostas e organismos simples — para a aprendizagem em crianças. De modo geral, no entanto, os vários princípios de aprendizagem têm sido validados com crianças (ver Spiker, 1960). Por exemplo, já em 1925 Krasnogorski mostrou que o condicionamento clássico é válido para crianças. Muitos outros estudos ampliaram os princípios de condicionamento clássico a comportamentos simples de crianças (ver, por exemplo, Razran, 1949).

Alguns estudos demonstraram também que os princípios de aprendizagem determinam o comportamento de crianças de uma forma característica em situações de condicionamento operante. Vários exemplos podem ser mencionados.

Num dos primeiros experimentos que aplicaram processos de condicionamento operante à aprendizagem infantil, a resposta de tirar uma bola do orifício inferior de uma caixa com dois orifícios, e colocá-la no orifício do alto, foi condicionada em dois grupos de crianças em idade pré-escolar. Como reforçadores, usavam-se bugigangas; um dos grupos era colocado num horário de reforço contínuo, o outro num horário de proporção variável. Os resultados indicaram que as respostas das crianças reforçadas no horário de proporção variável eram mais resistentes à extinção de que as respostas de crianças colocadas sob reforço contínuo (Bijou, 1957).

Orlando e Bijou (1960) demonstraram que os princípios de aprendizagem de discriminação funcionam num processo de condicionamento um pouco mais complexo com crianças. A resposta exigida nesse estudo era uma manipulação simples. Na presença de um estímulo, a resposta era reforçada num horário de reforço, enquanto que sob a outra condição de estímulo a resposta era reforçada em outro horário. Algumas crianças estavam apenas num horário de reforço, enquanto que para as outras os dois horários eram alternados durante o experimento. Os resultados indicaram que com esse processo os estímulos podiam adquirir controle sensível sobre a resposta da criança; cada estímulo controlava o comportamento adequado para o horário com o qual tinha sido apresentado. [...]

Embora os tipos de exemplos naturalistas de instrução de criança que serão discutidos neste capítulo exijam constelações mais complexas de variáveis, e os comportamentos ainda não tenham sido sujeitos à pesquisa experimental, a verificação de que os princípios de aprendizagem valem para respostas simples de crianças pode ser provisoriamente generalizada para seus comportamentos mais complexos, como se indica na seguinte afirmação de Bijou e Baer (1960). A afirmação refere-se ao tipo de estudo que acaba de ser resumido.

Seria fácil indicar o artificialismo de tais estudos e sugerir que as relações encontradas não precisam ser típicas do comportamento real da criança. Certamente é correto dizer que poucas (talvez nenhuma) discriminações diárias da criança serão formadas sob condições semelhantes às estabelecidas no laboratório. As discriminações da vida real não são feitas diante dessas alternâncias regulares de estímulos, as indicações e respostas são mais variáveis e mais complexas, os reforçadores mudam de uma oportunidade para outra, o horário de reforço é mais complexo, e todo o processo provavelmente não é realizado de forma sistemática.

Um estudo de discriminação é idealmente adequado para uma análise de qualquer dessas variáveis que agem de maneira pura e simples. Embora uma criança raramente encontre um caso puro e simples de qualquer dessas variáveis, esta informação é valiosa. A história da ciência sugere que as complexidades do mundo real da criança são apenas combinações múltiplas de processos puros e simples. Por isso, a complexidade do comportamento da criança em situação real pode resultar apenas do grande número de fatores participantes; apesar disso, cada fator, por si mesmo, pode atuar de maneira simples, fácil e inteiramente compreensível numa situação de laboratório.

Uma vez que essa suposição já foi útil para outras ciências, não haverá necessidade de apresentar outras justificativas (1960, p.142-3).

Esse argumento sugere que a aprendizagem de crianças em situações diárias é composta de constelações complexas de variáveis que têm sido estudadas isoladamente no laboratório. Isso é confirmado por observações naturalistas das diferenças no comportamento, encontradas como uma função de condições de sociedade, classe e família (todas incluem variáveis de aprendizagem), bem como por observações que sugerem que os comportamentos normais e anormais podem ser aprendidos. [...]

Comportamento inteligente*

A inteligência é um termo muito usado, tanto na linguagem técnica quanto na linguagem diária. Geralmente, é considerada com valor explicativo, pensando-se que a "inteligência" do indivíduo *explique* alguns de seus comportamentos. Se é "inteligente", comporta-se de maneira inteligente, resolve bem os problemas, aprende facilmente disciplinas acadêmicas e assim por diante. Se sua "inteligência" é baixa ou fraca, comporta-se de maneira estúpida. Uma criança que se comporta de maneira abaixo do normal é vista como "mentalmente retardada" e como tendo um desenvolvimento insuficiente de "inteligência".

Além disso, quase todos pensam que esse desenvolvimento depende de variáveis internas do indivíduo — provavelmente de sua constituição biológica, suas qualidades inatas. Embora possam reconhecer que a experiência do indivíduo também pode influir, o desenvolvimento da "inteligência" é visto como um processo fundamentalmente pessoal e biológico.

Apesar dessas fortes convicções, não houve observações independentes de quaisquer estruturas ou processos internos (ou faculdade) que pudessem ser denominados por nosso conceito comum de "desenvolvimento mental", "inteligência" ou outro termo semelhante. Assim, quaisquer características que sejam atribuídas a uma estrutura ou processos internos de "inteligência" precisam ser verificadas a partir de outros tipos de observação.

Tal como usualmente ocorre quando as características de um termo não estão ligadas a observações explícitas, tais caracte-

* Ibidem, p.404-7.

rísticas podem variar de maneira relativamente livre, e muitas definições incoerentes e às vezes conflitivas do termo podem surgir — o que parece ter ocorrido com o termo "inteligência".

> O que é um pouco confuso é o grande número de definições apresentadas para inteligência. Existe um número quase tão grande de definições de inteligência quanto de psicólogos dispostos a apresentá-las. (Kimble, 1956, p.51)

Infelizmente, muitas dessas definições seguem a mesma metodologia de inferir processos internos para explicar os comportamentos externos observados. Além disso, no entanto, já se sugeriu que o termo "inteligência" pode ser operacionalmente definido como o comportamento observado quando se aplica um teste de inteligência; assim, podemos definir "inteligência" como comportamento inteligente, tal como este é medido por testes (Boring, 1923). Usado dessa maneira, o termo seria um título descritivo para um certo tipo de comportamento.

Naturalmente, as duas definições estão inter-relacionadas. Os testes de inteligência foram construídos para ajudar na identificação de crianças que estavam e estariam resolvendo problemas na escola. Por isso, o triunfo no comportamento na escola poderia ser previsto a partir de comportamento em teste de inteligência. O comportamento em teste de inteligência estaria também ligado a triunfo de comportamento em certos tipos de situações de trabalho.

Dada essa relação entre os dois tipos de comportamentos inteligentes, já se sugeriu que a relação ($R_1 \rightarrow R_2$) possa ser usada para identificar "inteligência". Assim, o termo "inteligência" poderia ser considerado uma variável interveniente, definida de um lado pelo comportamento no teste e de outro pela realização na escola e em situações de trabalho (Kimble, 1956).

No entanto [...] as leis R-R não são explicativas, no sentido em que o acontecimento antecedente R_1 seja um determinante de R_2, o acontecimento consequente. Embora se possa predizer R_2 a partir de R_1 (ou vice-versa), não se pode conseguir o controle de R_2 pela manipulação de R_1, o comportamento do indivíduo no teste. Para conseguir compreensão explicativa é preciso procurar os antecedentes de R_1 e R_2. Sem a especificação de tais antecedentes, o termo "inteligência" seria apenas um título descritivo, sem valor explicativo.

Evidentemente, isso não significa que as leis R-R encontradas entre comportamentos em testes de inteligência e comportamentos na escola não sejam importantes. Por exemplo, é muito útil poder observar crianças sob condições padronizadas para notar o comportamento inteligente que apresentam, quando comparadas a outras crianças. A partir de tais observações, é possível fazer importantes predições quanto a êxito provável da criança na escola, tipos de tarefas educacionais para os quais está preparada e assim por diante. Por isso, o campo de construção e emprego de testes de inteligência apresenta alguns dos mais sistemáticos trabalhos do psicólogo, deu muitas habilidades técnicas e muitas contribuições práticas. A discussão de inteligência não poderá resumir toda essa área de estudo e nem o conhecimento técnico exigido para construção e emprego de testes. Para a discussão desse material, existem excelentes trabalhos.

Se, de outro lado, estamos interessados em explicar o comportamento inteligente num teste, ou em situações de escola e trabalho, é preciso encontrar as condições que determinam tal comportamento. É inútil, e pode ser equívoco, inferir algum processo interno e não observável que seja identificado apenas pelo comportamento do indivíduo.

[...] Existem dois tipos gerais de condições determinantes que podem ser pesquisadas para explicar certo comportamento — a biologia do indivíduo e as condições ambientais que o atingiram. No início do desenvolvimento do estudo de comportamento inteligente, apresentaram-se perguntas referentes às relativas contribuições desses dois tipos de determinantes. Muitos estudos foram realizados para fazer correlação entre fatores ambientais e testes de Q.I., ou correlação entre proximidade de estrutura genética — medida por parentesto mais ou menos próximo — e tais testes (ver Fowler, 1962, para resenha dessa pesquisa). Geralmente, tais estudos tentaram apenas demonstrar que os fatores ambientais desempenhavam, ou não, um papel importante na aprendizagem. O trabalho experimental necessário para verificar os determinantes de comportamento inteligente, sejam de aprendizagem, sejam biológicos, não foi ainda realizado, nem se fez especificação minuciosa dos comportamentos incluídos na categoria "inteligência".

A maior parte dos trabalhos refere-se a estudos "cruzados" de crianças e adultos de todas as idades. Em tais estudos, os pesquisadores correlacionam Q.I. em testes e índices ambientais (proporção de educação formal; nível educacional, profissional e de classe dos pais; diferenças entre grupos rurais e grupos urbanos etc.).

Muitas relações desse tipo, frequentemente importantes, foram encontradas. Seu valor pode ser apenas parcialmente atenuado pela descoberta de outras associações que dão maior importância à hereditariedade (por exemplo, entre Q.I. dos pais e de seus filhos). O problema básico decorre do fato de que correlações amplas e de antecedentes esclarecem insuficientemente relações ambientais determinadas entre antecedentes e consequentes. [...]

O extenso trabalho feito a respeito de inteligência com relação ao problema natureza-educação tem sido objeto, por vários anos, de grande discussão e resultados conflitivos (cf. Anastasi, 1958). Mas uma consequência lamentável foi a maneira pela qual os argumentos a respeito da importância relativa de hereditariedade e ambiente deixaram de lado o fato de que o ambiente realiza um papel *essencial* no desenvolvimento. É difícil sustentar, considerando-se as provas existentes, que o ambiente tenha um papel *desprezível* na produção de variações em testes mentais ou no desenvolvimento de inteligência e capacidade conceituais, por mais importantes que possam ser os fatores genéticos. A discussão retardou seriamente o interesse por trabalho experimental com aprendizagem cognitiva em fase pré-escolar. Também desestimulou programas educacionais a longo prazo que procurem desenvolver cada criança até o nível máximo de suas capacidades (Fowler, 1962, p.125-8).

Em resumo, parece que um interesse pela explicação do desenvolvimento de comportamento inteligente deva levar à consideração minuciosa dos comportamentos aí incluídos e da maneira de aquisição de tal comportamento — segundo o diz Fowler, descoberta das "relações específicas ambientais antecedentes--consequentes." A indicação das possibilidades desse método pode ser sugerida pela análise de alguns dos comportamentos exigidos em testes de inteligência de crianças — por meio dos tipos de princípios de aprendizagem [...]. Evidentemente, essa análise não substitui a pesquisa que procure encontrar determinantes ambientais específicos de comportamento inteligente, mas pode demonstrar o tipo exigido de afirmações explicativas, bem como quais podem ser alguns dos determinantes.

Comportamentos em teste de inteligência, considerados aprendidos

Existem muitos itens em teste de inteligência — por exemplo no Stanford-Binet revisto (Terman; Merrill, 1937), entre os quais alguns serão aqui considerados — e seria impossível, por problemas de espaço, tentar discutir cada um deles como comportamento aprendido. Além disso, muitos deles são muito complexos e exigiriam também uma análise complexa. Por isso, serão analisados apenas exemplos de itens que parecem ajustar-se a alguns dos tipos de comportamento aprendido [...]. No entanto, tais tipos de itens constituem uma boa porcentagem do teste [...].

Consequências da interpretação de comportamento em teste por meio de aprendizagem*

Esta interpretação de comportamentos de teste por meio de aprendizagem sugere que os comportamentos usualmente empregados para indicar "inteligência" são comportamentos aprendidos. Se estamos interessados pelos determinantes de tais medidas de teste, precisamos descrever os comportamentos exigidos e procurar as variáveis de aprendizagem que poderiam atuar em sua aquisição.

De maneira mais ampla, é possível sugerir que o comportamento inteligente em geral é comportamento aprendido, em grande parte de natureza verbal, e que inclui o seguinte:

> tatos, sequências de raciocínio, comportamentos de comunicação; repertórios de leitura, aritmética e matemática; comportamento de atenção, observação e discriminação; várias habilidades sob controle verbal. Muitos desses comportamentos constituiriam um repertório básico para a criança em idade pré-escolar e de que dependeria a aquisição posterior de comportamentos importantes na escola. Sem o repertório adequado, a criança seria realmente "retardada".

Esta interpretação também sugere que muitas das variáveis que determinam a "inteligência" são acessíveis à manipulação. Isso, por sua vez, não apenas sugere que grandes diferenças de inteligência são uma função de experiência, mas também que as crianças poderiam ser instruídas para ser "inteligentes". No entanto, os limites dessa instrução não podem ser determinados a partir de conjeturas. Tais questões são empíricas e só serão respondidas por tentativas para manipular, sob condições controladas de pesquisa, as variáveis de aprendizagem que levarão a comportamento inteligente.

* Ibidem, p.411.

Referências bibliográficas

ANASTASI, A. *Differential psychology*. 3.ed. Nova York: Macmillan, 1958.

BIJOU, S. W. Patterns of reinforcement and resistance to extinction in young children. *Child Development*, n.3, 1957, p.243-250.

BIJOU, S. W.; BAER, D. M. The laboratory-experimental study of child behavior. In: MUSSEN, P. H. (org.). *Handbook of research in child development*. Nova York: Wiley, 1960.

BORING, E. G. Intelligence as the tests test it. *New Republic*, n.35, 1923, p.35-7.

DOLLARD, J.; MILLER, N. *Personality and psychotherapy*. Nova York: McGraw-Hill, 1950.

FOWLER, W. Cognitive learning in infancy and early childhood. *Psychol. Bull.*, n.59, 1962, p.116-52.

JENNINGS, H. S. *The Biological Basis of Human Nature*. Nova York: Norton, 1930.

KIMBLE, G. A. *Principles of general psychology*. Nova York: Ronald Press, 1956.

ORLANDO, R.; BIJOU, S. W. Singles and multiple schedules of reinforcement in developmentally retarded children. *Exp. Anal. Behavior*, n.3, 1960, p.339-48.

RAZRAN, G. H. Stimulus generalization of conditioned responses. *Psychol. Bull.*, n.46, 1949, p.337-65.

SPIKER, C. C. Research methods in children's learning. In: MUSSEN, P. H. (org.). *Handbook of research methods in child development*. Nova York: Wiley, 1960.

TERMAN, L. M.; MERRILL, M. A. *Measuring intelligence*. Boston: Houghton Mifflin, 1937.

7
A psicanálise como uma psicologia do desenvolvimento*

David Rapaport

Decidi aqui apresentar uma discussão de alguns conceitos básicos da psicanálise, considerada uma psicologia do desenvolvimento. Tentarei fazer três coisas: em primeiro lugar, demonstrar que o núcleo da psicanálise, como uma psicologia do desenvolvimento, é o conceito de impulsos instintivos e de fatores de repressão do impulso; em segundo lugar, esclarecer a relação entre impulsos instintivos e experiência; finalmente, reconsiderar a relação de desenvolvimento entre formas arcaicas e formas ordenadas de pensamento. Para cada um desses tópicos apresentarei um rápido levantamento das teorias e descobertas mais notáveis e importantes da psicologia não-psicanalítica do desenvolvimento. Tais levantamentos serão realmente muito bre-

* David Rapaport, "Psychoanalysis as a Developmental Psychology". In: Kaplan, Bernard e Wapner, Seymur (orgs.). *Perspectives in Psychopathological Theory: Essays In Honor of Heinz Werner*, Nova York, International Univ. Press, 1960, p.209-55. Tradução de Dante Moreira Leite. Reproduzido com permissão dos editores.

ves e minha escolha de tópicos será inevitavelmente arbitrária; embora alguns dos exemplos ainda sejam discutíveis, aqui não tentarei entrar nessas controvérsias para justificar minha escolha.

Paradoxalmente, a significação da psicologia do ego, um ramo relativamente recente da psicanálise, para a psicanálise como uma psicologia do desenvolvimento é (por causa do trabalho de Hartmann e principalmente de Erikson) mais compreendida do que a significação de alguns conceitos que têm uma história muito mais longa na psicanálise. Hoje, discutirei alguns desses conceitos mais antigos e, apenas quando necessário, falarei da psicologia do ego.

Em primeiro lugar, no entanto, devo dizer algumas palavras a respeito do conceito de desenvolvimento e psicologia do desenvolvimento. Ao falar de psicologia do desenvolvimento refiro-me às pesquisas e teorias discutidas por Werner (1926), e não ao movimento das pesquisas de "estudo da criança" e "desenvolvimento da criança" que estiveram em moda nas décadas de 1930 e 1940.

Paul Weiss (1939) caracterizou o desenvolvimento como um processo de diferenciação autônoma e progressiva das organizações somáticas necessárias para o funcionamento do organismo, e considerou que o processo é "determinado por fatores *intrínsecos* de desenvolvimento, que não têm relação com o funcionamento real" (p.569). Sua apresentação supõe que o desenvolvimento do comportamento, tal como é visto pelo estudante do desenvolvimento orgânico (oposto ao psicológico), seja, no seu conjunto, independente da experiência. Diz Weiss:

> [...] precisamos admitir que o sistema comportamental tem a capacidade para, mais tarde, e secundariamente, desenvolver-se com maior minúcia, mais eficiência e ajustamentos mais sutis, sob a orientação de sua atuação real. A fim de avaliar corretamente tais aperfeiçoamentos, precisamos lembrar que têm, com a base de organização, a mesma relação que podemos observar entre a decoração interior de um edifício e a sua construção. (p.570)

Geralmente, a psicologia do desenvolvimento usa o termo "maturação" para descrever tais "fatores intrínsecos" anteriores à experiência e desta independentes, e o termo "desenvolvimento" para indicar tais fatores e sua interação com a experiência. Antes, a atenção muitas vezes se desviava do papel de "fatores intrínsecos" no comportamento humano pelo fato de, nesse desenvolvimento, tais fatores intrínsecos serem mais flexíveis do que no desenvolvimento de organismos inferiores, e pelo fato de sua interação com a experiência ser mais extensa do que aquilo que se observa no desenvolvimento orgânico. No período em que o comportamentismo dominava a psicologia, o papel da experiência no desenvolvimento era o foco de interesse, e havia pouco esforço para buscar fatores de maturação no comportamento humano, além dos que intervinham no desenvolvimento somático. As psicologias do desenvolvimento de Freud e Heinz Werner (1926) não se conformavam à tendência desse período. Werner procurava as características comuns de mudanças de desenvolvimento, independentemente de seu conteúdo de experiência, e definia a psicologia do desenvolvimento da seguinte maneira:

> [...] uma disciplina que pesquisa as características comuns a qualquer comportamento no processo de progressão ou regressão a fim de verificar o padrão comum de cada nível de desenvolvimento e a relação entre tais níveis, isto é, a direção do desenvolvimento mental. (1957b)

Evidentemente, Werner buscava fatores intrínsecos de maturação.

Quanto à psicanálise como uma psicologia do desenvolvimento, é minha intenção demonstrar que sua realização central foi separar um fator intrínseco de maturação no conjunto de mudanças progressivas, aparentemente forjadas pela experiência. Considero essa demonstração muito importante, pois é a realização central de Freud, abandonada pelas chamadas escolas neofreudianas, cujas teorias, sem exceção, não apresentam esse fator intrínseco.

O conceito de impulso como o núcleo da teoria de desenvolvimento de Freud

Inicialmente esquematizarei a descoberta, por Freud, de um fator intrínseco de maturação, a fim de preparar o terreno para a discussão desse fator e do método genético de Freud.

A teoria e as descobertas iniciais de Freud (Breuer; Freud, 1895; Freud, 1893-96) não se referiam a desenvolvimento. Suas descobertas de experiências traumáticas, de lembranças inconscientes e dos efeitos de represamento a elas ligados, bem como sua explicação,[1] estabeleceram ligações apenas entre experiências e comportamento subsequente, e não incluíam fatores intrínsecos de maturação. Hartmann e Kris (1945) caracterizaram essas ligações como anamnésicas, mas não genéticas (no sentido em que empregam o termo) ou de desenvolvimento (em nosso sentido).[2] O sentido dessas descobertas mudou radicalmente quando Freud (1897)[3] verificou que as descrições de seus pacientes quanto a sedução na infância se referiam, não a experiências reais, mas a fantasias infantis. O estudo de tais fantasias revelou algo cujo impacto no comportamento é tão grande quanto o impacto da realidade externa, ou maior do que o desta. A descrição desse fato, apresentada por Freud (1900), fez com que pela primeira vez a realidade interna e psicológica se tornasse o objeto da ciência.

---

1 Defesa contra reexperiência da situação traumática, por exemplo, sedução sexual.

2 O método genético na psicanálise não se refere apenas a dados anamnésicos, não pretende mostrar apenas "como o passado está contido no presente". As proposições genéticas descrevem por que, nas situações anteriores de conflito, uma solução específica foi adotada; por que uma foi conservada e outra afastada, e qual a relação causal existente entre tais soluções e desenvolvimentos posteriores. (Hartmann; Kris, 1945, p.17)

3 Esta data refere-se ao borrão M (p.202-5) e ao borrão N (p.207-10), em Freud (1887-1902).

Segundo Freud, tais fantasias eram realizações de desejo de impulsos instintivos, sobretudo impulsos sexuais, e por isso generalizou sua concepção na proposição central da teoria psicanalítica, segundo a qual impulsos instintivos inatos, de maturação progressiva, estão subjacentes aos determinantes conscientes e de experiência do comportamento. Com essa concepção de impulsos instintivos, Freud supunha um fator *intrínseco* de maturação, independente de experiência anterior, e assim ultrapassou a relação anamnésica entre comportamento e experiência antecedente. A teoria das fases de desenvolvimento da libido, muitas vezes considerada como o núcleo da teoria de desenvolvimento de Freud (1905), é apenas a teoria específica do desenvolvimento desse impulso instintivo específico, que, considerado em si mesmo, pode ser descrito como a alteração progressiva do impulso da libido pela experiência (ver Kardiner, 1939, 1945; Sullivan, 1953). A significação da teoria de impulsos instintivos para a psicologia do desenvolvimento torna-se muito clara se contrastamos essa teoria com as teorias de associacionismo e condicionamento, cujas formas puras tentam explicar o comportamento apenas através de experiência anterior, isto é, através de aprendizagem que não é organizada por fatores intrínsecos de maturação.[4]

O método pelo qual Freud chegou ao seu conceito de impulsos instintivos é também fundamental para sua psicologia do

4 Alguns teóricos do reforço (por exemplo, Miller, Dollard, Mowrer) tendem a supor que suas teorias de aprendizagem (condicionamento) são compatíveis com a teoria psicanalítica e dão a esta uma teoria de aprendizagem — coisas de que realmente precisa. O fato de que tenham um conceito de impulso parece sugerir que tais teorias de aprendizagem sejam compatíveis com a psicanálise. Mas isso é um equívoco: o seu conceito de impulso não é um fator intrínseco de maturação. Além disso, enquanto uma teoria psicanalítica do ego mostrou (ver p.144-5, 166 e ss. adiante) que nem todo comportamento pode ser explicado apenas por redução de tensão (reforço), o único princípio central de tais teorias é a redução de tensão. Para uma discussão de tais aspectos, ver Rapaport (1952, 1953a).

desenvolvimento, pois foi por esse método que também chegou à concepção da relação entre os fatores intrínsecos de maturação ("constitucionais") e de experiência na determinação do comportamento. Freud apresentou a relação da seguinte maneira:

> Não é fácil avaliar a eficiência relativa de fatores constitucionais e acidentais. [...] O fator constitucional precisa esperar experiências antes de manifestar-se; o fator acidental precisa ter uma base constitucional, a fim de que chegue a atuar. A fim de abranger a maioria dos casos podemos imaginar [...] uma série complementar em que a intensidade decrescente de um fator seja equilibrada pela intensidade crescente do outro. (1905, p.239-40)

O método — que Hartmann e Kris (1945) denominaram "método genético" — consiste em começar com determinado comportamento e determinada situação, e levantar uma série de comportamentos antecedentes, todos eles tentativas de resolver o mesmo problema apresentado pela crescente intensidade de um impulso instintivo, em várias situações e em vários estádios de desenvolvimento. Quanto mais para trás se caminhe numa série desse tipo, mais se reduz a significação relativa dos fatores de experiência (acidentais), e mais dominantes se tornam o impulso instintivo (o fator intrínseco de maturação) e a fase específica de desenvolvimento em que o problema surgiu originalmente e em que se estabeleceu o padrão para sua solução final.

A utilidade do método genético para a psicologia do desenvolvimento parece ser limitada pelo fato de que a prova para sua validade decorre principalmente da situação psicanalítica, em que o método é complicado por *interpretações*. Freud estava ciente de tais limitações, e por isso escreveu:

> A observação direta de crianças tem a desvantagem de trabalhar com dados que facilmente podem ser mal compreendidos; a psicanálise torna-se difícil pelo fato de que, apenas depois de longas

> voltas, pode chegar a seus dados e suas conclusões. Mas através da cooperação entre os dois métodos é possível chegar a um grau satisfatório de certeza em seus resultados. (1905, p.201)

Nas últimas décadas houve tentativas constantes para executar o que nesse trecho está sugerido por Freud (Anna Freud; Burlingham, 1943, 1944; Anna Freud; Dann, 1951; Spitz, 1946a, 1946b, 1949; Leitch, 1948; Leitch; Escalona, 1949; Escalona et al., 1952; Kris, 1951, 1955; Benjamin, 1959; Wolff, 1959; Coleman; Kris; Provence, 1953; e outros). No entanto, as limitações do método podem não ser tão extraordinárias quanto parecem se considerarmos que Freud criou o método genético quando ainda empregava a técnica catártica que não inclui interpretações. De qualquer forma, a significação do método genético para a psicologia do desenvolvimento não é apenas o fato de ser um método que descreve um fator intrínseco de maturação — impulso instintivo — subjacente ao comportamento, mas também um método que descreve o desenvolvimento de uma unidade complexa, isto é, "comportamento como uma solução de problema", e não o desenvolvimento de capacidades, funções ou órgãos isolados. Como o método genético pode descrever a sequência de desenvolvimento de comportamentos complexos, permitiu que a psicanálise colocasse o estudo da personalidade dentro da amplitude da psicologia do desenvolvimento, um objetivo que nem sequer fora tentado por qualquer outra teoria do desenvolvimento.

A discussão dos impulsos instintivos como fatores intrínsecos de maturação estaria incompleta se eu não mencionasse outra descoberta afim de Freud: os fatores intrínsecos que reprimem os impulsos instintivos. Estes fatores serão discutidos de maneira mais completa na última parte do artigo, mas desejo indicar aqui que graças a este conceito a psicanálise explica tanto a descarga quanto a manutenção de tensão, sem explicar qualquer delas como a consequência exclusiva de influências ambientais.

O papel central do conflito na psicopatologia foi uma das primeiras descobertas de Freud, e foi esta descoberta que propôs a pergunta referente aos fatores de conflito, e isso num momento em que Freud ainda explicava o comportamento exclusivamente através de experiência anterior (Breuer; Freud, 1895) e ainda não tinha chegado à sua concepção de impulso instintivo. Os dois fatores que então indicava como componentes do conflito eram por ele concebidos como originários da experiência: o afeto provocado pela experiência[5] e os mecanismos de defesa resultantes de necessidade ambiental. Mas quando o impulso instintivo como um fator intrínseco de maturação tomou o lugar do afeto como um dos fatores do conflito (1900), surgiu novamente a pergunta: qual a natureza do outro fator? Quanto a esse fator, Freud apresentou oscilações: em 1900 e 1911 acreditava que resultasse de experiência, enquanto em 1905 e 1914 via-o como manifestação de outro fator intrínseco de maturação. Aqui citarei apenas a primeira afirmação de Freud quanto à segunda interpretação, sem discutir as ramificações dessa concepção na atual psicologia psicanalítica do ego:

> É durante [...] o período de latência parcial ou total que se constroem as forças mentais que depois impedem o curso do instinto sexual e, como represas, impedem sua corrente — nojo, sentimentos de vergonha e afirmação de ideais estéticos e morais. Nas crianças civilizadas tem-se a impressão de que a construção de tais represas é um produto da educação, e sem dúvida a educação tem muita influência nisso. Mas, na realidade, esse desenvolvimento é organicamente determinado e fixado pela hereditariedade, e pode ocasionalmente ocorrer sem qualquer auxílio da educação. (1905, p.177-8)[6]

5 Nessa época, a interpretação que Freud (1900, p.468, 582) dava dos afetos dependia da teoria James-Lange.

6 Para uma afirmação paralela, ver Freud (1900, p.537).

A psicologia do ego de Freud, que este começou a desenvolver no artigo "O Inconsciente" (1915b), e continuou em 1923, 1926, 1932 e 1937, supunha cada vez mais um fator intrínseco da repressão, entre os outros fatores intrínsecos de desenvolvimento do ego. O trabalho de Anna Freud (1946) sobre defesas, o de Hartmann (1958) sobre adaptação e os de Erikson (1939, 1940) sobre desenvolvimento psicossocial, tornaram mais explícito esse fator. Finalmente, Hartmann, Kris e Loewenstein (1946) chegaram ao reconhecimento explícito de que o ego em geral (e isso supõe suas funções que reprimem os impulsos instintivos) não pode ser derivado do conflito entre impulsos instintivos e realidade. Por isso, concluíram que é insustentável a suposição de que o ego se diferencia do id sob o impacto da realidade, e que deve ser substituída pela suposição de que o id e o ego se diferenciam de uma matriz comum e não diferenciada. Além disso, concluíram que o ego entra no conflito entre o id e o ambiente como um agente independente que, entre outras coisas, está enraizado em fatores intrínsecos de maturação, adaptação e repressão. Embora a discussão do desenvolvimento do ego em geral, dos fatores adaptativos e de outros fatores intrínsecos de maturação aí existentes esteja fora dos objetivos deste artigo, desejo concluir esta parte com a formulação mais geral dos fatores intrínsecos de maturação, que pode ser encontrada na literatura psicanalítica. É uma apresentação de Erikson:

> [Nesta] sequência [...] a criança apenas obedece e, de modo geral, pode-se esperar que obedeça a leis internas de desenvolvimento, isto é, a leis que no período pré-natal formaram um órgão depois do outro, e agora (quando tais órgãos atingem a realidade) criam um comportamento depois de outro. (1940, p.717)
>
> [Além disso] [...] este princípio evolutivo de epigênese [...] governa, antes do nascimento, o desdobramento da base orgânica para todo o comportamento e continua, depois do nascimento, a governar o desdobramento das potencialidades sociais de um

indivíduo nos sucessivos encontros entre sistemas de impulsos e realidades culturais. (1939, p.131-2)

Agora, apresentarei rapidamente algumas observações e algumas teorias não psicanalíticas, que aparentemente apresentam conceitos paralelos aos conceitos de desenvolvimento da psicanálise. A significação teórica de tais semelhanças está longe de ser clara. Nem as teorias e observações que vou delinear são necessariamente indiscutíveis. Em parte, são aqui apresentadas para mostrar a existência de tendências convergentes com as concepções de Freud, que, ao apresentá-las e durante longo tempo depois disso, esteve sozinho, e em parte porque algumas delas parecem ter surgido sob a influência de Freud.

A suposição central do conceito de impulso instintivo é que existem alguns comportamentos apetitivos não aprendidos. Os resultados obtidos através do método genético mostram que existem estádios de desenvolvimento que são determinados por fatores intrínsecos de maturação, que tais estádios são decisivos para o efeito de experiências encontradas durante a sua permanência, e que as experiências iniciais são decisivas para o curso completo do desenvolvimento. O estudo do comportamento de animais revelou muitos resultados paralelos. O fato de tais observações e conceitos paralelos confirmarem ou não as concepções de desenvolvimento da psicanálise é coisa que atualmente não pode ser decidida.

Comportamentos apetitivos em animais foram observados por Whitman (1919), Heinroth (1910, 1938) e Craig (1918). Lasheley (1914, 1938) também estudou tais comportamentos, denominando-os instintos, e distinguiu-os de hábitos por serem "pré-funcionais" (isto é, independentes da experiência) e de reflexos, por serem flexíveis e complexos. As observações de Whitman, Heinroth e Craig foram sistematicamente repetidas por Lorenz (1935, 1937a, 1937b, 1937c, 1942-1943), que explicou tais comportamentos apetitivos por meio dos conceitos de "mecanismos inatos de liberação" e "energias de reação específica", paralelos ao conceito psicanalítico dos impulsos instintivos como fatores intrínsecos de maturação. O trabalho de Lorenz foi continuado por um grupo de pesquisadores que denominam etologia a sua disciplina, e seus resultados exigiram, entre outros, o conceito de "mecanismos inatos de inibição" (Thorpe, 1956), aparentemente paralelo aos fatores intrínsecos de repressão da psicanálise.

Os estudos de Richter e Young a respeito de apetites continuaram os estudos exploratórios de Katz a respeito de fome e apetite, e os de Davis a respeito de escolha pessoal na dieta da criança. Richter (1941), depois de destruir o órgão ou centro para regulação homeostática de ingestão de líquido, salinidade, temperatura etc., observou comportamento apetitivo que tendia a restaurar o equilíbrio que antes era aparentemente mantido pelo órgão extirpado. A partir de suas observações, concluiu que:

> Os resultados [...] mostram que, depois da extirpação dos meios fisiológicos para a manutenção de um ambiente interno constante, o organismo faz um esforço para atingir esse objetivo. Podemos concluir, ou que os fatores de comportamento assumem o controle depois da eliminação dos fatores fisiológicos, ou que no organismo intacto ambos atuam mais ou menos ao mesmo tempo. É mais provável que esta segunda conclusão descreva mais exatamente a situação. (p.108)

Richter deu a esses fatores comportamentais o nome de "impulsos". Young (1949) em seus experimentos demonstrou que, na escolha de alimento, três fatores — necessidades fisiológicas, um fator comportamental, que denominou preferência ou *excitação hedônica*, e a aprendizagem — usualmente colaboram e podem substituir-se mutuamente de maneira adaptativa, mas que qualquer um deles pode opor-se aos outros e ser experimentalmente manipulado, de forma que tanto a preferência quanto a aprendizagem podem ter como resultado comportamento não-adaptativo, isto é, comportamento contrário às necessidades fisiológicas do organismo. É praticamente desnecessário dizer que, no caso do homem, tais relações entre impulsos instintivos, necessidades fisiológicas e experiência constituem lugares comuns na clínica. Tais observações, além de serem paralelas à teoria e às observações psicanalíticas, acentuam o fato de que "impulso" e "preferência" não se identificam com necessidades fisiológicas, nem o princípio de redução de tensão é idêntico às regulações homeostáticas do organismo, embora muitos psicólogos e psicanalistas tenham aceito gratuitamente essa suposição.

Scott e Marston (1950), Scott, Fredericson e Fuller (1951) e outros demonstraram, em animais, estádios de maturação cuja sequência é independente da experiência, e que determinam o impacto e os efeitos subsequentes das experiências que neles ocorrem. Esses autores dão a tais estádios o título de "períodos sensíveis", um termo introduzido por Lorenz (1935) para descrever o período breve e inicial em que, em certas espécies de pássaros, os objetos encontrados determinam as relações sociais subsequentes do indivíduo.[7] Ao processo, Lorenz deu o nome de "impressão" [*imprinting*]. A impressão tinha sido observada por Craig (1913, 1914) e outros autores, antes de Lorenz, e tem sido confirmada em várias espécies de pássaros e em poucas espécies de mamíferos (ver Beach; Jaynes, 1954). Entre tais estudos, os mais notáveis são os de Jaynes (1956, 1957) e Hess (1959).

A proposição freudiana de que as experiências iniciais são de significação muito grande para desenvolvimento posterior tem outros paralelos, além dos estudos de impressão. Apesar da conclusão de Orlansky (1949), segundo quem são poucas as provas para a tese de Freud, e apesar dos resultados negativos das réplicas dos estudos de "conservação" de Hunt (1939, 1941), realizadas, por exemplo, por McKelvey e Marx (1951), na literatura existem proposições paralelas, derivadas de experimentos com animais (ver Beach; Jaynes, 1954). Uma observação inicial

7 Para outras observações ver Lorenz (1935).

de Lashley (1914) tem interesse histórico, e devem ser mencionados também os estudos pioneiros de Levy (1934, 1935, 1938). Estudos mais recentes são de Fredericson (1951), Kahn (1951), Hall e Whiteman (1951), Christie (1952), Kagan e Beach (1953), Thompson e Woodburn (1954), Thompson e Heron (1954), Bernstein (1952), Scott (1955), Weininger (1956), Levine (1956) (experimentos sobre tratamento inicial com as mãos), Nissen et al. (1951), Riesen (1951) (privação sensorial e motora inicial), Harlow e Zimmermann (1959) ("cuidados maternais").

Além de tais conceitos e observações, três teorias básicas, as de Piaget, Werner e Hebb, também mostram alguns paralelos com a teoria de Freud. De modo geral, os conceitos de Piaget são radicalmente diferentes dos da psicanálise (Piaget, 1956). Apesar disso, nos dois casos estamos diante de psicologias do desenvolvimento, e por isso existem alguns paralelos entre elas.[8] Dois desses paralelos são aqui significativos: em primeiro lugar, Piaget (1952, 1954) também supõe um fator intrínseco de maturação (o reflexo circular e seu desequilíbrio, isto é, a motivação que denomina "desejo"); em segundo lugar, uma de suas concepções decisivas diz que a inteligência se desenvolve por meio de uma série de estádios. A teoria de desenvolvimento de Werner (1926, 1949, 1952) e sua teoria fisionômica e sensório-tônica de percepção e cognição também incluem fatores intrínsecos de maturação e uma concepção de estádios (níveis) de desenvolvimento. A teoria neurológica de Hebb (1949) acentua a atividade anterior à experiência autônoma do cérebro, os processos que ocorrem entre o estímulo e a resposta, bem como a lentidão da aprendizagem inicial, em contraste com a aprendizagem posterior — e tudo isso parece supor um fator intrínseco de maturação e um papel específico do desenvolvimento inicial.[9]

---

8 O estudo comparativo de P. H. Wolff (1960), sobre a teoria de Piaget e a psicanálise, desenvolve este aspecto.

9 O estudo de I. H. Paul (1959) apresenta maiores esclarecimentos sobre as características paralelas das teorias de Freud e Hebb.

Em resumo: o núcleo da psicanálise, como uma psicologia do desenvolvimento, pode ser encontrado nos conceitos de impulsos instintivos, fatores de repressão e o método genético, que apresentam um nítido contraste com as concepções não genéticas das teorias comportamentistas de aprendizagem e a psicodinâmica neofreudiana. Tais conceitos e as observações básicas a eles subjacentes têm paralelos em conceitos, observações e resultados experimentais de etologia, nos resultados experimentais referentes a apetites, fases de desenvolvimento e os efeitos de experiências iniciais no comportamento maduro de animais, nas teorias de desenvolvimento de Piaget e Werner, bem como no aspecto de desenvolvimento da teoria neurológica de Hebb.

A natureza do impulso instintivo e sua relação com a experiência

Para esclarecer a relação entre experiência e impulso instintivo, é preciso fazer outro exame do conceito de impulso instintivo, principalmente dos conceitos subsidiários de catexe, zona, objetivo e objeto, pois é por meio desses conceitos que a teoria psicanalítica une os componentes intrínsecos e de experiência do desenvolvimento psicológico. Uma breve resenha da teoria de Freud (1905) sobre o desenvolvimento psicossexual dará os fundamentos para esta discussão.

No livro *Três ensaios sobre a teoria da sexualidade* (1905), Freud esquematizou sua teoria sobre a natureza e o desenvolvimento do impulso instintivo, sobretudo com relação ao instinto sexual. Reuniu provas referentes a níveis de desenvolvimento, variações e ecologia do comportamento sexual: utilizou provas de que as perversões e inversões podem ocorrer em pessoas que, sob outros aspectos, não são desajustadas; de que alguns desses desvios foram práticas aceitas em civilizações desenvolvidas; de que em situações de privação são apresentados por pessoas que, em outras condições, não os aceitam; de que quase todos aparecem em certos períodos da infância e da meninice; de que são conteúdos comuns de fantasias, práticas e sintomas de pacientes neuróticos e psicóticos; de que muitos deles aparecem como partes dos jogos amorosos que precedem as relações sexuais. A maioria dessas provas está amplamente confirmada por estudos estatísticos de padrões sexuais de homens e mulheres (Kinsey et al., 1948, 1953) e por provas paralelas, referentes a animais (Ford; Beach, 1951).

Quais as inferências de Freud quanto ao *desenvolvimento* de impulso instintivo? Concluiu que as perversões e as inversões correspondem a formas iniciais de maturação do instinto sexual que, no curso usual do desenvolvimento, deixam um resíduo que é depois integrado no instinto sexual genital inteiramente desenvolvido, e funciona sob a primazia deste último. Se este desenvolvimento for detido, ou se houver interferência no impulso sexual inteiramente desenvolvido, surgem perversões, inversões ou comportamentos substitutos e simbólicos afins. As consequências das conclusões de Freud são paralelas à concepção de Werner de que existe relação entre níveis genéticos:

> [...] todos os organismos superiores manifestam uma certa amplitude de operações de níveis genéticos diferentes [...] o indivíduo mais maduro, comparado com o menos maduro, tem à sua disposição um maior número de operações diferentes do ponto de vista do desenvolvimento. (1957a, p.20-21)

Quais as inferências de Freud quanto à *natureza* do impulso instintivo? Concluiu que o impulso instintivo é uma força que gasta energia em seu trabalho, tem uma fonte, um objetivo e um objeto (ver Freud, 1915a). A fonte é a zona erotogênica (por exemplo, a boca na fase oral) que muda de fase para fase; o objetivo é a tendência para descarregar a energia acumulada do impulso instintivo. O objeto é o estímulo que libera a ação que descarrega a energia, mas também o objeto para o qual se dirige a ação. Se os fatores internos de repressão se desenvolvem prematuramente, ou se são excessivamente fortalecidos pela experiência, ou se as condições externas impedem a descarga, a energia do impulso instintivo se desloca para canais colaterais ou se desvia regressivamente para uma posição (zona) anterior de maturação, e será descarregada sob a forma de uma perversão, uma inversão ou um sintoma.

O fenômeno de deslocamento foi uma das primeiras e mais originais observações de Freud. Descobrira, já em 1893, através do método catártico, que a ab-reação de "afetos" represados resulta no desaparecimento de sintomas que aparentemente não estão ligados ao "afeto" considerado. Foi para explicar tais descobertas que Freud (1894) introduziu pela primeira vez um conceito quantitativo (quantidade de afeto) em sua teoria:

> [...] entre as funções psíquicas existe algo que deve ser diferenciado (uma quantidade de afeto, uma soma de excitação), algo que tem todos os atributos de quantidade — embora não tenhamos recursos para medi-la —, algo que é capaz de aumentar, diminuir, deslocar-se e descarregar-se, e que se estende sobre os traços de memória de uma ideia como uma carga elétrica na superfície do corpo. (1894, p.75)

Depois, Freud conceituou essa quantidade como catexe (carga de energia), e este conceito desempenha um importante papel em sua teoria do desenvolvimento. Por exemplo, existem pelo menos duas maneiras para explicar as mudanças, durante a maturação, e de uma zona erógena para outra, da fonte de energia do impulso instintivo. Tais mudanças podem ser explicadas se supusermos que as catexes se deslocam de uma zona para outra, ou se supusermos que as zonas erógenas amadurecem em sequência, e que cada uma delas, depois de amadurecer, se torna uma fonte de catexes para uma qualidade específica.

O conceito de catexe é essencial para a psicanálise, como uma psicologia do desenvolvimento, não apenas por causa de sua relação com o deslocamento, mas também sob outro aspecto. Toda teoria do comportamento humano precisa explicar a observação básica de que existe uma diferença entre os comportamentos que são imperiosos[10] — isto é, sobre os quais o indivíduo não tem controle — e os que o indivíduo pode aceitar ou não. As ideias obsessivas e os atos compulsivos são do primeiro tipo; o comportamento diário é, de modo geral, do segundo. Essa diferença é significativa para a psicologia do desenvolvimento porque a observação mostra que as formas imperiosas de comportamento predominam nas fases iniciais do desenvolvimento humano, enquanto as voluntárias predominam em fases posteriores. A teoria psicanalítica explica a diferença entre esses dois tipos de comportamento, bem como a mudança a partir do comportamento imperioso, ao dizer que os comportamentos imperiosos ocorrem quando a tendência de catexes para deslocamento e descarga (uma tendência comum a toda energia) não é muito detida por limitações estruturais (controles). Ao contrário, em comportamentos sujeitos ao controle do indivíduo, a tendência das catexes para deslocamento e descarga é muito detida por estruturas de controle. A transição da primeira para a segunda condição é um processo de maturação que incluiu impulsos instintivos e repressão de tais impulsos. Freud (1900) conceituou essa transição como a passagem do domínio dos processos primários para o dos secundários. A teoria psicanalítica atual (Hartmann, 1950, 1952, 1955; Kris, 1950; Rapaport, 1959) explica essa transição através do conceito de "neutralização de catexes", na medida em que se refere à quantidade deslocável, e pela "informação de estrutura" (Rapaport, 1951), na medida em que se refere a condições que limitam o deslocamento e a descarga de tais quantidades. Como a neutralização de catexes é um aspecto do desenvolvimento de impulsos instintivos, e como a formação de estrutura — uma das consequências de tal desen-

10 Isso não inclui os comportamentos cujo início o indivíduo controla, mas cuja forma de execução está automatizada e, assim, está fora de seu controle consciente (ver Hartmann, 1958).

volvimento — parece ser codeterminada pela experiência (ver Rapaport, 1958, no que se refere a sustento de estímulo), aqui encontramos uma das formas pelas quais um fator intrínseco de maturação interage com a experiência e é por esta modificada.

Precisamos passar agora para os conceitos de zona e objetivo. Segundo Freud,

> [...] em si mesmo, um instinto não tem qualidade [...] [é] uma medida da exigência feita [pelo organismo] à mente, a fim de que esta trabalhe. O que distingue um instinto do outro e lhe dá qualidades específicas é sua relação com suas fontes somáticas e seus objetivos. A fonte de um instinto é um processo de excitação que ocorre num órgão e o objetivo imediato do instinto é o afastamento desse estímulo orgânico. (1905, p.168)

Mas se o objetivo é a tendência universal de todos os impulsos para a descarga,[11] como é que esse objetivo leva qualidades diferentes a diferentes impulsos instintivos? A resposta é que Freud usou o termo "objetivo" em dois sentidos diferentes.[12] Um deles é a tendência para descarga; o outro torna-se claro, por exemplo, em sua discussão do objetivo sexual na inversão. Escreveu o seguinte:

> Entre homens, a relação sexual *per anum* de forma alguma coincide com a inversão; a masturbação é quase tão frequentemente o seu objetivo exclusivo, e é ainda mais verdade que as restrições de objetivo sexual — até o ponto de limitar-se a extravasamento de emoção — são comuns [...]. (1905, p.145-6).

Evidentemente, neste segundo sentido do termo, o objetivo pode ser limitado, deslocado e substituído. Este objetivo não é a

11 Ver p.150.

12 Isto é muito notável no artigo "Instintos e suas vicissitudes" (1915a).

tendência universal para a descarga, mas algo mais específico. O que é? As várias tentativas de Freud para responder a esta pergunta contêm contradições não solucionadas.[13] Penso que o conceito de modos instintivos de Erikson (1937, 1950) pode explicar o que dá qualidade ao impulso instintivo. Erikson indica que todas as zonas — e, na realidade, todos os órgãos que funcionam — têm modos, determinados pela mecânica de seu funcionamento (por exemplo, o ânus expele e conserva) e tais modos, por sua vez, caracterizam a ação de descarga, adequada à zona. Isso equivale à suposição de que os vários impulsos instintivos conseguem sua qualidade distintiva a partir de tais modos, isto é, a partir de padrões funcionais das zonas, e não das energias específicas a cada zona. Dessa forma, as mudanças de maturação, de uma zona para outra, seriam explicadas pelo deslocamento de catexes e não pela produção, pela zona, de catexes específicas. Esta explicação levaria à concepção de uma origem central, e não em zonas, de energia de impulso instintivo. Esta concepção supõe, por sua vez, que o impulso instintivo diferencia e consegue uma qualidade específica quando catecta cada zona na fase adequada de maturação. A outra vantagem dessa explicação — se se demonstrasse que pode ser empiricamente sustentável e coerente com o resto da teoria — é que resolveria a questão ainda não solucionada da teoria pluralista oposta à teoria monista de impulso instintivo, isto é, chegaríamos a aceitar a teoria monista. Em última análise, no entanto, essa é uma questão empírica, e precisamos estar preparados para a possibilidade de que a prova empírica exija a suposição de uma origem dupla (isto é, uma origem central e outra em zonas) da energia do impulso instintivo.

A suposição de que os modos são as características decisivas das zonas tem ainda outras consequências importantes para a psicanálise, considerada uma psicologia do desenvolvimento.

13 Tentei demonstrar isso, com certa minúcia, no meu estudo sobre atividade e passividade (Rapaport, 1953b).

Erikson demonstrou que tais modos e sua sequência da ascendência não são determinados pela experiência. Dessa forma, são também fatores intrínsecos de maturação. No entanto, seu destino é codeterminado pela experiência. Qualquer modo específico, quando atinge sua fase específica de ascendência, à medida que a experiência se acumula, se generaliza e se torna característico também de outras zonas, outros órgãos e comportamentos (por exemplo, o modo de retenção da fase anal se expande para comportamentos de preensão, dando-lhes um caráter de posse). Na realidade, essa "separação" entre os modos (Erikson, 1937) e suas zonas aos poucos os transforma de modos de ação de impulso instintivo em modos disponíveis para uso no comportamento adaptativo, e em última análise os transforma em padrões básicos de pensamento. Tanto o comportamento adaptativo quanto os padrões de pensamento são modelados pela experiência e supõem que essa "separação" seja codeterminada pela experiência. Além disso, Erikson também demonstrou que o encontro de tais modos com as instituições de determinada sociedade conforma e seleciona as modalidades individuais de comportamento que são viáveis nessa sociedade (1950), relegando as outras para papel secundário, ou suprimindo-as inteiramente. Também aqui encontramos uma interação entre fator intrínseco de maturação e experiência.

Passamos agora para o objeto do impulso instintivo (Freud, 1905, 1915a). Verifica-se, nesse exame, que o conceito de objeto é uma das mais importantes invenções conceituais de Freud. É o núcleo de sua solução para a intencionalidade do comportamento humano. O impulso instintivo é um conceito de força, isto é, um conceito causal, que em si mesmo não pode explicar a intencionalidade do comportamento. No entanto, a afirmação de que o objeto é uma das características de definição do impulso instintivo supõe que essa força exerça um efeito apenas quando encontra seu objeto. Assim, o impulso instintivo é concebido não como força cega, mas como força que age intencionalmente. Supõe-se que a coordenação de impulso instintivo e objeto seja inata, isto é, dada pela evolução. Se essa coordenação é rígida em animais inferiores, no homem é relativamente flexível (ver Hartmann, 1948), de forma que a experiência pode modificar a satisfação do impulso instintivo pela substituição de objetos. Assim, na variabilidade do impulso instintivo novamente encontramos a interação entre fator intrínseco de maturação e experiência.

Podemos concluir que, embora na teoria psicanalítica de desenvolvimento as características definidoras do impulso instintivo, suas catexes, modo e objeto, sejam fatores intrínsecos de maturação, suas vicissitudes são codeterminadas pela experiência. Assim, a teoria psicanalítica de desenvolvimento une fatores de maturação e fatores de experiência.

Agora farei um exame rápido de paralelos não psicanalíticos de observações, teorias e conceitos discutidos nesta seção. Alguns deles já foram mencionados, e como os paralelos dos conceitos de modo e objeto nos levariam para a literatura de aprendizagem e para a teoria de Piaget, focalizarei os paralelos da teoria de catexe, encontrados principalmente na literatura da etologia.[14] No entanto, ao fazer essa resenha, também encontraremos paralelos aos conceitos de zona, modo e objeto.

Lorenz (1937a, 1937b), como já vimos, introduziu dois conceitos em seu estudo de comportamento apetitivo: "mecanismos inatos de liberação" e "energia específica de reação". Aqui, é o segundo desses conceitos que tem importância. Lorenz definiu-o como "energia específica a uma atividade definida [que é] guardada quando essa atividade está inerte e [que] é consumida em sua descarga" (1950, p.249). Essa concepção parece paralela à concepção psicanalítica de zonas como fontes de energia de impulso instintivo. A concepção de instinto de Lorenz também supõe um objeto, o "liberador" que ativa o "mecanismo inato de liberação" Ao analisar experimentalmente as características de

14 Alguns desses paralelos foram estudados por Schur (1958, 1959).

tais objetos, Lorenz e outros (Lorenz, 1950; Tinbergen, 1951) descobriram que tais objetos são agregados de estímulos, mas apenas alguns são indispensáveis para a liberação, e várias combinações deles podem provocar liberação adequada. O conceito de liberador, como o objeto de impulso instintivo de Freud, supõe certa flexibilidade da relação entre o mecanismo inato de liberação e o liberador.

No entanto, alguns trabalhos mais recentes de etologia levaram a concepção mais ampla do instinto e de sua relação com o objeto. A observação e o estudo das chamadas "atividades de deslocamento" levaram pelo menos alguns etologistas (ver Thorpe, 1956) à suposição de uma "energia específica de impulso" ligada a certos grupos de mecanismos inatos de liberação e não a "energia específica de reação", referente a apenas um mecanismo. Esse conceito de impulso geral parece paralelo à concepção da origem central da energia do impulso instintivo, já discutida.

As atividades de deslocamento, assim denominadas por Armstrong (1947, 1950), foram estudadas sistematicamente, pela primeira vez, por Tinbergen (1952), que as definiu da seguinte forma:

> O aspecto estranho encontra-se no fato de que, embora um animal esteja claramente com motivação de luta, ou, em outros casos, com motivação para acasalamento — de modo geral, quando o instinto "a" é ativado — e embora saibamos por experiência que devemos esperar movimentos ligados ao padrão de execução desse instinto "a", observamos movimentos ligados ao padrão de execução de outro instinto "b". A atividade parece ser deslocada do instinto "b", ao qual está ligada, para o instinto "a" que o emprega como se fosse uma parte de seu padrão de execução. (p.6)

Segundo Tinbergen, tais deslocamentos ocorrem: *a*) quando existe conflito entre dois impulsos antagônicos (por exemplo, pássaros com conflito entre luta e fuga podem apresentar, em vez de qualquer desses comportamentos, um fragmento de comportamento ligado à construção de ninho; *b*) quando um instinto é excitado, mas não pode ser descarregado (por exemplo, quando o par sexual se atrasa, pode ocorrer comportamento sexual formado por fragmento de comportamento de luta); *c*) quando ocorreu excitação excessiva (por exemplo, quando um pássaro é perseguido, mas não encontra perigo, pode ocorrer a cópula); *d*) quando a estimulação cessa repentinamente (por exemplo, quando o oponente foge repentinamente, pode haver comportamento de construção de ninho ou cópula); *e*) como uma "pós-descarga", quando o impulso gradualmente se reduz (por exemplo, depois da cópula, pode haver comportamento de construção de ninho ou luta).

Tinbergen concluiu que: *a*) as atividades de deslocamento servem como formas de expressão para energia residual de impulso; *b*) os padrões de comportamento usados como expressão são os que, por alguma razão, apresentam menos resistência; *c*) as atividades de deslocamento usualmente são formas incompletas da atividade de impulso a partir da qual ocorreu o deslocamento; *d*) segundo as provas de Liddell,

> [...] o fato de que as atividades de deslocamento apareçam antes de se chegar a um estádio neurótico [...] indica que a expressão através do deslocamento é uma forma de defesa contra a perturbação neurótica do sistema nervoso central, o que lhe permite "livrar-se" de excessos de impulso que de outra forma o prejudicariam. (Tinbergen, 1952, p.22)

Mas o que dizer da relação entre impulso e objeto? Já discuti o objeto como "liberador" ou "disparador". Outro resultado importante obtido pelos etologistas (ver Lorenz, 1950; Tinbergen, 1952) é que, quanto mais o objeto se ajusta ao mecanismo inato de liberação, menor a tensão de impulso que irá liberar, e quanto maior a tensão, menor o ajustamento do objeto para que provoque sua liberação. No entanto,[15] a etologia fez ainda outras descobertas sobre o objeto. Tenho em mente o já mencionado processo de "impressão", descoberto por Craig (1914). Lorenz (1935, 1937c), que explorou o fenômeno e lhe deu o nome atual, concluiu que: *a*) em algumas espécies, os objetos de instinto de acompanhamento social e do instinto sexual não são inteiramente determinados como padrões inatos de recepção, mas precisam ser completados pela experiência; *b*) no entanto, os limites para a impressão de objetos são inatos, embora variem de espécie para espécie; *c*) uma vez que tenha ocorrido a impressão, esta é praticamente inalterável; *d*) embora a impressão ocorra com relação ao instinto de acompanhamento social, determina o objeto do instinto sexual; *e*) a impressão ocorre apenas em período inicial e bem definido da vida do animal. Quase todas essas conclusões foram confirmadas em experimentos rigorosamente controlados, por Jaynes (1956, 1957), Hess (1959) e outros (ver Beach; Jaynes, 1954).

A impressão apresenta um paralelo notável, não apenas à fixação e aos períodos críticos e sensíveis, conhecidos por meio do estudo da libido e do desenvolvimento do ego (ver Erikson, 1950, 1953), mas também às proposições de Freud (1905, 1914), segundo as quais: *a*) no homem, a escolha de objeto da libido não é determinada especificamente pelo impulso sexual; *b*) os primeiros objetos do impulso sexual são os objetos do impulso de autoconservação, isto é, as pessoas que cuidam do bebê. Assim, tanto na teoria psicanalítica quanto na teoria etológica a experiência desempenha um papel na determinação da escolha

15 Note-se a analogia com a teoria de Freud: "Quando a constituição [do impulso] é determinada, talvez não exija o apoio de experiências reais; embora um grande choque na vida real talvez provoque uma neurose, mesmo numa constituição média [...] esta interpretação da relativa importância etiológica do que é inato e do que é vivido acidentalmente também se aplica a outros campos". (1905, p.171)

do objeto, embora a teoria psicanalítica admita que o papel da experiência é mais amplo. Esta diferença — segundo a sugestão de Hartmann (1948, 1958) — se deve provavelmente à diferença entre o papel que os instintos desempenham na adaptação do animal à realidade e o papel dos impulsos instintivos no homem.

A fixação e a ligação ao objeto, na teoria psicanalítica, e a impressão, na etologia, referem-se a processos que criam relações duradouras entre impulsos e objetos. Como os processos que criam relações duradouras de qualquer tipo são os processos em que pensamos quando falamos de aprendizagem, o estudo de fixação e impressão poderia ser um ponto de partida para uma teoria de aprendizagem significativa para a psicologia do desenvolvimento.

Em resumo: os fatores decisivos na interação entre impulso instintivo e a experiência são as catexes (pois seus deslocamentos podem ser e são modulados pela experiência), os modos (pois sua capacidade para separar-se de sua zona, para ser deslocados para outras zonas e para ser seletivamente voltados para modalidades dominantes de comportamento pode ser e é regulada pela experiência) e o objeto (pois está sujeito a substituições durante a experiência). A literatura da etolologia apresenta observações e concepções que são paralelas às observações e concepções psicanalíticas ligadas à interação entre impulsos instintivos e experiência.

O desenvolvimento de pensamento

Nesta tentativa para esclarecer quais os conceitos básicos da psicanálise como uma psicologia do desenvolvimento, escolhi o desenvolvimento do pensamento como a terceira área de discussão, em parte porque a relação entre processos primários e secundários que aí desempenha um papel fundamental é também decisiva para a teoria do desenvolvimento em geral, e em parte porque aí encontramos as duas relações até aqui discutidas (impulsos instintivos *vs.* fatores de restrição do impulso, fatores intrínsecos de maturação *vs.* fatores de experiência no desenvolvimento). Meu objetivo no que adiante apresento é explorar a ligação entre essas duas relações no domínio do pensamento, e por isso minha discussão do desenvolvimento do pensamento será necessariamente limitada. Embora o desenvolvimento do pensamento tenha muitos outros aspectos, ficarei concentrado apenas na relação entre os processos primários e secundários de pensamento. Além disso, embora o desenvolvimento do pensamento seja uma parte integral do desenvolvimento do ego, e embora seja melhor discuti-lo nesse contexto, evitarei uma discussão geral de seu lugar e de seu papel no desenvolvimento do ego.

O problema da relação entre impulso instintivo e experiência surgiu nos estudos de Freud, não apenas sob a forma acima apresentada, mas também sob a forma da relação entre representação do impulso, pensamento de realização de desejo e pensamento adaptativo de representação de realidade. Freud fez muito para esclarecer a relação entre esses dois tipos de processos de pensamento, sobretudo no que se refere ao predomínio usual do segundo com relação ao primeiro (ver, sobretudo, *A interpretação dos sonhos*, 1900), mas continuaram ambíguos muitos aspectos de sua relação, e principalmente a sua relação com maturação e desenvolvimento. A discussão que Freud apresentou dessa relação deixou a impressão geral de que o processo secundário decorre do processo primário, sob o impacto da experiência. No entanto, como veremos, não era exatamente isso que Freud pretendia dizer.

Tanto em *A interpretação dos sonhos* quanto em *A psicopatologia da vida cotidiana* (1901) Freud demonstrou as características comuns do pensamento em sonhos, em estados patológicos e na infância. Os processos responsáveis por tais características foram por ele denominados processos primários, em oposição ao processo responsável pelas formas ordenadas de pensamento adulto, por ele denominado processo secundário. A proposição de que as formas de pensamento características de sonhos, estados patológicos e da infância apresentam notáveis pontos comuns e, portanto, pertencem a níveis muito afins de desenvolvimento, é paralela às observações de Werner (1926). Mas a afirmação de Freud de que o processo primário é a matriz de que surge o processo secundário levou-o a contradições. Escreveu (1900):

> A amarga experiência da vida deve ter mudado essa atividade primitiva de pensamento, transformando-a numa atividade secundária mais útil. (p. 566)[16]
>
> [E:] [...] [o] aparelhamento psíquico primitivo [...] [é] regulado por um esforço para evitar o acúmulo de excitação [...] [e o evita pela] repetição da experiência de satisfação, o que inclui a redução de excitação. [...] Uma corrente desse tipo [...] foi por mim denominada "desejo". [...] O primeiro desejo parece ter sido uma catexe alucinatória da lembrança de satisfação. No entanto, verifica-se [...] que tais alucinações são inadequadas para provocar [...] satisfação. Tornou-se necessária uma segunda atividade — ou, como a denominamos, a atividade de um segundo sistema — e essa atividade [...] desviou a excitação (resultante da necessidade) por um caminho indireto que, em última análise, por meio de movimento voluntário, alterou de tal forma o mundo externo que se tornou possível chegar a uma percepção real do objeto de satisfação. (p.598-599)
>
> [Depois:] Afinal, o pensamento nada mais é do que um substituto de um desejo alucinatório [...] e apenas um desejo pode pôr em funcionamento o nosso aparelhamento mental. (p.567)
>
> [Finalmente, liga o processo secundário a fatores de repressão: [...] o primeiro [...] sistema se dirige para a obtenção de descarga livre das quantidades de excitação, enquanto o segundo sistema

16 Ver também Freud (1911, p.219).

> [...] consegue inibir essa descarga e transformar a catexe em catexe inativa [...]. (p.599)

Evidentemente, aqui Freud supõe que o processo secundário decorre do processo primário, e que isso se deve à amarga experiência da vida e é motivado pelos mesmos desejos do processo primário; de forma que o pensamento de processo secundário é apenas uma volta para a lembrança de satisfações; e embora tenha uma função controladora com relação ao processo primário (ao suprimi-lo, retardá-lo e desviá-lo), em nada contribui para o processo de pensamento, a não ser com o que é exigido pela realidade. Podemos parafrasear essa concepção da seguinte forma: o processo secundário é uma modificação aprendida do processo primário e nenhum fator intrínseco de maturação contribui para seu desenvolvimento. Mas Freud não desenvolveu coerentemente a concepção que acaba de ser resumida, pois tratou, como modelo teórico e não como realidade, a ideia de um aparelhamento mental que possui apenas um processo primário:

> É verdade que, pelo que sabemos, não existe aparelhamento físico que possua apenas um processo primário e, nesse sentido, esse aparelhamento é apenas uma ficção teórica. Mas isto é verdade: os processos primários estão presentes desde o início no aparelhamento mental, enquanto que apenas no transcurso da vida se desenvolvem os processos secundários, que chegam a inibir e a recobrir os primários; é até possível que seu domínio completo não seja atingido até o início da maturidade. (1900, p.603)

Aqui enfrentamos uma dificuldade. Se um aparelhamento mental exclusivamente de processo primário é uma ficção teórica, deve-se supor que o processo secundário exista desde o início. Mas Freud afirma que o processo secundário só se desenvolve "durante o transcurso da vida". Se quer dizer que não está aí no início e surge apenas com o impacto de "amarga experiência da vida", neste ponto sua teoria é puramente ambientalista, e contradiz não apenas a afirmação de que não pode existir um aparelhamento psíquico de processo primário puro, mas também sua concepção de fatores restritivos e intrínsecos de maturação. Uma saída evidente para essa dificuldade é interpretar a proposição de Freud da seguinte maneira: rudimentos do processo secundário estão presentes desde o início, mas sua maturação é lenta e depende da "amarga experiência da vida". Esta suposição seria coerente com uma teoria de desenvolvimento do pensamento.[17] *A interpretação dos sonhos* não permite supor que isso fosse aquilo que queria dizer, e só podemos concluir que Freud nessa época não percebia a dificuldade, e por isso não podia resolvê-la. Parece que, quando Freud introduziu o conceito de impulso instintivo apenas parcialmente superou seu ambientalismo inicial,[18] e este fica muito evidente em sua concepção do processo secundário.

Uma reconsideração de *Totem e tabu* (1913) esclarecerá melhor a concepção que Freud tinha do processo secundário. Sua discussão do animismo como um sistema teórico e da função sintética a ele intrínseca aproximou-se de um reconhecimento explícito de um fator intrínseco de maturação no desenvolvimento do processo secundário. Apesar disso, Freud não isolou o fator intrínseco, mas, ao contrário, explicou as origens dos tabus através da experiência.

Em *Totem e tabu* Freud reuniu provas de notável correspondência entre as concepções e práticas animistas e mágicas dos primitivos e os neuróticos compulsivos (p.28-9), e procurou explicar tais correspondências. Concluiu que as concepções e práticas dos primitivos e dos neuróticos compulsivos refletem e detêm os mesmos impulsos sexuais e de hostilidade. Depois de chegar a essa conclusão, enfrentou a seguinte pergunta: de onde vem a tendência para essa repressão?

17 Especificamente, com a teoria de Piaget; ver Wolff (1960).

18 Ver p.140-1.

Em outros trabalhos do mesmo período explicou a repressão dos neuróticos pela "antítese entre instintos do ego e instintos sexuais" (1914, p.79). Segundo nosso ponto de vista atual, tais instintos do ego, como outros impulsos instintivos, representariam um fator intrínseco de maturação. Em *Totem e tabu*, no entanto, Freud rejeita a possibilidade de que a repressão seja exercida por instintos, argumentando que, se isso ocorresse, não haveria necessidade de leis semelhantes a tabus. Freud cita Frazer como confirmação para esse ponto de vista:

> Não é fácil saber por que qualquer instinto humano profundo precisa ser reforçado pela lei. Não existe lei que obrigue os homens a comer e a beber ou que os proíba de pôr as mãos no fogo. [...] A lei só proíbe que os homens façam aquilo que seus instintos os levam a fazer; seria supérfluo que a lei proibisse e castigasse aquilo que a natureza proíbe e castiga. (1913, p.123)

De acordo com Wundt, considerava o tabu como "o mais antigo dos códigos não escritos do homem" (1913, p.18). Ao procurar a origem dessa lei, chegou, por seu método de reconstrução, à conclusão de que tais tabus têm uma origem histórica, na experiência do assassinato do pai primordial por seus filhos, do que decorre o estabelecimento, por estes, de regras que procuram impedir a repetição de tais ações:

> Precisamos supor que os tabus sejam proibições de antiguidade primitiva que, em certo momento, foram impostas a uma geração de homens primitivos; sem dúvida [...] precisam ter sido impostas a eles de forma violenta e pela geração anterior. (p.31)

Esta explicação da origem dos tabus, como sua explicação do processo secundário, era ambiental, através da experiência, e não apresentada através de um fator intrínseco de maturação. No entanto, como supunha que "Se os processos psíquicos não fossem continuados de uma geração para outra, e se cada geração fosse obrigada a adquirir de novo uma atitude diante da vida, não haveria progresso" (1913, p.158), precisava explicar como tais restrições impostas pelo ambiente eram transmitidas, e sua explicação era lamarckiana:

> Uma parte do problema parece ser resolvida pela herança de disposições psíquicas que, no entanto, precisam receber alguma forma de ímpeto na vida do indivíduo, antes que possam ser colocadas em operação efetiva. (1913, p.158)

São evidentes as dificuldades para aceitar a "hereditariedade de características aquiridas" suposta por Lamarck. Mas esta explicação enfrenta ainda outras dificuldades. Freud perguntou se estaria fazendo o mesmo erro que o levara, antes de 1897, a supor a realidade da sedução durante a infância. Escreveu o seguinte:

> Se [...] estudamos esses neuróticos a fim de descobrir quais as ações que provocaram tais reações, ficamos decepcionados. Não encontramos ações, mas apenas impulsos e emoções, com fins maus, mas impedidos de realizar-se. Atrás do sentimento de culpa dos neuróticos sempre encontramos realidades psíquicas, e nunca realidades de fato. [...] Será que o mesmo não pode ter ocorrido com os homens primitivos? (1913, p.159)

Uma resposta positiva a essa pergunta — uma rejeição da suposição de assassinato do pai como fato histórico — teria aberto o caminho para uma concepção generalizada do processo secundário e da repressão do instinto por meio de um fator intrínseco de maturação, assim como a rejeição da realidade histórica da sedução na infância tinha levado à conceituação do impulso instintivo como um fator intrínseco de maturação. No entanto, Freud rejeitou essa solução, embora, como vimos, tivesse uma concepção parcial de um fator intrínseco e repressivo de desenvolvimento.

> Nem devemos ser muito influenciados, em nosso julgamento dos homens primitivos, pela analogia de neuróticos. Também existem distinções que devem ser lembradas. [...] os neuróticos são, acima de tudo, inibidos em suas ações; no seu caso, o pensamento é um substituto completo para a ação. Os homens primitivos, ao contrário, são desinibidos [...] a ação [...] é um substituto para o pensamento. E é por isso que, sem pretender ter chegado a um julgamento final, penso que neste caso podemos supor, com segurança, que "no início houve a ação". (1913, p.161)

Assim, vemos que aqui Freud tomou uma decisão análoga à que precisou rejeitar em 1897.

Mas se passamos da concepção que Freud tinha das origens dos tabus para sua discussão da natureza destes últimos, temos uma imagem muito diferente de sua concepção das origens e da natureza dos processos secundários. Em todo o livro *Totem e tabu* Freud acentuou que os tabus não são fenômenos isolados, mas parte de um amplo sistema de pensamento:

> A espécie humana [...] no curso das épocas desenvolveu três desses sistemas de pensamento — três grandes imagens do universo: animista (ou mitológica), religiosa e científica. Destas, o animismo [...] é talvez o mais coerente e exaustivo e o que dá uma explicação realmente completa da natureza do universo (p.77). [...] a primeira realização teórica do homem — a criação de espíritos — parece ter surgido da mesma fonte de que surgiram as primeiras restrições morais a que foi submetido — a obediência ao tabu. (p.93)

Dessa forma, Freud considera o totem e o tabu como partes integrantes da teoria animística do mundo. A pergunta a que agora devemos responder é a seguinte: como é que esse sistema amplo de pensamento surge de proibições específicas, impostas em épocas remotas e transmitidas pela "herança de características adquiridas"? Freud estava ciente desse problema:

> [...] precisaremos pesquisar as características psicológicas desse sistema. [...] Agora, direi apenas que o protótipo de todos esses sistemas é o que denominamos a "revisão secundária" do conteúdo dos sonhos. E não devemos esquecer que, nesse estádio em que os sistemas são construídos, e depois dele, dois conjuntos de razões podem ser atribuídos a cada acontecimento psicológico [...] um dos quais pertence ao sistema, enquanto o outro é real, mas inconsciente. (p.65)

Portanto, aqui Freud coloca os "sistemas" no mesmo nível de impulsos inconscientes, refere-se a eles como "razões" (isto é, fatores causais), e, como veremos, a eles atribui uma função independente, tanto da pressão do ambiente externo quanto de força do id.

> A revisão secundária do produto do trabalho do sonho é um exemplo admirável da natureza e das pretensões de um sistema de pensamento. Em nós existe uma função intelectual que exige unidade, ligação e inteligibilidade em qualquer material, tanto de percepção quanto de pensamento, e que esteja ao seu alcance; e se, como um resultado de circunstâncias específicas, essa função é incapaz de estabelecer uma ligação verdadeira, não hesita em criar uma ligação falsa. Os sistemas construídos dessa forma são conhecidos não apenas por meio de sonhos, mas também de fobias, pensamento obsessivo e delírios. A construção de sistemas é vista de maneira mais nítida em perturbações com delírio (na paranoia) [...] (p.95)

Mais tarde — depois de ter estabelecido os fundamentos de sua psicologia do ego, em que se considerava o pensamento como uma função do ego e os instrumentos usados no pensamento como instrumentos do ego — Freud (1926) conceituou tais processos de unificação, ligação e racionalização como as funções sintéticas do ego. Sua indicação de funções sintéticas esclarece mais ainda sua concepção dos processos secundários. Em *A interpretação dos sonhos* (1900) os principais atributos do processo secundário eram a função de repressão do impulso instintivo e a orientação para a realidade. Em "Estudos sobre os dois princípios do funcionamento mental" (1911), esta orientação para a realidade desenvolveu-se no princípio de realidade, cuja relação com o processo secundário seria análoga à relação entre o princípio do prazer e o processo primário. A concepção do processo secundário muda radicalmente, no entanto, quando em *Totem e tabu* a ele Freud atribui uma função sintética de unificação, ligação e racionalização.[19] Como aqui a função sintética emerge como uma nova função, exclusiva do processo secundário, independente das exigências dos impulsos instintivos e das da realidade, já não se trata de necessidades da realidade superpostas aos processos primários. Na terminologia da atual psicologia do ego da psicanálise, assim apresentamos essa situação: os processos secundários e sua função sintética são funções autônomas do ego, seja com relação aos impulsos instintivos, seja com relação à estimulação externa (Rapaport, 1958). Além disso, a apresentação de Freud supõe que existam várias dessas funções sintéticas, diferentes entre si; podemos observá-las, por exemplo, na paranoia, no sonho, nas fobias, no animismo, na religião e na ciência. Em meu estudo sobre estados da consciência (Rapaport, 1957), apresentei provas independentes para confirmar essa proposição.

Podemos concluir que, ao estudar o animismo e ao considerá-lo um sistema teórico, Freud chegou ao limiar da descoberta

19 Em *A interpretação dos sonhos* já havia indícios dessa concepção, mas não estavam explicitados.

de uma função sintética e autônoma do processo secundário, além da função de repressão que já lhe tinha atribuído (1900, p.599). Como já foi mencionado, finalmente cruzou o limiar em *O problema da angústia* (1926). Em "Análise Terminável e Interminável" (1937) foi ainda mais longe e falou de fatores inatos do ego em geral, não os limitando a fatores de integração e repressão. Tais princípios levaram Hartmann (1958) e Hartmann, Kris e Loewenstein (1946) à conclusão de que o id e o ego surgem de uma matriz comum não diferenciada, e que os instrumentos de autonomia primária do ego — os instrumentos psicológicos de motilidade, percepção e memória — já existem na fase não diferenciada. Em outro trabalho (1951) sustentei que os limiares de descarga do impulso instintivo são também instrumentos primariamente autônomos, e, na realidade, os protótipos de todas as estruturas de repressão. As proposições de Hartmann, Kris e Loewenstein, bem como as minhas, supõem que os processos primários e secundários também surgem, por diferenciação, de uma matriz comum, e que portanto os rudimentos do processo secundário também existem desde o início — uma hipótese que esclarece a afirmação de Freud segundo a qual não existe organismo que atue apenas com processos primários.

Já discutimos algumas das relações[20] que sugerem a suposição de um fator intrínseco e repressivo de maturação. Agora encontramos um conjunto de considerações que tornam inevitável tal suposição: 1) a estreita relação entre fatores de repressão e processo secundário; 2) o caráter autônomo do processo secundário e da função sintética, o que elimina a possibilidade de que suas origens sejam ambientais; 3) os instrumentos autônomos primários do ego, existentes no pensamento de processo secundário.

A resenha que fiz de *Totem e tabu* e principalmente o conceito de animismo levaram a duas conclusões: em primeiro lugar, o

20 Ver, no início do artigo, a discussão do conceito de impulso.

processo secundário não surge apenas do processo primário sob a pressão da necessidade ambiental, mas, tal como ocorre com o processo primário, surge de uma matriz não diferenciada em que já estão presentes seus fatores intrínsecos de maturação e integração.[21] Em segundo lugar, o animismo, que é uma forma tão notável do processo primário em estados patológicos, sociedades pré-letradas, crianças etc., é um sistema "teórico" e, como tal, é organizado através de uma função sintética, alheia aos processos primários,[22] o que demonstra que o pensamento e as práticas animistas incluem tanto os processos secundários quanto os primários. Mas, se os processos secundários estão incluídos no pensamento de primitivos, exatamente como em nosso pensamento cotidiano, ordenado, lógico e científico, qual a diferença entre nosso pensamento e o dos primitivos? Para responder a essa pergunta precisamos novamente ir um pouco além do que Freud disse. A primeira resposta reapresenta o evidente: o primitivo não é menos realista, lógico e hábil no uso do pensamento para a adaptação.[23] A segunda resposta já foi antecipada: todas as formas de pensamento incluem processos primários e secundários, mas diferem entre si quanto ao tipo de função sintética que exigem; vale dizer, diferem quanto ao grau de domínio que o processo secundário consegue com relação ao primário. Nem sequer nosso pensamento ordenado está livre de processos primários. Segundo Freud:

> [...] o pensamento precisa procurar libertar-se cada vez mais da regulação exclusiva pelo princípio do desprazer e reduzir, ao mínimo exigido para a ação como um sinal, o desenvolvimento do afeto em atividade do pensamento. [...] No entanto, como todos sabemos,

21 Ver as observações de Bergman e Escalona (1949), que mostram que esse processo de diferenciação falha nas crianças autísticas.

22 Ver Freud (1915b, p.119).

23 Hartmann (1956, 1958) demonstrou que a adaptação à realidade é auxiliada por processos racionais e irracionais.

> esse objetivo poucas vezes é integralmente atingido, mesmo na vida mental normal, e nosso pensamento sempre permanece exposto a falsificação, pela interferência do princípio do desprazer. (1900, p.602-3)

Ao sustentar que, tanto no pensamento do primitivo quanto em nosso pensamento da vida diária, as formas de pensamento de processo primário são integradas pela função sintética do processo secundário, implicitamente considerei como equivalentes nosso pensamento de realização de desejo e as formas de processo primário no pensamento cotidiano dos primitivos. Mas essa igualdade é equívoca. As deformações provocadas pelo desejo (por exemplo, parapraxes) são *intrusões* de processos primários em nosso pensamento de processo secundário. O pensamento cotidiano do primitivo não é intrusão em coisa alguma: está sujeito a uma função sintética e tem uma organização de processo secundário, embora essa síntese e essa organização de forma alguma sejam tão rigorosas quanto as de nosso pensamento cotidiano. O pensamento do primitivo deve ser comparado apenas a nossas superstições, preconceitos e valores socialmente consagrados que, embora em sua forma frequentemente revelem uma origem em processo primário, estão integrados em nosso pensamento de processo secundário. O pensamento animista e socialmente aceito do primitivo, que tem organização própria de processo secundário, não pode ser comparado a nossos processos primários "pessoais" (por exemplo, em sonhos, alucinações etc.): também o primitivo tem processos primários pessoais e estes são tão reprimidos por processos secundários quanto os nossos. Os processos secundários (de qualquer tipo) integram e usam mecanismos de processo primário, originalmente meios de realização de desejo, como meios de adaptação (ver Hartmann, 1958; Kris, 1950). O sistema de processos secundários exerce sua função controladora sobre os processos primários *não* integrados dessa forma. Embora isso possa parecer paradoxal, aqui seria possível falar de uma diferença entre mecanismos estruturados e não estruturados de processos primários.[24] A essência dessa diferença parece ser que os mecanismos estruturados de processo primário, integrados por processos secundários, são impulsionados por catexes de maior neutralização do que os mecanismos não estruturados de processo primário.

Portanto, podemos concluir que tanto os processos primários quanto os secundários incluem fatores intrínsecos de maturação. Os fatores intrínsecos de maturação existentes nos processos primários estão ligados a impulsos instintivos, e os existentes nos processos secundários estão ligados a repressões de impulsos instintivos e funções sintéticas. No entanto, precisamos acrescentar que o curso ontogenético desses fatores de repressão e sua interação com a experiência (ver Rapaport, 1958) até agora receberam pouca atenção. É provável que o estudo de tais relações de fatores de repressão se centralize no problema de desenvolvimento de estrutura e leve a uma teoria de aprendizagem compatível com a psicologia do desenvolvimento.

Agora, passamos a alguns paralelos da concepção psicanalítica da relação entre os processos primários e os secundários. O primeiro é um exemplo histórico da transição de uma forma de função sintética e outra forma mais elevada. O segundo é um exemplo das várias formas que a função sintética assume na criança pequena. O terceiro é um paralelo teórico e de observação à proposição de que o processo secundário inclui fator intrínseco de maturação e seu curso de desenvolvimento consiste de uma sucessão de estádios predeterminados.

---

24 Os mecanismos de processo primário (deslocamento, condensação, substituição) são, basicamente, meios de descarga imediata do impulso. Neste papel têm uma característica estrutural, pois a descarga assim obtida é mais lenta do que uma descarga obtida sem seu concurso. Apesar disso, no melhor dos casos são estruturas *ad hoc*, e de pouca duração. Quando aparecem numa forma integrada no processo secundário, aumenta sua duração de vida: tornam-se mais estruturados.

O filósofo F. M. Cornford reexaminou a tese de que os filósofos gregos de Mileto foram os primeiros cientistas empíricos do mundo ocidental. No livro *Unwritten Philosophy* (1950) e em *Principium Sapientiae* (1952) demonstrou que esses "cientistas" gregos não eram empíricos, mas dogmáticos que aceitavam a explicação do mundo contida nos mitos órficos, deram-lhe uma forma racional e chegaram ao que parecia ser uma teoria baseada em observações empíricas. Concluiu:

> [...] A cosmogonia de Anaximandro [...] [é] uma racionalização de um antigo Mito de Criação. [...] Do pensamento mítico herdou um esquema de cosmogonia em que os fatores de operação tinham sido originalmente concebidos como Deus personalizado. Retirando os fatores que conseguia reconhecer como míticos, substituiu os deuses pela operação e poderes que considerava indiscutivelmente naturais — por exemplo, o "quente" e o "frio". Mas conservou o esquema fundamental do mito. (1950, p.121-2)
>
> O que consideramos ter demonstrado [...] é que o padrão da cosmogonia jônica, apesar de sua aparência de racionalismo completo, não é uma construção independente do intelecto, com raciocínio a partir de observação direta do mundo existente. (1952, p.201)

As práticas e os mitos órficos, assim como as concepções e as práticas animistas dos primitivos, de um lado eram dominados por mecanismos de processos primários, e de outro eram tecidos num sistema pela função sintética. A forma racionalizada que os filósofos de Mileto deram à interpretação mitológica do mundo, o que fez com que suas observações parecessem resultar de observação, era apenas um novo sistema, uma nova síntese, uma passagem a novo nível do processo secundário,[25] o que iniciava uma nova integração dos processos primários pelos secundários,

25 Ver Freud (1915a, p.124-5).

uma realização que influi não apenas na civilização grega, mas, em última análise, em toda a civilização ocidental.

Piaget mostrou que o predomínio de formas de pensamento de processo primário em crianças — que Freud inferiu, pelo método genético, a partir de descrições de seus pacientes adultos — pode ser demonstrado por entrevistas diretas. Mostrou (1928, 1929, 1930, 1931) que o pensamento de crianças se desenvolveu a partir do que denomina realismo ingênuo, e passa depois pelo animismo para chegar ao artificialismo. Tais formas de pensamento caracterizam as explicações que as crianças dão para fenômenos conhecidos e desconhecidos, e não se limitam a pensamento referente a objetos de impulsos instintivos. Portanto, também aqui, e para usar a terminologia que sugerimos, encontramos mecanismos estruturados de processos primários. O pensamento da criança, semelhante ao processo primário, orienta suas ações ao seu mundo limitado e a seus objetivos também limitados, mais ou menos tão adequadamente quanto o pensamento do primitivo o orienta para seu mundo.

Em seus estudos sobre os primeiros anos de vida, Piaget (1952, 1954) demonstrou que a inteligência "abstrata" desenvolve-se a partir de inteligência sensório-motora. Segundo Piaget, os reflexos circulares, isto é, comportamentos semelhantes a reflexos, mas autoestimuladores (por exemplo, preensão que provoca mais preensão), são os fundamentos sensório-motores inatos do desenvolvimento de inteligência. Tais comportamentos são ativados por objetos apropriados (por exemplo, objetos visíveis ou que podem ser chupados, ou que a criança pode segurar etc.) aos quais são "pré-adaptados". Quando objetos diferentes — mas não muito diferentes — ativam tais comportamentos de reflexos circulares, os comportamentos (mais precisamente, os esquemas a eles subjacentes) começam a acomodar-se a tais objetos e, ao fazê-lo, se diferenciam. Quando um objeto se torna o objeto de vários desses reflexos circulares (por exemplo, visão e preensão), os comportamentos reflexos começam a coordenar-se e adquire forma um tipo diferente de comportamento circular (capaz de um grau primitivo de antecipação), denominado "reação circular primária". As reações circulares primárias levam progressivamente a reações secundárias, que por sua vez iniciam as terciárias, que por sua vez levam a pensamento abstrato, embora primitivo, e capaz de descobrir, antecipar e ter intenção, sem ação sensório-motora explícita. Em cada um desses estádios, o comportamento tem sua forma própria de integração, por mais primitivo que seja, e é ao seu modo realista e adaptativo, isto é, não é guiado exclusivamente por satisfação de necessidade somática ou de impulso instintivo. Apesar disso, em todos esses períodos o comportamento está cheio de fenômenos semelhantes a condensação, deslocamento e substituição, característicos de processo primário.

Conclusão

As proposições mais gerais da psicologia psicanalítica de desenvolvimento podem ser provisoriamente formuladas da seguinte maneira:

1. O comportamento é determinado por fatores intrínsecos de maturação e pela experiência.

2. Os fatores intrínsecos centrais de maturação são: impulsos instintivos e estruturas que os reprimem.

3. O processo de desenvolvimento não é um crescimento quantitativo contínuo, mas uma sequência de fases descontínuas, qualitativamente distintas.

4. A interação entre o impulso instintivo e a experiência pode ser ligada às vicissitudes de suas características definidoras: as catexes, os modos e os objetos.

5. O desenvolvimento de pensamento é uma progressão do predomínio de formas de processo primário para o predomínio de formas de processo secundário. Essas duas formas incluem

fatores intrínsecos de maturação, que podem ser modificados pela experiência. O tipo específico de integração de formas de processo primário em processos secundários provoca a forma de pensamento que é característica de determinada cultura ou estado de consciência. A repressão do processo primário pelo processo secundário cria no indivíduo equilíbrio entre adaptação à realidade e satisfação de impulso instintivo.

Embora a interação entre fatores intrínsecos de motivação e experiência tenha sido demonstrada pela psicanálise, e embora muitos dos efeitos gerais dessas interações sejam conhecidos e compreendidos, os mecanismos específicos incluídos em tais interações — e que podem ser denominados aprendizagem — precisam ainda ser explorados.

Referências bibliográficas

ARMSTRONG, E. A. The Nature and Function of Displacement Activities. In: *Physiological Mechanisms in Animal Behaviour, Symposia of the Society for Experimental Biology*. Nova York: Academic Press, 1950, p.361-82.

ARMSTRONG, E. A. *Bird Display and Behaviour*. Oxford: Oxford University Press, 1947.

BEACH, F. A.; JAYNES, J. Effects of Early Experience upon the Behavior of Animals. *Psychological Bulletin*, n.51, 1954, p.239-63.

BENJAMIN, J. Prediction and Psychopathological Theory. In: JESSNER, L.; PAVENSTEDT, E. (orgs.). *Dynamic Psychopathology in Childhood*. Nova York: Gmne & Stratton, 1959.

BERGMAN, P.; ESCALONA, S. Unusual Sensitivities in Very Young Children. *The Psychoanalytic Study of the Child*, 3/4, p.333-52. Nova York: International Universities Press, 1949.

BERNSTEIN, L. A note on Christie's Experimental Naïveté and Experiential Naïveté. *Psychological Bulletin*, n.49, 1952, p.38-40.

BREUER, J.; FREUD, S. *Studies on Hysteria*. Standard Edition 2. Londres: Hoggarth Press, 1955.

CHRISTIE, R. The Effect of Some Early Experiences on the Latent Learning of Adult Rats. *Journal of Experimental Psychology*, n.43, 1952, p.281-8.

COLEMAN, R. W.; KRIS, E.; PROVENCE, S. The Study of Variations of Early Parental Attitudes. *The Psychoanalytic Study of the Child*, n.8, p.20-47. Nova York: International Universities Press, 1953.

CORNFORD, F. M. *Principium Sapientiae*. Cambridge: Cambridge University Press, 1952.

CORNFORD, F. M. *Unwritten Philosophy*. Cambridge: Cambridge University Press, 1950.

CRAIG, W. Appetites and Aversions as Constituents of Instincts. *Biological Bulletin*, n.34, 1918, p.91-107.

CRAIG, W. Male Doves Reared in Isolation. *Journal of Animal Behavior*, n.4, 1914, p.121-33.

CRAIG, W. The Stimulation and the Inhibition of Ovulation in Birds and Mammals. *Journal of Animal Behavior*, n.3, 1913, p.215-21.

ERIKSON, E. H. Growth and Crises of the Healthy Personality. In: KLUCKHOHN, C.; MURRAY, H. A.; SCHNEIDER, D. M. (eds.). *Personality in Nature, Society and Culture*. 2.ed. Nova York: Knopf, 1953, p.185-225.

ERIKSON, E. H. *Childhood and Society*. Nova York: Norton, 1950.

ERIKSON, E. H. Problems of Infancy and Early Childhood. In: *Encyclopedia of Medicine*. Philadelphia: Davis, 1940, p.714-30.

ERIKSON, E. H. Observations on Sioux Education. *Journal of Psychology*, n.7, 1939, p.101-56.

ERIKSON, E. H. Configurations in Play: Clinical Notes. *Psychoanalytic Quarterly*, n.6, 1937, p.139-214.

ESCALONA, S. et al. Early Phases of Personality Development: a Non-normative Study of Infant Behavior. *Monograph of the Society for Research in Child Development*, 17(1), n.54, set. 1952.

FORD, C. S.; BEACH, F. A. *Patterns of Sexual Behavior*. Nova York: Harper, 1951.

FREDERICSON, E. Competition: The Effects of Infantile Experience upon Adult Behavior. *Journal of Abnormal and Social Psychology*, n.46, 1951, p.406-9.

FREUD, A. *The Ego and the Mechanisms of Defence*. Nova York: International Universities Press, 1946.

FREUD, A.; BURLINGHAM, D. T. *Infants Without Families*. Nova York: International Universities Press, 1944.

FREUD, A.; BURLINGHAM, D. T. *War and Children*. Nova York: International Universities Press, 1943.

FREUD, A.; DANN, S. An Experiment in Group Uphringing. *The Psychoanalytic Study of the Child*, n.6, p.127-68. Nova York: International Universities Press, 1951.

FREUD, S. Analysis Terminable and Interminable. *Collected Papers*, 5, p.316-57. Londres: Hogarth Press, 1950. [1937]

FREUD, S. *New Introductory Lectures on Psychoanalysis*. Nova York: Norton, 1933. [1932]

FREUD, S. *The Problem of Anxiety*. Nova York: Norton, 1936. [1926]

FREUD, S. *The Ego and the Id*. Londres: Hogarth Press, 1927. [1923]

FREUD, S. Instincts and Their Vicissitudes. In: FREUD, S. *Standard Edition*. v.14, p.117-40. Londres: Hogarth Press, 1957. [1915a]

FREUD, S. The Unconscious. In: FREUD, S. *Standard Edition*. v.14. Londres: Hogarth Press, 1957. [1915b]

FREUD, S. On Narcissism: An Introduction. In: FREUD, S. *Standard Edition*. v.14, p.73-102. Londres: Hogarth Press, 1957. [1914]

FREUD, S. Totem and Taboo. In: FREUD, S. *Standard Edition*. v.13, p.1-161. Londres: Hogarth Press, 1955. [1913]

FREUD, S. Formulations on the two Principles of Mental Functioning. In: FREUD, S. *Standard Edition*. v.12, p.218-26. Londres: Hogarth Press, 1958. [1911]

FREUD, S. Three Essays on the Theory of Sexuality. In: FREUD, S. *Standard Edition*. v.7, p.123-245, Londres: Hogarth Press, 1953. [1905]

FREUD, S. The Psychopatology of Everyday Life. In: FREUD, S. *Basic Writings of Sigmund Freud*. Nova York: Random House, 1945. [1901]

FREUD, S. The interpretation of dreams. In: FREUD, S. *Standard Edition* v.4-5. Londres: Hogarth Press, 1953. [1900]

FREUD, S. The Defence Neuro-Psychose. In: FREUD, S. *Collected Papers*. v.1. Londres: Hogarth Press, 1948. [1893-1896] p.59-75.

FREUD, S. *Collected Papers*. v.1. Londres: Hogarth Press, 1948. [1893-1896]

FREUD, S. *The Origins of Psychoanalysis*: Letters to Wilhelm Fliess, Drafts and Notes: 1887-1902. Trad. Eric Mosbacher e James Strachey. Nova York: Basic Books, 1954. [1887-1902]

HALL, C. S.; WHITEMAN, P. H. The Effects of Infantile Stimulation upon Later Emotional Stability in the Mouse. *Journal of Comparative and Physiological Psychology*, n.44, 1951, p.61-6.

HARLOW, H.; ZIMMERMANN, R. Affectional Responses in the Infant Monkey. *Science*, n.130, 1959, p.421-32.

HARTMANN, H. *Ego Psychology and the Problem of Adaptation*. Nova York: International Universities Press, 1958. [1939]

HARTMANN, H. Notes on the Reality Principle. *The Psychoanalytic Study of the Child*, n.11, p.31-53. Nova York: International Universities Press, 1956.

HARTMANN, H. Notes on the Theory of Sublimation. *The Psychoanalytic Study of the Child*, n.10, p.9-29. Nova York: International Universities Press, 1955.

HARTMANN, H. The Mutual Influences in the Development of the Ego and Id. *The Psychoanalytic Study of the Child*, n.7, p.9-30. Nova York, International Universities Press, 1952.

HARTMANN, H. Comments on the Psychoanalytic Theory of the Ego. *The Psychoanalytic Study of the Child*, n.5, p.74-96. Nova York: International Universities Press, 1950.

HARTMANN, H. Comments on the Psychoanalytic Theory of Instinctual Drives. *Psychoanalytic Quarterly*, n.17, 1948, p.368-88.

HARTMANN, H.; KRIS, E. The Genetic Approach in Psychoanalysis. *The Psychoanalytic Study of the Child*, n.1, p.11-30. Nova York: International Universities Press, 1945.

HARTMANN, H.; KRIS, E.; LOEWENSTEIN, R. M. Comments on the Formation of Psychic Structure. *The Psychoanalytic Study of the Child*, n.2, p.11-38. Nova York: International Universities Press, 1946.

HEBB, D. O. *The Organization of Behavior*. Nova York: Wiley, 1949.

HEINROTH, O. *Aus dem Leben der Vögel*. Leipzig, 1938.

HEINROTH, O. Beiträge zur Biologie, namentlich Ethologie und Physiologie der Anatiden. *Verhandlungen des 5. Internationalem Ornithologischen Kongresses*. Berlim, p.589-702, 1910.

HESS, E. H., Imprinting: An Effect of Early Experience, Imprinting Determines Later Social Behavior in Animals. *Science*, n.130, 1959, p.133-41.

HUNT, J. M. The Effects of Infant Feeding-Frustration upon Adult Hoarding in the Albino Rat. *Journal of Abnormal and Social Psychology*, n.36, 1941, p.338-60.

HUNT, J. M.; WILLOUGHBY, R. R. The Effect of Frustration on Hoarding in Rats. *Psychosomatic Medicine*, n.1, 1939, p.309-10.

JAYNES, J. Imprinting: The Interaction of Learned and Innate Behavior: II. The Critical Period. *Journal of Comparative and Physiological Psychology*, n.50, 1957, p.6-10.

JAYNES, J. Imprinting: The Interaction of Learned and Innate Behavior: I. Development and Generalization. *Journal of Comparative and Physiological Psychology*, n.49, 1956, p.201-6.

KAGAN, J.; BEACH, F. A. Effects of Early Experience on Mating Behavior in Male Rats. *Journal of Comparative and Physiological Psychology*, n.46, 1953, p.204-8.

KAHN, M. W. The Effect Severe Defeat at Various Age Levels on the Aggressive Behavior of Mice. *Journal of Genetic Psychology*, n.79, 1951, p.117-30.

KARDINER, A. *The Psychological Frontiers of Society.* Nova York: Columbia University Press, 1945.

KARDINER, A. *The Individual and His Society*: the Psychodynamics of Primitive Social Organization. Nova York: Columbia University Press, 1939.

KINSEY, A. C. *Sexual Behavior of the Human Female.* Philadelphia: Saunders, 1953.

KINSEY, A. C.; POMEROY, W. B.; MARTIN, C. E. *Sexual behavior of the human male*. Philadelphia: Saunders, 1948.

KRIS, E. Some Comments and Observations on Early Autoerotic Activities. *The Psychoanalytic Study of the Child,* p.30-46. Nova York: International Universities Press, 1951.

KRIS, E. On Preconscious Mental Processes. *Psychoanalytic Quarterly.* n.19, 1950, p.540-60.

LASHLEY, K. S. Experimental Analysis of Instinctive Behavior. *Psychological Review,* n.45, 1938, p.45-471.

LASHLEY, K. S. A Note on the Persistence of an Instinct. *Journal of Animal Behavior,* n.4, 1914, p.293-4.

LEITCH, M. A Commentary on the Oral Phase of Psychosexual Development. *Bulletin of the Menninger Clinic,* n.12, 1948, p.117-25.

LEITCH, M.; ESCALONA, S. The Reaction of Infants to Stress. *The Psychoanalytic Study of the Child,* 3/4, p.121-40. Nova York: International Universities Press, 1949.

LEVINE, S. A Further Study of Infantile Handling and Adult Avoidance Learning. *Journal of Personality,* n.25, 1956, p.70-80.

LEVY, D. M. On Instinct-Satiation: An Experiment on the Pecking Behavior of Chickens. *Journal of General Psychology,* n.18, 1938, p.327-48.

LEVY, D. M. A Note on Pecking in Chickens. *Psychoanalytic Quarterly,* n.4, 1935, p.612-3.

LEVY, D. M. Experiments on the Sucking Reflex and Social Behavior of Dogs. *American Journal of Orthopsychiatry,* n.4, 1934, p.203-24.

LORENZ, K. The Role of Aggression in Group Formation. *Group Processes,* Transactions of the Fourth Conference, out., 13-16, 1957. Nova York: Josiah Macy Jr. Foundation, 1959, p.181-252.

LORENZ, K. The Comparative Method in Studying Innate Behaviour Patterns. *Physiological Mechanisms in Animal Behavior,* Symposia of the Society for Experimental Biology. Nova York: Academic Press, 1950, p.221-68.

LORENZ, K. Die angeborenen Formen möglicher Erfahrung. *Zeitschrift für Tierpsychologie,* n.5, 1942-43, p.235-409.

LORENZ, K. Über den Begriff der Instinkthandlung. *Polia Diotheoretica,* n.2, 1937a, p.17-50.

LORENZ, K. Über die Bildung des Instinktbegriffs. *Die Naturwissenschaften*, n.25, 1937b, p.289-300, 307-18, 324-31.

LORENZ, K. The Companion in the Bird's World. *The Auk*, n.54, 1937c, p.245-73.

LORENZ, K. Der Kumpan in der Umwelt des Vogels. *Journal of Ornithology*, n.83, 1935, p.137-214, 289-413.

MCKELVEY, R. K.; MARX, M. H. Effects of Infantile Food and Water Deprivation on Adult Hoarding in the Rat. *Journal of Comparative and Physiological Psychology*, n.44, 1951, p.423-30.

NISSEN, H. W.; CHOW, K. L.; SEMMES, J. Effects of Restricted Opportunity for Tactual, Kinesthetic and Manipulative Experience on the Behavior of a Chimpanzee. *American Journal of Psychology*, n.64, 1951, p.485-507.

ORLANSKY, H. Infant Care and Personality. *Psychological Bulletin*, n.46, 1949, p.1-48.

PAUL, I. H. Studies in Remembering: The Reproduction of Connected and Extended Verbal Material. *Psychological Issues*, 1(2). Nova York: International Universities Press, 1959.

PIAGET, J. *Essay on the General Problem of the Psychobiological Development of the Child*. Manuscrito inédito, 1956.

PIAGET, J. *The Construction of Reality in the Child*. Nova York: Basic Books, 1954.

PIAGET, J. *The Origins of Intelligence in Children*. Nova York: International Universities Press, 1952.

PIAGET, J. Children's Philosophies. In: PIAGET, J. *A handbook of Child Psychology*. Worcester: Clark University Press, 1931.

PIAGET, J. *The Child's Conception of Physical Causality*. Nova York: Harcourt, Brace, 1930.

PIAGET, J. *The Child's Conception of the World*. Nova York: Harcourt, Brace, 1929.

PIAGET, J. *Judgment and Reasoning in the Child*. Nova York: Harcourt, Brace, 1928.

RAPAPORT, D. The Structure of Psychoanalytic Theory: A Systematizing Attempt. *Psychology: A Study of a Science*, v.3. Nova York: McGraw--Hill, 1959, p.55-183.

RAPAPORT, D. The Theory of Ego Autonomy: A Generalization. *Bulletin of the Menninger Clinic*, n.22, 1958, p.13-5.

RAPAPORT, D. Cognitive Structures. *Contemporary Approaches to Cognition*. Cambridge: Harvard University Press, 1957, p.157-200.

RAPAPORT, D. Resenha do livro *Personality and Psychotherapy*, de John Dollard e Neal E. Miller. *American Journal of Orthopsychiatry*, n.23, 1953a, p.204-8.

RAPAPORT, D. *Some Metapsychological Considerations Concerning Activity and Passivity*. Manuscrito inédito, 1953b.

RAPAPORT, D. Resenha do livro *Learning Theory and Personality Dynamics*, de O. Hobart Mowrer. *Journal of Abnormal and Social Psychology*, n.47, 1952, p.137-42.

RAPAPORT, D. (org.). *Organization and Pathology of Thought*. Nova York: Columbia University Press, 1951.

RICHTER, C. P. Biology of Drives. *Psychosomatic Medicine*, n.3, 1941, p.105-10.

RIESEN, A. H. Post-partum Development of Behavior. *Chicago Medical School Quarterly*, n.13, 1951, p.17-24.

SCHUR, M. *Ontogenesis and Phylogenesis of Affect and Structure-Formation and the Concept of Repetition Compulsion*. Trabalho lido no Congresso Internacional de Psicanálise, Copenhague, 1959.

SCHUR, M. The Ego and the Id in Anxiety. *The Psychoanalytic Study of the Child*, n.13, p.190-220. Nova York: International Universities Press, 1958.

SCOTT, J. H. Some Effects at Maturity of Gentling, Ignoring, or Shocking Rats During Infancy. *Journal of Abnormal and Social Psychology*, n.51, 1955, p.412-14.

SCOTT, J. P.; FREDERICSON, E.; FULLER, J. L. Experimental Explorations of the Critical Period Hypothesis. *Personality*, n.1, 1951, p.162-83.

SCOTT, J. P.; MARSTON, M. V. Critical Periods Affecting the Development of Normal and Mal-adjustive Social Behavior of Puppies. *Journal of Genetic Psychology*, n.77, 1950, p.25-60.

SPITZ, R. A. Autoerotism. *The Psychoanalytic Study of the Child*, 3/4, p.85--120. Nova York: International Universities Press, 1949.

SPITZ, R. A. Anaclitic Depression. *The Psychoanalytic Study of the Child*, n.2, p.313-42. Nova York: International Universities Press, 1946a.

SPITZ, R. A. The Smiling Response: A Contribution to the Ontogenesis of Social Relations. *Genetic Psychology Monographs*, n.34, 1946b, p.57-125.

SULLIVAN, H. S. *The Interpersonal Theory of Psychiatry*. Nova York: Norton, 1953.

THOMPSON, W. R.; HERON, W. The Effect of Early Restriction on Activity of Dogs. *Journal of Comparative and Physiological Psychology*, n.47, 1954, p.77-82.

THOMPSON, W. R.; WOODBURN, W. The Effects of Restricting Early Experience on the Problem Solving Capacity of Dogs. *Canadian Journal of Psychology*, n.8, 1954, p.17-38.

THORPE, W. H. *Learning and Instinct in Animals*. Cambridge: Harvard University Press, 1956.

TINBERGEN, N. "Derived" Activities: Their Causation, Biological Significance, Origin and Emancipation During Evolution. *Quarterly Review of Biology*, n.27, 1952, p.1-32.

TINBERGEN, N. *The Study of Instinct*. Oxford: Clarendon Press, 1951.

WEININGER, O. The Effects of Early Experience on Behavior and Growth Characteristics. *Journal of Comparative and Physiological Psychology*, 49, 1956, p.1-9.

WEISS, P. *Principles of Development*. Nova York: Holt, 1939.

WERNER, H. *Comparative Psychology of Mental Development*. Ed. Rev., 2.impr. Nova York: International Univ. Press, 1957a.

WERNER, H. The Concept of Development from a Comparative and Organismic Point of View. In: HARRIS, D. B. (org.). *The Concept of Development*. Minneapolis: University of Minneapolis Press, 1957b.

WERNER, H. Toward a General Theory of Perception. *Psychological Review*, 59, 1952, p.324-38.

WERNER, H.; WAPNER, S. Sensory-Tonic Field Theory of Perception. *Journal of Personality*, 18, 1949, p.88-107.

WHITMAN, C. O. The Behavior of Pigeons. *Posthumous Works of C. O. Whitman*, 3, p.1-161, 1919.

WOLFF, P. H. The Developmental Psychologies of Jean Piaget and Psychoanalysis. *Psychological Issues*, 2. Nova York: International Universities Press, 1960.

WOLFF, P. H. Observations of Newborns Infants. *Psychosomatic Medicine*, 21, 1959, p.110-18.

YOUNG, P. T. Food-Seeking Drive, Affective Process, and Learning. *Psychological Review*, 56, 1949, p.98-121.

8
O mundo visto pela criança*

HEINZ WERNER

O caráter geral do mundo da criança

O mundo da criança é, antes de tudo, um *mundo de ação*, uma esfera comportamental em que tudo se ordena em função de maneabilidade ou não maneabilidade, eficiência e ineficiência. Katz diz que as crianças se aproximam de quase todos os objetos com as perguntas: "O que posso fazer com ele?"; "Para que posso usar isso?". Móveis que não possam ser usados para exercícios de ginástica e casas em que não moram pessoas muito conhecidas quase não existem na consciência da criança (Katz; Katz, 1928, p.226). Ao mesmo tempo, é natural que esse mundo de ação, qualquer que seja o grau de diferença entre ele e o mundo do

* Heinz Werner. *Comparative Psychology of Mental Development*. Nova York: Science Editions, 1961, p.382-402. Tradução de Dante Moreira Leite. Reproduzido com permissão dos editores.

adulto, mude continuamente em diferentes níveis de idade, de acordo com uma mudança na atitude básica que o governa. O filho de Scupin, quando tinha 8 anos, já não reconhecia o mar que tinha conhecido aos 4. Nessa época, o mar era determinado por diferentes coisas de ação. Alguns objetos pequenos — por exemplo, conchas e pedrinhas, borboletas e a areia molhada que facilmente pode ser modelada em formas simples — constituíam o mundo da praia para o menino de 4 anos, enquanto o menino de 8 anos vê o mesmo ambiente como uma arena para esportes e natação, e sem dúvida pensa na ampla superfície plana da água como um convite para a aventura.

Além disso, o mundo infantil é *centralizado no ego* e é concreto; é um mundo de coisas *próximas da mão*. Quanto menor a criança, "mais próximo" é esse mundo, e a distância que separa sujeito e objeto aumenta com a idade. Tal como ocorre com povos primitivos, o caráter fisionômico do mundo é também uma indicação de sua "proximidade". As coisas não estão fundamentalmente separadas do sujeito como objetos reais e externos, mas se aproximam do sujeito na medida em que se caracterizam por um tipo de porte e comportamento ativo que, sob certas circunstâncias, pode trazê-los à vida. E o conteúdo de sentido desse mundo é também egocêntrico, pois está muito ligado às necessidades pessoais da criança. Se esta acredita que o vento e a chuva vêm andando para visitá-la, ou que o trovão faz barulho para assustá-la (Sully, 1897, p.61), ou que os acontecimentos de um jogo se dirigem a ela pessoalmente — em todos esses casos são evidentes o egocentrismo e a "proximidade com relação à mão" das esferas de sua realidade. A primeira vez em que o menino de Scupin foi a um teatro, quando tinha 5 anos e oito meses, viu uma dramatização de um conto de fadas — *Branca de Neve*, de Grimm. Inicialmente um anão apareceu no palco e falou a respeito de crianças boas e más. Como exemplo de crianças más, mencionou as que chupam o dedo. Ao ouvir isso, Bubi deu um grande suspiro e perguntou, com grande preocupação: "Por que é que o homem falou de chupar o dedo? Ele não estava lá quando eu era pequeno e chupava o dedo". Na verdade, acreditou que a advertência era dirigida exclusivamente a ele (Scupin; Gertrud, 1907-31, v.2, p.35).

Naturalmente, a escala de valores muda, não apenas para atender às exigências da situação atual, mas também de acordo com o nível de idade. O menino de Scupin, quando tinha 9 anos, ao classificar as coisas que tinha, dava muito menos valor a um espelho de bolso do que aos seus brinquedos de mágica; mas logo que ganhou um relógio e corrente, e podia observar-se no espelho, orgulhosamente ornamentado com esses novos objetos, o espelho imediatamente tornou-se muito valioso, e o menino o preferia a todos os outros objetos. Quando pequenas, as meninas frequentemente preferem certas roupas porque são "limpas" ou "bonitas", mas depois preferem roupas que consideram "de gente grande". O menino de Scupin, quando tinha 7 anos, queria parecer "duro", ter calças bem sujas e estragadas; aos 11 anos, desejava roupa de adulto bem passada, de forma que os outros pensassem que já era um homem. "Por que é que você sempre fala em parecer bonito? Eu quero parecer homem" — é o que diz à sua mãe (ibidem., v.3, p.59).

Os acontecimentos não são vistos do ponto de vista das coisas, ou do ponto de vista de outras pessoas, mas são interpretados de acordo com seu sentido para a vida da criança. Para o filho de Scupin, quando tinha 7 anos e 11 meses, a doença de sua mãe foi um acontecimento alegre, pois permitiu que fosse dormir em casa dos avós. Aos 11 anos e 2 meses, ao falar a respeito da recente captura de Lemberg pelas tropas austro-húngaras, queixa-se da seguinte forma: "Não podiam ter conquistado Lemberg um dia depois, para que a comemoração da vitória não caísse no mesmo dia do feriado na escola?". Os julgamentos que a criança faz a respeito dos acontecimentos revelam uma escala de valores que se afasta radicalmente do equivalente adulto. Se recebe um presente, não é o valor "objetivo" do presente, mas o valor em seu mundo particular que é o fator importante. O menino de Scupin, quando tinha 8 anos e 7 meses, contou 16 coisas que tinha ganho no Natal, mas deixou de lado o novo sobretudo, as luvas e os sapatos. Quando a mãe reclamou, respondeu: "Ah! Essas são coisas de que a gente precisa. Eu vou contar como uma, e assim fico com 17 coisas". Segundo o seu método de avaliação, o livro de figuras para copiar, que custa alguns centavos, vale muito mais do que as peças necessárias que custam cem vezes mais. As atividades do adulto também têm seu lugar nesse sistema egocêntrico de valores. Aos 8 anos e 2 meses, o mesmo menino desejava levar para casa pelo menos 10 quilos de conchas e 5 quilos de areia da praia. "Mas você está levando cogumelos, não está?", foi o que explicou diante da resistência da mãe (ibidem., p.35, 47, 59, 102).

Talvez a primeira tentativa para analisar o mundo da criança tenha sido realizada por Martha Muchow, que trabalhava no Laboratório de Hamburgo (Muchow; Muchow, 1935, p.461). O primeiro experimento procura definir o espaço de vida de crianças que viviam em certo bairro (Barmbeck) da cidade de Hamburgo. As crianças (em número de cem, de 9 a 14 anos de idade) deviam delinear num mapa de Hamburgo as partes da cidade que conheciam bem. Depois, deviam marcar, com um lápis de cor diferente, as partes que conheciam superficialmente.

Esse experimento mostra claramente que o espaço de vida não é idêntico ao espaço geográfico. É definido de maneira pragmática pela função. Evidentemente, sempre existe certa coerência entre o espaço de vida e o espaço geográfico. Assim, o espaço de vida pode terminar em certo limite natural — por exemplo, um canal. No entanto, excluindo-se as coincidências desse tipo, existem diferenças essenciais entre as duas categorias.

Como se pode concluir a partir de certo número de mapas, as partes que indicam o espaço de vida não se ligam num contínuo geográfico; existe notável separação geográfica. As partes são ligadas pela significação funcional que têm para a vida da criança. Além disso, fica claro — sobretudo no caso de crianças menores — que o centro do espaço da cidade é determinado, não por um aspecto objetivamente saliente, mas por necessidades e interesses egocêntricos. A acentuação básica é dada, usualmente, à rua em que a criança está "em casa". É a parte que o menino defenderá contra inimigos de uma "rua estrangeira". Demonstrou-se, geneticamente, que a vida para a criança menor está quase que inteiramente concentrada na rua de sua casa ou nas suas proximidades. À medida que cresce, amplia-se o seu espaço de vida; mas a rua de sua casa continua a ser o ponto central. Esse espaço de vida é limitado de acordo com uma definição funcional, e não geograficamente. O espaço termina onde terminam as atividades da criança. Por exemplo, um lado da rua pode ser usado para brinquedo, enquanto o outro lado não o é. O limite do espaço de vida pode, nesse caso, acompanhar uma linha imaginária no meio da rua. Por assim dizer, o outro lado pode não existir; está "lá". Uma menina observa admirada: "O outro lado? Mas posso jurar que em toda a minha vida nunca estive lá!". "Perto" e "longe" são também definidos funcional, e não geograficamente. "Longe" pode ser geograficamente muito perto, tal como ocorre, por exemplo, com o outro lado da rua, no caso antes mencionado. "Perto" pode ser um parque infantil que está a considerável distância da rua da casa da criança, mas que na perspectiva psicológica está próximo.

Dois outros estudos foram feitos a respeito da estrutura de determinados lugares. O primeiro referia-se à estrutura de certo lugar na cidade de Hamburgo, inicialmente usado para descarregar barcos do canal.

Para o adulto, os principais aspectos desse lugar seriam a rua, o caminho para descer e o local para desembarque. A criança, principalmente quando está na idade em que começa a frequentar a escola, presta pouca atenção a esses elementos. Para ela, os principais aspectos são a cerca de madeira e as descidas. A cerca que, para o adulto, tem um caráter negativo, pois impede o movimento, para a criança é, exatamente ao contrário, o sinal de movimento. Convida a criança a subir ou pular. De forma semelhante, as subidas, que para o adulto têm um valor negativo ou indiferente, para a criança apresentam um campo provocante de ação [...].

Observou-se, também, que o sentido funcional de certas partes desse espaço de vida muda durante o desenvolvimento. A criança com 2 ou 3 anos de idade frequentemente apreende a cerca e as subidas como uma área de independência, como um meio de conseguir uma separação temporária e agradável com relação à mãe, que fica ao lado da grade. A criança na fase de jardim de infância usa a cerca como algo em que pode sentar-se e balançar-se, enquanto a criança entre 6 e 8 anos de idade a emprega como instrumentos para ginástica. Para a criança com 3 ou 4 anos, a subida é algo apreendido, com admiração e curiosidade, como um campo de perigo. Crianças um pouco mais velhas tentam dominar essa zona de perigo escorregando sentadas. Para crianças de 6 a 8 anos é uma região "montanhosa"; escorregam por ela de pé, como se estivessem esquiando, e depois sobem de novo para repetir a ação.

Fez-se um estudo a respeito do sentido funcional de uma grande loja de Hamburgo para crianças entre 6 e 14 anos de idade. Essa pesquisa também mostra a existência de uma diferença fundamental entre o mundo da criança e o do adulto. Além disso, mostra algumas mudanças características no mundo da criança, de acordo com níveis de idade. É possível analisar três níveis de idade. Para a criança menor, a loja é um grande campo para ação, no qual pode correr e fazer jogos. Escadas, elevadores e escadas rolantes representam o interesse central, enquanto os artigos vendidos recebem pouca atenção. Para a criança entre 9 e 13 anos, a loja representa um mundo de aventura, cheio de tesouros. A criança pensa na loja como se fosse uma espécie de teatro ou exposição. Constantemente pede uma coisa ou outra, junta todos os tipos de amostras, elásticos, propaganda e assim por diante. Algumas crianças chegam a fazer listas de preços de vários artigos, usando um pedaço de papel. Para a criança entre 13 e 14 anos, a loja é o "mundo grande". Por exemplo, muitas vezes vemos um grupo de moças de pé em frente de uma vitrine de loja, dramatizando uma discussão a respeito daquilo que gostariam de comprar. Finalmente, entram na loja. Gostam muito de ser atendidas pela vendedora que as trata como compradoras potenciais, como senhoras adultas; e andam solenemente de um lado para outro, pedem o preço dos artigos, fazem pechinchas com grande entusiasmo, e prometem voltar. No anonimato da multidão, podem realizar, sem perturbação, o sonho de uma existência adulta.

As esferas da realidade da criança

A estrutura da realidade como fisionômica e pragmática, a "proximidade" entre essa realidade e o sujeito — tudo isso inclui uma certa falta de diferenciação no que se refere a determinadas esferas da realidade. Considerando-se esse problema global do ponto de vista de função psicológica, verificamos que duas esferas gerais de realidade parecem relativamente bem separadas no adulto: a esfera de objetividade, baseada predominantemente em processos perceptuais, e a esfera da fantasia, baseada em processos de imaginação. No entanto, na criança pequena existe ligação relativamente grande entre percepção e imagens mentais. Isso se fundamenta, em primeiro lugar, no fato de que o percepto real possui muito mais o caráter de uma imagem mental do que para o adulto. Apresenta esse poder criativo peculiar que dá "fisionomias" às coisas e modela o perceptual, de maneira que sua forma se torna ligada à da ilusão. De outro lado, nesse caso as imagens mentais têm uma natureza muito mais perceptual, são muito mais "eidéticas" do que para o adulto normal. Por isso, as crianças pequenas podem considerar uma imagem mental não como algo que só elas percebem, mas como fenômeno objetivo. A sobrinha da senhorita Shinn viu relâmpago por calor, quando tinha 2 anos de idade. Depois, quando lhe pediram que dissesse como era isso, fechou os olhos, apertou os braços e disse: "Parece assim!" (Shinn, 1905, p.12). Aqui vemos que o caráter puramente subjetivo de imagens mentais, contraposto ao domínio intersubjetivo, e muitas vezes comunicável da percepção, originalmente não se exprime com muita clareza.

Para a criança, a realidade do sonho e o mundo de vigília são relativamente pouco diferenciados. As crianças precisam aprender a distinguir entre o sonho e a realidade da vigília. Nesse estádio, a realidade da vigília frequentemente apresenta algumas das características peculiares do sonho; os acontecimentos do mundo da vigília, por exemplo, são imediatamente representáveis por meio das emoções de medo e desejo. Alguns exemplos esclarecedores desse poder de representação do desejo demonstrarão até que ponto é menos definida a transição do sonho para o mundo de vigília da realidade. Uma menina de 4 anos e 2 meses sem querer joga sua lousa no chão. Olho zangado para ela, e imediatamente diz com toda seriedade: "Foi o gato que derrubou!". Neste caso não havia brinquedo. Pode-se dizer que o desejo de culpar alguém se realizou espontaneamente. (Do ponto de vista do adulto isso é absurdo, pois eu vi o acontecimento claramente, e a criança certamente o sabia.)

O casal Scupin apresenta um exemplo semelhante com seu filho, quando este tinha aproximadamente 4 anos. "O pedido insistente de Bubi para descer com a empregada foi claramente recusado. Aparentemente apenas um pouco desapontado, voltou para a cozinha, e nós disfarçadamente o seguimos para ver o que aconteceria. Ouvimos quando disse alegremente: 'Ana, a mamãe disse que eu posso ir!'. Quando o censuramos severamente pela mentira, ficou muito espantado, e de repente começou a chorar: 'Mas você disse que podia!'".

Outro exemplo mostra a mesma atitude:

> A mãe de Bubi, interessada na leitura de um livro, pediu ao menino que desse um recado para a empregada. Não verificou se o menino tinha executado sua ordem, mas começou a ficar preocupada quando viu que a moça não aparecia. "Disse a ela", respondeu Bubi. Novamente a mãe pediu que desse o recado. Para sua surpresa, viu que Bubi ia apenas até a porta, mexia uma ou duas vezes no trinco, murmurava alguma coisa para si mesmo, e depois repentinamente dava a volta, corria para ela e dizia: "Agora eu disse!". "Mas, Bubi, você não foi até lá!" "Fui, sim", respondeu, com certa insegurança. (Scupin, op. cit., v.2, p.10, 97)

Aparentemente, as realidades da consciência da vigília da criança estão mais próximas do *sonho,* na medida em que suas imagens mentais são muito mais centralizadas no ego e são mais frequentemente representadas por meio de afeto do que no caso do adulto. É por isso que tão frequentemente encontramos casos de uma transição ininterrupta do sonho para a realidade.

Cramaussel conta de um menino de 2 anos e 7 meses que, ao acordar, queixava-se de não ter a "panela" ou de que sua irmã tinha levado embora as verduras para a sopa; ao acordar, chorava porque tinha perdido a bola, ou porque não podia encontrar os companheiros de brinquedo. Era preciso agradá-lo, e precisava de algum tempo para acalmar-se (Cramaussel, 1911, p.62). As descrições que Neugebauer apresenta de seu filho durante o período de 1 ano e 11 meses e 2 anos e 10 meses também demonstram o caráter realista do sonho (Neugebauer, 1929, p.32).

Agora, é interessante mostrar de que forma o sonho gradualmente se torna uma simples aparência, oposta à realidade "real". Com o tempo forma-se uma realidade intermediária, em que a imagem do sonho é efetivamente percebida como algo semelhante à coisa, mas não ainda claramente separada da realidade de vigília. Segundo Sully, um menino pequeno pede para não dormir em certo quarto porque lá existem muitos sonhos. Neste caso, é evidente que o sonho é percebido como algo inteiramente real, mas como forma de realidade que difere do resto do mundo da criança.

Piaget também encontrou esse estádio intermediário, típico de uma esfera de realidade que se desenvolve gradualmente: com 5 ou 6 anos muitas crianças pensam no sonho como uma realidade ilusória, que é ao mesmo tempo uma ficção e externa ao sonhador, isto é, que está no quarto. Muitas crianças acreditam que o sonho fica no quarto. Um menino de 8 anos sabia que o sonho era apenas imaginado, mas, apesar disso, acreditava que tivesse uma existência dupla — uma na cama, outra no quarto. Na cama: "*C'étaient surtout mes yeux*" [eles eram em sua maioria de meus olhos]. Mas no quarto era a imagem que era "*quelque chose*" [alguma coisa]. Outro menino de 5 anos diz: "Sou eu mesmo que estou no sonho, o sonho não está em minha cabeça". Um menino um ano mais velho diz: "Quando você acorda o sonho está em sua cabeça, mas quando você está dormindo o sonho sai de sua cabeça" (Piaget, 1924, p.21).

Carla Raspe (1924, p.25) realizou experimentos para verificar o que as crianças pensam do sonho. Uma menina de 10 anos diz: "Isto é o que eu penso do sonho. Quando as pessoas são boas, Deus não deixa os sonhos aparecerem, mas quando são más Deus deixa que os sonhos apareçam". "Penso que os sonhos estão numa grande prisão durante o dia", diz outra criança. E outra menina de 10 anos diz: "Penso que quando sonho é como se eu estivese no Teatro da Cidade, mas estou deitada na cama". Portanto, o sonho é efetivamente uma realidade, mas uma realidade de tipo diferente da existente na consciência de vigília.

Por isso, durante o desenvolvimento mental da criança existem tentativas características para diferenciar a esfera do sonho da esfera da realidade cotidiana. Tais tentativas merecem ser mencionadas na medida em que as crianças admitem que o sonho tem um tipo diferente de realidade, embora seja de natureza perceptual. Apenas gradualmente a criança se liberta do caráter de coisa do sonho, e assim aprende a reconhecer o mundo do sonho como um domínio ilusório e fantasmagórico.

Piaget (1926, p.77 e ss.) pesquisou o desenvolvimento da compreensão que a criança tem do sonho, e assim chegou a verificar três níveis diferentes de interpretação, entre 4 e 8 anos de idade.

1) O sonho vem de fora e é visto como externo. Não é a realidade cotidiana, mas, apesar disso, é um fenômeno objetivo. E essa objetividade pode ser de vários tipos. Muitas crianças afirmam que outras pessoas podem ver seus sonhos, mas algumas negam isso.

2) O sonho vem de dentro, mas ocorre lá fora. Por exemplo, a criança explica: "Se você não dorme, o sonho está em sua cabeça. Quando você está dormindo, o sonho sai. Quando é noite, é noite, mas quando você dorme já não é noite".

3) Crianças mais velhas acreditam que o sonho está "dentro delas", em algum ponto em seus olhos, sua cabeça etc., e pensam também que fica no corpo.

A criança menor distingue apenas vagamente, ou nem chega a distinguir a realidade estética da experiência cotidiana.

> Hoje, quando passeava, Bubi (com 3 anos de idade) olhou continuamente para uma estátua de mármore. "Coitado do homem! Perdeu a mão. O coitado está machucado!" [...] O menino (com 3 anos de idade) olha por longo tempo para uma fotografia de corpo inteiro de seu pai, e depois grita: "Por que é que papai não sai da fotografia?" [...] Na mesa da cozinha há uma perna de veado. Bubi (4 anos e 9 meses) queria saber de que tipo de animal vinha aquela perna, e ouviu dizer que vinha de um veado, igual ao que estava no livro de figuras. Imediatamente procurou seu livro de figuras no meio dos brinquedos, encontrou a figura, e disse como se fizesse uma censura: "Olhe aqui. Aqui está o veado, e a perna ainda está nele". (Scupin, op. cit., v.1, p.140, 203; v.2, p.69)

Segundo Sully, um menino de 4 anos de idade viu um retrato de várias pessoas que iam para a igreja num caminho coberto de neve. No dia seguinte, indicando a fotografia, perguntou: "As pessoas não ficaram na igreja todo esse tempo, ficaram?"

Um excelente exemplo de mistura de espaço imaginado e espaço real é dado por Katz:

> O menino diz que um desenho da casa de verão deve ser mandado ao pai numa carta. "Sem isso, o pai não vai saber onde estamos", explica. Depois de ter desenhado a casa e as pessoas que estão nela, continua: "Mamãe, você está pequena porque está muito longe". (Katz, op. cit., p.138)

Na primeira infância, uma confusão semelhante ocorre com as imagens num espelho.

> Quando a mãe perguntou a Bubi (o menino de Scupin, com 1 ano e 6 meses), que estava sentado em seu colo, "onde está a mamãe?" Bubi olhou à sua volta, admirado e perdido. Finalmente, ao ver a imagem de sua mãe refletida no espelho, disse alegremente: "Lá está ela!". (Scupin, op. cit., v.1, p.63)

No caso da criança, parece haver menos diferenciação entre a esfera de uma realidade fictícia e *poética* da vida diária. Inicialmente a consciência da ficção, do artificialmente criado, é alheia à sua mentalidade. Apenas lentamente se desenvolve uma consciência de uma realidade criada. Neste caso, tal como ocorre com o sonho, constrói-se uma realidade intermediária, pois a criança pensa que a ficção é verdade, mas verdade em sentido diverso da realidade das coisas e acontecimentos cotidianos.

Scupin descreve o filho, quando tinha 6 anos e 6 meses:

> Embora o conceito de um conto de fadas tenha sido repetidamente explicado a ele, ainda acredita que exista uma distante terra de fadas, onde só é possível chegar depois de muitos dias e noites no trem. E quando ouve contar alguma coisa extraordiná-

ria, pergunta em dúvida: "Isso só acontece na terra das fadas, ou realmente está onde nós estamos?". A criança está num estádio em que faz muito esforço para distinguir entre o real e o fictício. (Scupin, op. cit., v.1, p.184)

Segundo um levantamento que eu e Muchow fizemos com 150 crianças de Hamburgo, é usualmente durante o período entre 6 e 8 anos de idade que surge uma consciência clara do fictício e do artificial, de uma realidade puramente fantasmagórica. Isso está de acordo com uma observação feita por Scupin, quando o seu filho tinha 7 anos de idade:

> Se diz algo que nos parece improvável, faz uma interrupção, com um olhar de espanto, e explica: "Não foi realmente assim; imaginei isso na minha cabeça!". Em outras palavras, começa a surgir uma distinção rigorosa entre a realidade e a fantasia, entre o que foi realmente vivido e o imaginado. (Scupin, op. cit., v.1, p.218)

No entanto, além disso, existe outro período crítico no desenvolvimento em busca de uma separação entre a realidade do conto de fadas e a realidade "real". Isso ocorre quando a criança começa a rejeitar a realidade do conto de fadas, como algo falso ou "tolo", em favor da história de aventura, que satisfaz às necessidades de imaginação sem ofender o sentido do real. A tabela seguinte, baseada no exame de 300 crianças de escolas de Viena, mostra a curva de preferência por histórias do tipo de Robinson Crusoé, segundo a idade (Bühler, 1931, p.219):

	Nível de idade (em anos)									
	9	10	11	12	13	14	15	16	17	18
Meninos (%)	10	13	18	16	16	11	4	2	1	..
Meninas (%)	..	4	12	12	10	6	4	1	..	

A esfera mais extensa e intensa no mundo da criança é a do *brinquedo*. Esta esfera é também relativamente não diferenciada; é um notável domínio intermediário. Frequentemente se procura saber se a criança está consciente da natureza ilusória de seu brinquedo, ou se vive nesse mundo da mesma forma que na realidade cotidiana. Esta questão é erroneamente proposta; é apresentada em função da experiência do adulto normal. Uma consciência completa da "realidade cotidiana" não existe de forma alguma para a criança pequena, e por isso não pode ser oposta a uma realidade do brinquedo.

De uma coisa podemos estar certos — a criança vive completamente em seu mundo peculiar do brinquedo. O mundo externo, que não se ajusta para acomodar-se às exigências do jogo, é inteiramente ignorado ou percebido como muito perturbador. Além disso, é possível demonstrar, na criança, a existência de estádios de transição entre a realidade da consciência inteiramente desperta e a do brinquedo. Tais estádios aparecem quando as necessidades naturais sérias encontram satisfação no brinquedo. De outro lado, a realidade é muitas vezes remodelada em função do brinquedo, a fim de ajustar-se às necessidades da criança.

Por exemplo, meu sobrinho de 4 anos de idade vê um jornal ilustrado que o interessa muito. Diz imediatamente: "Você me deu o jornal, não deu?". E sem esperar por minha resposta sai dançando pela sala alegremente, gritando: "O tio me deu o jornal [...] deu para mim!". Sorrindo, corre para cada pessoa que está na sala e continua repetindo que lhe dei o jornal. No exemplo seguinte, do menino de Scupin, novamente reconhecemos o caráter indiferenciado e de brinquedo da realidade cotidiana da criança.

> Quando o menino de 2 anos recebia o seu pãozinho sem manteiga, pegava a faca e passava-a no pão, exatamente como o faria se estivesse passando manteiga. Depois, explicava satisfeito que o pão estava com manteiga, comia-o com grande apetite, embora um momento antes afirmasse que não o queria. (Scupin, op. cit., v.1, p.177)

Vemos, assim, como a experiência cotidiana pode ser remodelada no brinquedo, por meio das emoções do desejo. Sob esse aspecto, não existe diferença fundamental entre a realidade do brinquedo e a da vida diária. E, de outro lado, o brinquedo pode estar intimamente ligado à realidade cotidiana de uma forma semelhante.

Uma menina de 4 anos e outra, um ano e meio mais velha, têm uma pequena amiga, chamada Lili. Lili está doente e elas fingem que sentem muita, muita falta dela. Depois de algum tempo começam um novo jogo: "Lili está doente". Revezam-se na representação de Lili. A razão para esse brinquedo, pelo menos em parte, é o seu desejo de ter a companheira com elas, um desejo que se exprime espontaneamente numa realidade "onírica" em que essa identificação é possível. (A escola psicanalítica prestou um grande serviço ao verificar a relação entre identificação e necessidade. Freud descreve o caso de uma menina pequena que, no brinquedo, se identificava com o gato, depois de este ter morrido.)

O caráter intermediário da realidade do brinquedo, na medida em que oscila entre a fantasia e a realidade cotidiana, é bem exemplificado no caso do menino de Scupin, quando tinha 6 anos e 2 meses (Scupin, op. cit., v.3, p.13). Está brincando na areia com uma menina pequena. A pajem da menina está zangada com as crianças porque não obedecem, e por isso leva a menina embora. Mas novamente as crianças ficam juntas. "Ela é sempre assim?", pergunta o filho de Scupin. Ingeborg faz que sim com a cabeça. "Ah! se eu estivesse com minha pistola aqui! Gostaria de matá-la. Então nós poderíamos brincar juntos." O menino pega um pedaço de pau, e dirige-o para o banco da inimiga. "Espere... Agora estou atirando. Bang! Agora está morta... Venha... venha... vamos enterrá-la!" O pedaço de pau que o tinha servido como pistola é agora a pajem morta, e há então um enterro formal. Depois, a pajem diz de repente: "Ingeborg!... veja como você está!"... E leva a menina embora. O belo brinquedo foi estragado. O rosto do menino, até então brilhante de alegria e triunfo, transforma-se extraordinariamente. De perfil parece um pássaro — o queixo para baixo e os dentes cerrados. Fica parado, preso no lugar, e olha para as duas. Faz um gesto rude, como se, por vingança, fosse lançar um punhado de areia na pajem. "Você... Você... Você devia saber que está morta" — é o que resmunga.

Precisamos pensar nas esferas do brinquedo e da realidade como originalmente pouco separadas, pois ambas apresentam características semelhantes; mas, à medida que a criança cresce, torna-se cada vez mais consciente do caráter fictício de suas fantasias de brinquedo. Um sinal desse desenvolvimento é a flutuação de sua atitude com relação às criações de sua imaginação.

A constante flutuação entre fantasia e realidade (do menino de Scupin, aos 6 anos e 7 meses) é realmente estranha. Um exemplo: a empregada, ao arrumar o quarto, deixa o querido papagaio de borracha cair no chão. Bubi fechou os olhos com força, tentando segurar as lágrimas que tinham inundado os seus olhos. "Clara, você não deve jogar meu papagaio no chão a toda hora" — é o que diz. "Isso machuca o papapaio, e se você fizer isso de novo, também vou jogar você no chão... aí você vai ver." Na tarde do mesmo dia, fez a pergunta usual: "O que é que eu faço agora?". A fim de levá-lo a brincar, respondo: "O papagaio deve estar pensando por que é que você não brinca mais de homem da venda". A isso, Bubi respondeu imediatamente: "O papagaio não está pensando em nada, ele não é vivo" (Scupin, op. cit., v.2, p.188).

Voltemos novamente ao problema principal. O que, fundamentalmente, provoca essa pequena diferenciação das esferas de realidade? Já observei que a pergunta usual — isto é, querer saber se o brinquedo é considerado "seriamente" pela criança — é mal proposta. Se a criança está mergulhada nessa realidade, vive nela, não tem sentido a aplicação do conceito de "seriedade". Evidentemente, "seriedade" só tem sentido como o oposto exato de "brinquedo". Mas é preciso supor que, para a criança, o brinquedo originalmente não é "sério" nem "de mentira".

Inicialmente não tem o conceito de nenhuma das duas coisas, e não faz tais distinções. Ambas são esferas intermediárias que apresentam uma existência simultânea, e que gradualmente se diferenciam durante o desenvolvimento ontogenético. Penso que as bases para a relativa falta de diferenciação entre as esferas de realidade são as seguintes: as esferas maduras de realidade são determinadas de duas maneiras — por comportamento subjetivo e por sinais objetivos. Por exemplo, qualquer objeto de arte pertence à "realidade das imagens" porque nos comportamos esteticamente e não praticamente com relação a uma imagem estética, e porque, de outro lado, a imagem apresenta certos sinais objetivos (o espaço é formado por cores e linhas na superfície plana, o ator fala em sua entonação dramática típica ou em versos etc.), o que a separa de qualquer coisa na realidade cotidiana.

As esferas de realidade da criança (e muitas vezes as comuns ao adulto ingênuo) são, fundamentalmente, reativas e emotivas, até marcantemente caracterizadas por uma consciência de qualidades objetivas, e por isso menos diferenciadas. Quando uma criança agrada sua boneca, não pensa se a boneca está viva ou não. Os sinais objetivos, intelectualmente inteligíveis, são aqui mais ou menos insignificantes. Por isso, a criança pode dar vazão integral a seus instintos maternais. Os adultos também podem reagir da mesma forma a seu ambiente. Frequentemente nos comportamos com relação a crianças pequenas, ou com relação a animais, como se o bebê ou o animal pudessem responder, como se o outro ser pudesse compreender todas as palavras que dizemos. Mas também neste caso não existe realmente uma suposição intelectual de que o bebê ou o animal compreendam. Reagimos apenas emocionalmente, como se lidássemos com uma mentalidade capaz de nos compreender.

E agora começamos a ver exatamente o que é que a boneca significa para a criança pequena. Um pedaço de madeira que pode ser uma boneca não é completado pela imaginação, de forma que adquira uma cabeça, olhos reais etc. Estes são sinais concretos que não entram na situação específica da criança. Esta reage à boneca *como* um ser vivo, e é assim que a boneca tem a significação afetiva de uma pessoa viva. A boneca tornou-se filha da criança.

A diferenciação entre uma realidade séria e cotidiana e a realidade do brinquedo provoca um desenvolvimento mais ou menos rápido. Precisamos sempre lembrar que essa diferenciação parte da apreensão indiferenciada que a criança tem das formas de realidade que enfrenta. Mais exatamente, o processo de diferenciação não ocorre inicialmente com relação ao concreto-objetivo, mas, ao contrário, com relação ao comportamental. No mundo do brinquedo, a criança, quase inconsciente ou instintivamente, adota uma outra atitude, sem que ativamente esteja consciente da distinção objetiva entre realidade e brinquedo. Por exemplo, na esfera do brinquedo é mais produtiva, e seus gestos e suas ações são diferentes dos que apresenta no comportamento cotidiano. Se a boneca fosse realmente viva, precisaria ser tratada de outro modo, e a criança se comportaria de outra forma.

Portanto, dessa forma o brinquedo e a realidade cotidiana se tornam diferenciados no comportamento total da criança, embora esta não precise estar consciente da diferença. Os seus instintos e emoções, que dão a um pedaço de madeira o valor e o sentido de uma boneca, são, em si mesmos, tão profundos e reais quanto outras emoções e outros instintos que se ligam a objetos naturais. Quando brinca, a criança está integrada por completo na realidade do brinquedo, e durante a atividade do brinquedo não conhece qualquer outra esfera.

No entanto, à medida que cresce, torna-se cada vez mais acostumada a prestar atenção a sinais de objetividade de fatos, e, por isso, à disparidade entre objetos de brinquedo e os do mundo real. Disso decorre uma consciência geral da diferença entre as duas realidades, e cada vez mais o mundo do brinquedo se torna a esfera consciente da ilusão agradável, que satisfaz aos seus desejos.

Geneticamente, define-se com clareza a oposição entre o comportamento fictício do brinquedo e a seriedade da realidade. Com o tempo, essa oposição comportamental desenvolve-se numa distinção com consciência cognitiva. Quando, aos 6 anos e 7 meses o menino de Scupin não conseguiu colocar os soldados no seu trem de brinquedo — pois a porta era muito pequena —, inicialmente ficou desapontado, mas logo resolveu o dilema, dizendo: "Olha, eu vou fazer de conta que os soldados estão realmente no trem; não estão lá mas vou fazer de conta". Antes disso, diz sua mãe, ficava imediatamente zangado quando alguém exprimia a menor dúvida quanto ao que imaginava. No uso verbal da criança, essa nova atitude de ficção se exprime claramente quando, muitas vezes inconscientemente, começa a usar algumas expressões — por exemplo, "como se", "se fosse assim". Outro exemplo, com 7 anos e 1 mês o menino de Scupin disse, falando de uma tempestade: "Parece que Deus tinha uma espoleta grande na mão" (Scupin, op. cit., v.3, p.20, 25).

As mentiras intencionais das crianças, a forma humorística e alegre com que a criança maior apreende o fisionômico e o antropomórfico, e finalmente o desprezo que mostra pelas fantasias das crianças menores, são atitudes mentais específicas por meio das quais o mundo fisionômico infantil se dissolve, e pelas quais, de outro lado, se fixa a diferença entre ilusão e realidade. Por exemplo, o menino de Scupin, quando começou a frequentar a escola, ainda fazia "personificação", embora quase sempre isso ocorresse apenas em situações de humor. Com 7 anos e 8 meses, o pai lhe perguntou se no dia anterior tinha tido exercícios de ginástica na escola. Em vez de responder com sim ou não, representou uma comédia completa:

> Exercícios?... Vamos ver. Preciso perguntar a alguém. (Bate na cabeça.) A senhora, dona Cabeça, sabe se ontem tivemos exercícios de ginástica? O quê? A senhora esqueceu! Vamos, pense de novo. Não? Realmente não tivemos exercícios? Muito obrigado. Até logo.

(Ao seu pai.) Papai, você está vendo que a dona Cabeça diz que não tivemos exercícios. (Scupin, op. cit., v.3, p.32)

À medida que, quando a criança se liberta de sua realidade uniforme e difusa, e as esferas da realidade se tornam diferenciadas entre si, existe ao mesmo tempo uma diferenciação interna, no interior de cada esfera. Sobretudo na realidade "séria" aparecem diferentes regiões. E tais diferenciações internas surgem principalmente por meio de comportamento diferencial, e não de forma intelectual. O mundo da escola e o mundo da casa têm suas regularidades específicas, uma regularidade em que a criança não pensa concretamente, mas, ao contrário, tende a aceitar como um conjunto de regras de jogo que lhe são dadas para orientar seu comportamento. Responde de forma diferente ao mesmo castigo, de acordo com as circunstâncias em que é aplicado. Para o menino de Scupin, quando tinha 6 anos e 6 meses, um tabefe na escola nada significa, mas em casa não podia receber a menor censura sem mostrar profunda mágoa (Scupin, op. cit., v.3, p.18).

É dessa forma que se desenvolve a pluralidade dos ambientes, sobretudo porque existe uma pluralidade de conjuntos de comportamento em que está presente a regularidade de cada região de realidade — mais implícita do que explícita, mais emocional e comportamental do que racional.

Referências bibliográficas

BÜHLER, C. *Kindheit und ugend*. s.l., 1931.

CRAMAUSSEL, E. *Le premier éveil intellectuel de l'enfant*. s.l., 1911.

KATZ, D.; KATZ, R. *Gesprache mit Kindern*. s.l., 1928.

MUCHOW, M.; MUCHOW, H. *Der Lebensraum der Grosstadt-kindes*. s.l., 1935.

NEUGEBAUER, H. Beobachtungen über Traume des kleinen Kinder. *Zschr. ang. Psychol*, 1929. [1926]

PIAGET, J. *The Child's Conception of the World.* Nova York: Harcourt, Brace, 1929.

PIAGET, J. Les traits principaux de la logique de l'enfant. *J. de Psychol.* s.l., 1924.

RASPE, C. Unterscuchungen über Kiderträume. *Zschr. pádag. Psychol.* s.l., 1924.

SCUPIN, G.; GERTRUD, I. *Bubi.* 3v. v.1. *Eubis ente Kindheit,* 1907; v.2. *Bubi im 4-6. Lebensjahr,* 1910; v.3. *Lebensbild eines deutschen Schuljungen.* s.l., 1931.

SHINN, M. W. *Notes on the Development of a Child.* Univ. of Calif. Public, 1893/99. II. *Development of the Sense in the First Three Years,* Univ. of Calif. Public, 1907 [1905].

SULLY, J. *Children's ways.* s.l., 1897.

9
Consequências das experiências infantis*

Robert W. White

Os ideais de saúde mental, ajustamento e maturidade emocional têm um impacto intenso e direto na cultura. Estão sendo usados, não apenas como guias para conduta pessoal, mas também como doutrina para todos os responsáveis pela educação de crianças: pais, professores e especialistas instruídos para dar aconselhamento e tratamento. Nosso estudo de crescimento natural fez com que acreditássemos que tais ideais são muito discutíveis. Talvez tenhamos razão para ir um passo adiante e considerar as consequências de nosso ponto de vista, no que se refere à orientação e educação de crianças.

Vale a pena lembrar que os estudos de caso — descritos no livro *Lives in Progress* — não podem dar informação decisiva quanto

* De Robert W. White. *Lives in Progress: A Study of the Natural Growth of Personality*. Nova York: Holt, 1952, p.360-5. Tradução de Dante Moreira Leite. Reproduzido com permissão dos editores.

aos métodos de educação de crianças ou quanto à atmosfera da família. Seria muito importante comparar, digamos, métodos de castigo ou atitudes dos pais — por exemplo, aceitação e rejeição — numa série de histórias de caso que incluíssem indivíduos saudáveis e perturbados. Mas nosso material não é adequado para isso. Dependemos muito da reconstrução que as pessoas fazem de sua infância; e embora seja importante saber como recordam a atmosfera de sua família, nunca podemos ter a certeza de que sua descrição corresponda aos fatos reais, percebidos por um observador independente. Por isso, nossos resultados não podem ser usados para sugerir como os pais devem comportar-se ou qual deve ser um programa de orientação de crianças. Devemos usá-los apenas para um objetivo muito mais amplo.

Apesar disso, a partir dessas ideias mais amplas que surgiram em nosso estudo, é possível reconsiderar alguns objetivos da educação de crianças. Sugerimos que os ideais atuais — saúde mental, ajustamento, maturidade emocional — têm sido pensados de maneira negativa, e não positiva, como opostos lógicos de condições neuróticas e psicóticas, e não como modelos destinados a salientar o desenvolvimento construtivo. Sugerimos também que tais ideais esquecem os problemas de mudança contínua, de resposta seletiva a forças conformadoras, a capacidade da criança para influir no ambiente e em seu destino. Examinemos agora as consequências dessa parcialidade e vejamos se é possível reinterpretar a educação de crianças, ainda que em sentido bem geral.

Uma das coisas que os pais têm ouvido dizer é que têm uma influência extraordinária na vida emocional de seus filhos. São responsáveis pela imposição de valores culturais e pela obtenção de comportamento socializado, embora sejam também os primeiros objetos de amor, ódio e angústia de seus filhos. Tudo se liga à maneira pela qual enfrentam os episódios decisivos de educação; tudo depende da atmosfera emocional que criem na família. Existe muita verdade nessa interpretação, mas quando não é compensada por qualquer compreensão da atividade da criança, de seu desejo de crescer e de sua capacidade para agir seletivamente, os efeitos sobre os pais podem ser aterrorizantes. Atualmente há provas de ampla intimidação dos pais. Têm medo de fazer coisas erradas, de criar a atmosfera errada, de não ser maduros, e por isso permanentemente frustrar o desenvolvimento de seus filhos. A tarefa de conseguir crianças sadias, felizes e confiantes, muitas vezes fica nas mãos de pessoas que se tornaram tensas e angustiadas pelo fato de terem graves responsabilidades e sentirem um extraordinário poder. Considere-se, como exemplo, o problema da rejeição pelos pais. Muitos pais chegam a ter um terrível medo de mostrar aborrecimento diante de um filho, e até de sentir aborrecimento, pois aprenderam que a criança perceberá os sinais disso, sentirá que está sendo rejeitada e será levada à ruína emocional. Só recentemente alguns pesquisadores — por exemplo, Baruch (1949) — perceberam a difusão desse temor e começaram a dizer aos pais que seus filhos não serão destruídos por demonstrações de cólera. Os filhos podem ter muitos recursos para resistir à destruição provocada pelos pais.

Outra coisa que serviu para intimidar os pais foi a inferência de que qualquer erro em orientação sadia leva a criança diretamente para a neurose ou psicose. Não se trata apenas de dizer que um método é melhor do que outro; pensa-se que o castigo por usar o método pior será o fato de a criança tornar-se mental ou emocionalmente doente. Supondo-se diante dessa sombria alternativa, os pais procuram angustiadamente tirar os traços "doentios" de seus filhos e provocar os traços opostos. Quando, pela primeira vez, a relação entre repressão e neurose passou a fazer parte do conhecimento comum, muitos pais concluíram que toda disciplina e toda coerção seriam más. Se uma criança deixasse de destruir o seu quarto, isso seria um sinal perigoso de neurose. Só mais tarde se esclareceu que a falta de clara disciplina poderia provocar angústia em crianças ainda muito jovens para que pudessem conter seus impulsos desordenados. Um exemplo atual de intimidação é a atitude frequente dos pais com relação a ajustamento social. Se uma criança mostra tendência para ficar sozinha, imagina-se que está no caminho da esquizofrenia, e seus pais correm para levá-la a contatos sociais contínuos. As ideias atuais tiraram de muitos pais a coragem para esperar o crescimento social, a compreensão de que a solidão pode ser usada de maneira construtiva.

Por isso, os pais intimidados de nossa época procuram, desesperadamente, provocar em seus filhos um padrão de traços que, segundo se pensa, representam proteção contra neurose e psicose. Essa angústia finalmente provoca uma tendência neurótica nos pais. Esse desejo de traços "saudáveis" se torna indiscriminado e insaciável, e os pais ficam angustiados diante de simples indicação dos traços opostos. Por isso, o padrão de traços "saudáveis" se torna um fim em si mesmo, um imperativo, um "dever" para desenvolvimento seguro. A variação individual com relação ao padrão predileto passa a ser temida. As crianças precisam ajustar-se rigorosamente a um caminho que leve a ajustamento saudável.

Certamente não podemos condenar os pais pelo fato de ficarem amedrontados diante do que lhes é atualmente apresentado como conhecimento científico. Não podemos condená-los por não saber que as fronteiras da ciência avançam irregularmente, e por isso apresentam apenas uma interpretação parcial de seu objeto. Mas se estivermos certos ao acentuar a importância de interesse, atividade, iniciativa e nova aprendizagem, as atitudes que acabamos de descrever nos pais tendem a ter um efeito desastroso. Destinadas a impedir perturbação emocional, correm o perigo de impedir as tendências que levam a desenvolvimento construtivo e original. Alguns interesses representam peculiaridades individuais que fazem com que uma criança seja diferente de todas as outras. Tais interesses tendem a cair naquilo que os pais consideram desvios com relação à saúde mental. Outros interesses — por exemplo, o social — são muito aprovados, mas são provocados de maneira tão entusiástica pelos pais que a criança dificilmente tem uma possibilidade para mobilizar seu interesse ou utilizar sua iniciativa. Os pais intimidados estão sob pressão para destruir os interesses individuais das crianças e afastar seus interesses sociais peculiares. Nenhum desses programas é favorável ao crescimento natural.

Segundo as ideias apresentadas no livro *Lives in Progress*, a melhor forma de representar a tarefa de educar e orientar crianças é pensar na metáfora de cuidados com plantas. Isso deve ser estimulante, porque o cuidado com plantas é uma das atividades mais eficientes da humanidade. Talvez esses triunfos decorram do fato de o agricultor não tentar impor modelos impossíveis em suas plantas. Respeita suas peculiaridades, tenta dar condições adequadas, protege-as de tipos mais graves de ferimentos — mas deixa que as plantas cresçam. Não rompe a semente para que esta brote mais rapidamente, não puxa o broto quando este surge no solo e nem tenta abrir com a mão as primeiras folhas. Nem tenta endireitar as folhas de diferentes tipos de plantas para que todas sejam iguais. A atitude do agricultor é adequada para lidar com crianças. As crianças é que devem crescer, e só podem fazê-lo por meio do impulso dado por seus interesses pessoais.

Os pais que não estejam intimidados podem respeitar interesses peculiares em seus filhos. Não terão medo de desvios com relação a padrões dados pela vizinhança, e por isso não destruirão interesses nascentes [...], que mais tarde podem desenvolver-se em atividades especializadas de grande valor para a humanidade. Serão capazes, também, de esperar o aparecimento de interesses que não surgem rapidamente na superfície, ainda que isto tenha como consequência o retardamento da criança com relação às outras, ou o fato de ficar abaixo das normas de grupo. Por exemplo, esperarão que o interesse social se manifeste, de forma que a busca de contato social decorra de motivos da criança e contribua para sua iniciativa e sua identidade do ego. Como se recorda, um dos indivíduos analisados no livro *Lives in Progress* indicou como não gostava de ver que sua mãe procurava amigos adequados para ele. Isso não significa que não quisesse ter amigos; significa que desejava escolher tais amigos, desejava que fossem resultados de sua iniciativa social, mesmo que isso lhe custasse trabalho e frustração.

O cuidado com o crescimento exige a longa paciência do agricultor, e não a rápida intervenção do mecânico. Exige que se espere até o momento em que o impulso se manifeste, que o interesse apareça, que a iniciativa seja indicada. Exige uma atitude tolerante com relação à individualidade, o respeito pelo padrão único que se revela em cada caso. Exige a confiança de que, a longo prazo, a individualidade será uma vantagem, que levará a uma vida mais feliz e a um mundo melhor do que o estabelecimento do ideal de conformismo, aspecto agradável, características momentaneamente valorizadas, ou de um padrão que seja apenas o oposto lógico de perturbação mental e emocional.

* * *

É um fato trágico de nossa época que tenhamos medo de nossa sociedade e da natureza humana. A marcha de acontecimentos criou esse medo. O otimismo do século XIX, com sua visão de um progresso interminável, por meio da invenção e de empreendimentos comerciais e industriais, deu lugar a um medo confuso de que a ordem mundial está a ponto de esfacelar-se e de que a civilização pode ser destruída em suas raízes. Como vivemos numa sociedade impessoal e superpovoada, como não temos informações a respeito de fatos próximos e distantes que não podemos controlar, todos nós estamos continuamente conscientes de nossa pequenez e de nossa impotência. Estamos dolorosamente conscientes da frequência de tensões e colapsos emocionais, provocados pela pressão das condições atuais. Vimos guerras apavorantes e muitos outros aspectos pelos quais o homem apresenta uma total incapacidade para enfrentar sua natureza e controlar suas invenções técnicas.

Até agora o estudo científico do homem involuntariamente contribuiu para a tendência que leva à inquietação e à incerteza. As três interpretações do homem — a social, a biológica e a psicodinâmica — apresentam esse determinismo parcial que interpreta seletivamente o homem como o produto infeliz de forças, e que afasta o estudo correspondente da pessoa que age para mudá-las. E insistimos que tais interpretações são adequadas; revelam a verdade, e por isso nos advertem para não ver o futuro com o otimismo cego e a despreocupação feliz com relação à difícil natureza das tarefas humanas. Mas afirmamos também que é preciso tentar o exame das falhas do conhecimento científico, de forma que a atividade e o crescimento natural da pessoa possam ser recolocados em nossa interpretação. Essa falha deve ser preenchida, para que se tenha um conhecimento completo, mas existe ainda mais razão para isso, quando se pensa que exatamente aí estão os fatos a respeito da natureza humana que dão ao homem a esperança de influir em seu destino. Lewis Mumford diz que o homem é "o animal incompleto" e que,

> ao contrário do que ocorre com outros organismos, o estádio final de seu crescimento não é determinado pelo seu passado biológico; está nele mesmo e, em parte, é determinado pelos seus planos com relação ao futuro. (Mumford, 1951, p.36)

Embora possa ser um elo de forças biológicas, psicodinâmicas, sociais e culturais, uma pessoa serve, até certo ponto, como um centro de transformação e distribuição, e por meio de respostas selecionadas cria uma nova síntese. Sob condições razoavelmente favoráveis, a personalidade tende a continuar o seu desenvolvimento, a fortalecer sua individualidade, a afirmar sua capacidade para transformar o mundo ambiente. O homem é capaz de crescimento natural, e nenhum outro fato a seu respeito é mais importante para sua felicidade final.

A esperança no caso do estudo científico de forças conformadoras é que o homem empregue seu conhecimento para impedir que seja excessivamente modelado. Quanto mais descobrir os imperativos mudos da cultura e da classe social, as tiranias das expectativas do grupo e dos papéis sociais, a exigência de impulsos, a sutil orientação do comportamento pela capacidade e pelo temperamento natural, a intensa impressão de educação infantil e das atitudes dos pais, a ação deformadora da angústia e da defesa primitiva — quanto mais seja capaz de perceber e pesar tais forças que o modelam, menos precisará escravizar-se a elas. E certamente tem razão para ir um passo adiante e estudar o aspecto positivo de sua capacidade para mudança construtiva.

Referências bibliográficas

BARUCH, D. W. *New Ways in Discipline*. Nova York: Whittlesey House, 1949.

MUMFORD, L. *The Conduct of Life*. Nova York: Harcourt/Brace, 1951.

Parte 3

O desenvolvimento intelectual da criança

Introdução

O desenvolvimento intelectual da criança não é apenas o aspecto mais documentado do desenvolvimento infantil, mas também aquele em que, provavelmente, os psicólogos conseguiram seus maiores triunfos. E talvez não seja difícil saber por que isso ocorreu.

Muito antes da criação da psicologia experimental, os filósofos tinham interesse pelos processos que permitem o conhecimento, pois a busca dos critérios de verdade sempre constituiu um dos campos fundamentais da filosofia.

Por razões que os capítulos anteriores procuraram esclarecer, nos fins do século XIX — principalmente por influência do desenvolvimento da biologia — essa pesquisa se voltou para um domínio concreto de análise e, dentro deste, para o estudo da criança.

E ninguém melhor do que Jean Piaget representa hoje essa tendência: formado em biologia, interessado pelo problema filosófico do conhecimento, passou para o estudo do pensamento infantil a fim de tentar descobrir como o conhecimento é possível. Ou, se se quiser dizer a mesma coisa com outras palavras:

Piaget revolucionou a psicologia da criança ao tentar responder a um problema filosófico. No texto aqui traduzido, Piaget resume uma de suas principais contribuições a essa psicologia: a distinção de estádios no desenvolvimento intelectual da criança.

O segundo texto, de autoria de Terman e Merrill, é uma discussão da última revisão do conhecido teste Stanford-Binet de Inteligência.

O texto foi apresentado para mostrar como, atualmente, se constrói um teste de inteligência ou, como é o caso em discussão, se pode rever um teste criado e padronizado alguns anos antes.

E talvez não seja inútil fazer um rápido comentário sobre esse teste e sobre Terman, principal responsável pela sua padronização nos Estados Unidos. O chamado Stanford-Binet foi sua adaptação das escalas criadas originalmente por Binet, e destinadas a medir o nível mental de crianças em idade escolar. O nome Stanford indica a universidade americana em que, durante muitos anos, Terman trabalhou. Mas Terman não foi responsável apenas por essa padronização. Ainda bem jovem, ao fazer seus cursos de pós-graduação, Terman tentava responder à seguinte pergunta: quais são as características do indivíduo genial — isto é, daquele que apresenta uma contribuição importante para a humanidade?

Depois de várias tentativas de pesquisa, Terman iniciou, na década de 1920-1930, um estudo de acompanhamento de crianças bem dotadas. Esse estudo, iniciado quando as crianças tinham por volta de 8 anos de idade, demonstrou, entre outras coisas, que a inteligência medida nessa idade permite boa predição de sua realização na vida adulta.

Esse trabalho é importante por várias razões; uma delas é certamente a de mostrar que a medida obtida por meio do teste de inteligência atinge algo importante no comportamento da pessoa. Mais ainda, que essa medida permite uma boa predição daquilo que a pessoa conseguirá atingir em sua atividade intelectual.

Finalmente, o texto de J. W. Getzels e P. W. Jackson refere-se a um problema cada vez mais importante para a educação e a psicologia de nossos dias: a criatividade. Se pensarmos nas condições do mundo moderno, facilmente compreenderemos esse interesse. Diante de um mundo que se transforma cada vez mais rapidamente, um dos problemas fundamentais do educador é identificar e estimular os indivíduos capazes de criar soluções novas, e melhores, para as dificuldades acaso existentes.

O trabalho de Getzels e Jackson foi um dos primeiros em que se tentou a identificação de criatividade em crianças. Na verdade, parece que até agora foi impossível conseguir uma medida satisfatória dessa característica, o que não significa que o problema seja insolúvel ou pouco importante.

10
Os estádios de desenvolvimento intelectual da criança e do adolescente*

Jean Piaget

Os estádios das operações intelectuais constituem um caso privilegiado e que não podemos generalizar para outros domínios. Se consideramos, por exemplo, a evolução da percepção na criança ou a evolução da linguagem, observamos uma continuidade muito diversa da encontrada no domínio das operações lógico-matemáticas, e muito maior do que nestas. No domínio específico da percepção, eu seria incapaz de vos apresentar um quadro de estádios semelhante ao que tenho a honra de aqui apresentar quanto às operações intelectuais, pois reencontramos a continuidade de que falava Tanner, do ponto de vista orgânico, continuidade que podemos dividir de forma convencional, mas que não apresenta separações naturais bem nítidas.

* Jean Piaget. Les stades du développement intelectuel de l'enfant et de l'adolescent. In: P. Osterrieth et al., *Le Problème des Stades en Psychologie de l'Enfant*, Presses Universitaires de France, 1956, p.33-4. Tradução de Dante Moreira Leite. Reproduzido com permissão dos editores.

No domínio das operações intelectuais, ao contrário, encontramos um fenômeno duplo: de um lado, vemos estruturas que se formam, que podemos seguir passo a passo; de outro, verificamos a sua completação, isto é, a constituição de degraus de equilíbrio. Considere-se, por exemplo, a organização de números inteiros: podemos seguir essa estruturação a partir dos números 1, 2, 3 etc., até o momento em que a criança descobre a sequência dos números e ao mesmo tempo as primeiras operações aritméticas. Em determinado momento, portanto, essa estrutura está formada e chega ao seu degrau de equilíbrio; e este equilíbrio é tão estável que os números inteiros não mais se modificam durante a vida, embora se integrem em sistemas mais complexos (números fracionários etc.). Portanto, estamos diante de um domínio privilegiado, dentro do qual podemos verificar a formação de estruturas e sua completação, no qual diferentes estruturas podem suceder umas às outras ou integrar-se segundo combinações múltiplas.

Neste domínio específico — e, repito-o, sem apresentar o problema de generalização — denominarei estádios as separações que obedecem aos caracteres seguintes:

1) Para que haja estádio é preciso, em primeiro lugar, que a *ordem de sucessão das aquisições seja constante*. Não a cronologia, mas a ordem de sucessão. Em determinada população podemos caracterizar os estádios por uma cronologia, mas esta é extremamente variável; depende da experiência anterior dos indivíduos, e não apenas de sua maturação; depende, principalmente, do meio social, que pode acelerar ou retardar o aparecimento de um estádio, ou mesmo impedir sua manifestação. Neste caso, estamos diante de considerável complexidade, e eu não saberia dizer qual o valor das idades médias de nossos estádios no caso de quaisquer populações. Considero apenas as idades relativas às populações com as quais trabalhamos; portanto, essas idades são fundamentalmente relativas. Ao contrário, se estamos diante de estádios, a ordem de sucessão dos comportamentos deve ser considerada constante, isto é, determinada característica não

aparecerá *antes* em determinado grupo de sujeitos e *depois* em outro grupo. Quando encontramos tais alternâncias, os caracteres estudados não são utilizáveis do ponto de vista dos estádios.

2) O *caráter integrador*, isto é, as estruturas construídas em determinada idade tornam-se parte integrante das estruturas da idade seguinte. Por exemplo, o objeto permanente que se constrói no nível sensório-motor será um elemento integrante das noções ulteriores de conservação (quando haverá conservação de um conjunto ou de uma coleção, conservação de um objeto cuja aparência espacial foi deformada). Da mesma forma, as operações que denominaremos concretas constituirão uma parte integrante das operações formais, na medida em que estas últimas constituirão uma estrutura nova, mas que repousa sobre a primeira como conteúdo (as segundas constituem, assim, operações realizadas com outras operações).

3) Com B. Inhelder, sempre procuramos caracterizar um estádio, não pela justaposição de propriedades estranhas entre si, mas por uma *estrutura de conjunto*; essa noção adquire, no domínio da inteligência, um sentido preciso, e mais preciso que em outros domínios. No nível das operações concretas, uma estrutura será, por exemplo, um agrupamento, com os caracteres lógicos do agrupamento que encontramos na classificação ou na seriação. Mais tarde, no nível da operação formal, a estrutura será, por exemplo, o grupo de quatro transformações de que falarei logo adiante, ou reticulado. Estruturas que podemos caracterizar pelas suas leis de totalidade, de forma que, uma vez atingida tal estrutura, podemos determinar todas as operações que abrange. Quando uma criança já atingiu tal ou qual estrutura, dizemos que é capaz de uma multiplicidade de operações distintas e, à primeira vista, sem qualquer parentesco visível entre elas. Essa é a vantagem da noção de estrutura: quando complexas, permitem reduzir a uma unidade superior uma série de esquemas operatórios que não têm ligação aparente entre si; portanto, é a estrutura de conjunto, como tal, que caracteriza o estádio.

4) Por isso, um estádio comporta, ao mesmo tempo, um nível de *preparação* e de *realização*. Por exemplo, para as operações formais, o estádio de preparação será todo o período de 11 até 13-14 anos, e a realização será o degrau de equilíbrio que aparece nesse momento.

5) Mas como a preparação de aquisições ulteriores pode repousar sobre mais de um estádio (com oscilações diferentes entre algumas preparações mais curtas e outras mais longas) e como, em segundo lugar, existem graus diferentes de estabilidade nas realizações, é necessário distinguir, em toda sequência de estádio, o *processo de formação* ou de gênese, e as *formas finais de equilíbrio* (no sentido relativo): só as últimas constituem as estruturas de conjunto discutidas no item 3, enquanto os processos formadores se apresentam sob os aspectos de diferenciações sucessivas de tais estruturas (diferenciação da estrutura anterior e preparação da seguinte).

Finalmente, gostaria de insistir na noção de *deslocamento*, a que deveremos voltar amanhã, pois esta representa um obstáculo à generalização dos estádios, e introduz considerações de prudência e limitação. Os deslocamentos caracterizam a repetição ou a reprodução, em idades diferentes, do mesmo processo formador. Distinguiremos os *deslocamentos horizontais* e os *deslocamentos verticais*.

Falaremos de deslocamentos horizontais quando a mesma operação se aplica a conteúdos diferentes. Por exemplo, no domínio das operações concretas uma criança será capaz de, entre 7 e 8 anos, fazer seriação de quantidades de matérias, de comprimentos etc.; saberá classificá-las, dividi-las, medi-las etc.; chegará também a noções de conservação, relativas a esses mesmos conteúdos. Mas será incapaz de todas essas operações do domínio do peso, enquanto, em média dois anos mais tarde, saberá generalizá-las, aplicando-as a esse novo conteúdo. Ora, do ponto de vista formal, as operações são as mesmas nos dois casos, mas aplicadas a domínios diferentes. Nesse caso, falaremos de deslocamento horizontal no interior do mesmo período.

Um deslocamento vertical é, ao contrário, a reconstrução de uma estrutura por meio de outras operações. O bebê atinge, por ocasião de completar o período sensório-motor, ao que poderíamos denominar, de acordo com H. Poincaré, um "grupo de movimentos": sabe orientar-se no seu apartamento, com voltas e retornos etc. Mas esse "grupo" é exclusivamente prático e de forma alguma representativo. Quando, alguns anos mais tarde, chegar a representar esses mesmos movimentos, isto é, imaginá-los, ou interiorizá-los, em operação, encontraremos etapas análogas de formação, mas agora num outro plano, o da representação. Neste caso, estamos diante de outras operações e por isso falaremos de deslocamento vertical.

Depois dessas considerações, dividiremos o desenvolvimento intelectual em três grandes períodos.[1]

I — O período da inteligência sensório-motora

Este primeiro período vai do nascimento até o aparecimento da linguagem; aproximadamente, ocupa os dois primeiros anos de vida. Nós o subdividimos em seis estádios:

1) *Exercícios reflexos*: de 0 a 1 mês.

2) *Primeiros hábitos*: início de condicionamentos estáveis e reações circulares "primárias" (isto é, relativas ao próprio corpo: por exemplo, chupar o seu polegar). De 1 a 4,5 meses.

3) *Coordenação da visão e da preensão* e início das reações circulares "secundárias" (isto é, relativas aos corpos manipulados). Início da coordenação dos espaços qualitativos até então heterogêneos, mas sem procura de objetos desaparecidos; início de

1 Falaremos de "períodos" para designar as grandes unidades, e de "estádios" e depois de "subestádios" para descrever suas subdivisões.

diferenciação entre meios e fins, mas sem fins prévios por ocasião da aquisição de um novo comportamento. Aproximadamente de 4,5 meses até 8 a 9 meses.

4) *Coordenação de esquemas secundários* com a utilização, em certos casos, de meios conhecidos, a fim de atingir um objetivo novo (vários meios possíveis para um mesmo fim, e vários fins possíveis por um mesmo meio). Início da busca do objeto perdido, mas sem coordenação de sucessivos deslocamentos (e localizações). Aproximadamente de 8 a 9 até 11 a 12 meses.

5) *Diferenciação de esquemas de ação por reação circular "terciária"* (variação de condições por exploração e tateamento dirigido) e *descoberta de meios novos*. Exemplos: comportamentos de apoio (retirar uma coberta para pegar o objeto colocado sob ela, reação negativa se o objeto está ao lado do apoio ou além deste), da corda e da vara (por tateamento). Busca do objeto desaparecido com localizações em função de sucessivos deslocamentos inteligíveis e início de organização do "grupo prático de deslocamento" (voltas e retornos em ações). Aproximadamente de 11 a 12 até 18 meses.

6) *Início da interiorização de esquemas e solução de alguns problemas com interrupção da ação e compreensão brusca*. Exemplo: comportamento da vara quando não foi adquirido por tateamentos durante o estádio 5. Generalização do grupo prático por deslocamentos com incorporação, no sistema, de alguns deslocamentos não perceptíveis. Aproximadamente de 18 a 24 meses.

Esses seis estádios apresentam um caráter muito notável quando os comparamos aos estádios do pensamento representativo ulterior, pois constituem, por assim dizer, uma prefiguração, de acordo com o termo predileto de nosso presidente Michotte (num sentido análogo à prefiguração do "nocional", de que ele fala no caso da percepção). Realmente, nesse plano prático, vemos uma organização de movimentos e deslocamentos que, inicialmente centralizados no corpo da criança, se descentralizam pouco a pouco, e chegam a um espaço no qual a criança se situa como um elemento entre outros (assim como a um sistema de objetos permanentes que abrange seu corpo, da mesma forma que os outros). Aí vemos, em miniatura e no plano prático, exatamente o mesmo processo de descentralização progressiva que depois encontraremos novamente no nível representativo, em função de operações mentais, e não apenas de ações.

II — O período de preparação e organização das operações concretas de classes, relações e números

Denominaremos operações concretas aquelas que se referem a objetos manipuláveis (manipulações efetivas ou imediatamente imagináveis), por oposição às operações que se referem a hipóteses ou a enunciados simplesmente verbais (lógica das proposições).

Este período, que vai, aproximadamente, de 2 até 11 a 12 anos, deve ser subdividido num subperíodo *A* de preparação funcional das operações,[2] mas de estrutura pré-operatória, e um subperíodo B de estruturação propriamente operatória.

II A. — O subperíodo de representações pré-operatórias

Este subperíodo se subdivide em três estádios:

1) De 2 até 3 e meio ou 4 anos: *aparecimento da função simbólica e início da interiorização, em representações, de esquemas de ação.* — Este estádio é aquele a respeito do qual temos menos

2 Denominamos "operações" as ações interiorizadas, reversíveis e solidárias de estruturas de conjunto — por exemplo, "agrupamentos", "grupos" e "reticulados".

informações quanto aos processos de pensamento, pois, antes de a criança ter 4 anos, não é possível interrogá-la numa conversa seguida; mas este fato negativo é, em si mesmo, um índice característico. Os fatos positivos são os seguintes: 1) o aparecimento da função simbólica, sob suas diferentes formas: linguagem, jogo simbólico (ou de imaginação), por oposição aos jogos de exercício, que eram os únicos representados até então, imitação retardada e, provavelmente, inícios da imagem mental concebida como uma imitação interiorizada; 2) plano da representação nascente: dificuldades de aplicação, ao espaço não próximo e ao tempo não presente, dos esquemas de objeto, de espaço, de tempo e de causalidade, já utilizados na ação efetiva.

2) De 4 a 5 anos e meio: *organizações representativas baseadas, seja em configurações estáticas, seja numa assimilação à própria ação.* A característica das primeiras estruturas representativas que se revelam neste nível, as interrogações a respeito de objetos que podem ser manipulados, é a dualidade de estados e transformações: os primeiros são pensados como configurações (cf. o papel das configurações perceptivas, das coleções de figuras etc., nesse nível de não conservação de conjuntos, de quantidades etc.) e os segundos são assimilados às ações.

3) De 5 e meio até 7 ou 8 anos: *regulações representativas articuladas.* — Fase intermediária entre a não conservação e a conservação. Início de ligações entre os estados e as transformações, graças às regulações representativas que permitem pensar nestas últimas sob formas semirreversíveis. (Exemplo: articulações cada vez maiores de classificações, de relações de ordem etc.)

II B. — Passo agora ao *subperíodo de operações concretas*

É a etapa que vai de 7 ou 8 até 11 ou 12 anos, e que se caracteriza por uma série de estruturas prestes a completar-se, e que podemos estudar e analisar em sua forma. No plano lógico, todas se ligam ao que denominei "agrupamentos", isto é, não são ainda "grupos" e já não são "reticulados" (são semirreticulados, pois alguns não têm limites inferiores e outros não têm limites superiores): essas são as classificações, as seriações, a correspondência termo a termo, as correspondências simples ou seriais, as operações multiplicativas (matrizes) etc. A isso acrescento, no plano aritmético, os grupos aditivos e multiplicativos de números inteiros ou fracionários.

Este período de operações concretas pode ser subdividido em dois estádios: um de operações simples; outro de obtenção de alguns sistemas de conjunto, principalmente no domínio do espaço e do tempo. No domínio do espaço, é o período em que a criança atinge, apenas por volta de 9 ou 10 anos, os sistemas de coordenadas ou de referências (representação de verticais e de horizontais com relação a essas referências). É também o nível da coordenação de conjunto das perspectivas. É o nível que marca os maiores sistemas no plano concreto.

III — O período de operações formais

Finalmente, chega o terceiro e último período, o das *operações formais*. Aí encontramos, de um lado desde 11 ou 12 anos (primeiro estádio), com degrau de equilíbrio por volta de 13 ou 14 anos (segundo estádio), um grande número de transformações, relativamente rápidas no momento de seu aparecimento, e extremamente diversas. Há, em primeiro lugar, os belos estudos de Inhelder sobre o raciocínio indutivo, sobre o método experimental nas crianças e nos adolescentes, e que nos permitiram chegar a essas conclusões. Realmente, nessa idade vemos o aparecimento de operações muito diferentes entre si, entre as quais serão apresentadas as seguintes. Inicialmente, operações combinatórias; até esse momento, há apenas encaixes simples dos conjuntos, e operações elementares, mas não o que os matemáticos denominam "conjuntos de partes", que são o ponto de partida dessas combinatórias. A combinação começa, ao contrário, por volta de 11 ou 12 anos, e provoca a estrutura de "reticulado". Nesse mesmo nível, vemos o aparecimento de proporções, a capacidade de raciocinar e representar, segundo dois sistemas de referências ao mesmo tempo, as estruturas de equilíbrio mecânico etc. Examinemos, por exemplo, os movimentos relativos do caramujo sobre uma prancha que se desloca em sentido inverso ao do caramujo e o cálculo da resultante desses movimentos, um com relação ao outro e com relação a um sistema exterior de referência. Neste caso, observa-se a intervenção de quatro operações coordenadas (que serão reencontradas nos equilíbrios mecânicos etc.): uma operação direta (I) e seu inverso (N), assim como a operação direta e o inverso do outro sistema que constituem a recíproca do primeiro (R) e a negação dessa recíproca ou correlativo (NR=C). Este grupo de quatro transformações INRC aparece numa série de domínios diferentes, nesses problemas de proporções, independentemente de conhecimentos escolares.

Sobretudo, o que vemos aparecer neste último nível é a lógica das proposições, a capacidade de raciocinar com enunciados, com hipóteses, e não apenas com objetos colocados na mesa ou imediatamente representados. Ora, a lógica das proposições supõe igualmente o reticulado combinatório e o grupo das quatro transformações (INRC), isto é, os dois aspectos dos mecanismos operatórios que vemos constituir-se nesse nível.

Concluirei dizendo que esses três grandes períodos, com seus estádios particulares, constituem processos sucessivos de equilibração, de caminhadas para o equilíbrio. Desde que o equilíbrio seja atingido em determinado ponto, a estrutura é integrada num novo sistema em formação, até um novo equilíbrio sempre mais estável e de campo sempre mais amplo.

Ora, convém lembrar que o equilíbrio se define pela reversibilidade. Dizer que existe um avanço na direção do equilíbrio significa que o desenvolvimento intelectual se caracteriza por uma reversibilidade crescente. A reversibilidade é a característica mais aparente do ato de inteligência, capaz de voltas e retornos. Portanto, essa reversibilidade aumenta regularmente, degrau por degrau, durante os estádios que acabo de descrever sumariamente. Apresenta-se sob duas formas: uma que podemos denominar inversão, ou negação, que aparece na lógica de classes, aritmética etc.; outra que podemos denominar reciprocidade, e que aparece nas operações de relações. Em todo o nível das operações concretas, a inversão de um lado e a reciprocidade de outro são dois processos que caminham lado a lado e paralelamente, mas sem junção num sistema único. Com o grupo das quatro transformações INRC, ao contrário, temos a inversão, a recíproca, a negação da recíproca e a transformação idêntica, isto é, a síntese, num único sistema, dessas duas formas de reversibilidade até então paralelas, mas sem conexão entre si.

Nesse domínio privilegiado de operações intelectuais, chegamos, portanto, a um sistema simples e regular de estádios, mas que é talvez peculiar a esse domínio, e não se saberia, por exemplo, aplicá-lo pura e simplesmente ao domínio da percepção, no qual eu seria incapaz de apresentar tais estádios.

11
A organização do teste Stanford-Binet de inteligência*

LEWIS M. TERMAN E MAUD A. MERRILL

1. A primeira revisão — 1916

A primeira revisão, por Terman, da escala originalmente criada por Binet e Simon, foi publicada em 1916, e constituiu um esforço pioneiro para aplicar os métodos exatos que estavam sendo criados na ciência psicológica, e destinados a medir as capacidades intelectuais. O livro *The Measurement of Intelligence* apresentava, segundo indicação do subtítulo, "uma explicação e guia para o uso da Revisão e Extensão Stanford da Escala de Inteligência Binet-Simon" (Terman, 1916). Essa revisão da escala Binet-Simon incluía os aspectos que caracterizam as escalas

* De Lewis M. Terman e Maud A. Merrill, *Stanford-Binet Intelligence Scale: Manual for the Third Revision Form L-M*, Houghton-Mifflin Company, 1962, p. 5-40. Tradução de Dante Moreira Leite. [Foram omitidos pequenos trechos, para conseguir alguma simplificação no texto.] Reproduzido com permissão dos editores.

do tipo Binet, isto é, o emprego de padrões de idade, os tipos exigidos de função mental, o conceito de mensuração de uma "inteligência geral" que funciona como adaptabilidade mental para novos problemas.

A Escala de 1916 procurava dar padrões de realização intelectual para crianças norte-americanas médias, nascidas nos Estados Unidos, e que tivessem de três anos de idade até o início da vida adulta, o que, segundo a informação disponível, equivaleria a 16 anos. Os testes eram organizados em ordem de dificuldade, de acordo com níveis de idade. A capacidade intelectual de um indivíduo, julgada por sua realização na escala, era julgada por comparação com os padrões de realização de crianças normais de diferentes idades.

As avaliações de inteligência eram apresentadas como resultados de idade. Uma das suposições básicas de Binet na escala original era que uma pessoa seria considerada normal se pudesse fazer as coisas que as pessoas de sua idade fazem normalmente, retardada se sua realização no teste correspondesse à de pessoas mais jovens do que ela, e "adiantada" se o seu nível de realização superasse o de pessoas de sua idade.

A posição relativa de uma pessoa em seu grupo de idade (média, mais inteligente do que a média, menos inteligente do que a média) era indicada por Terman por meio do cálculo da relação entre sua idade mental e sua idade cronológica, a relação convencional denominada Q.I. O Q.I. foi empregado pela primeira vez na escala de 1916.

Os testes empregados eram variados e heterogêneos, tal como tinha ocorrido com os de Binet. Dos 54 itens originais de Binet, houve uma ampliação para 90. Foram usados os mesmos tipos de testes. Os testes que exigiam "processos mentais mais complexos" continuavam a dar melhores resultados na diferenciação entre pessoas julgadas, por outros critérios, como mais inteligentes do que as consideradas menos inteligentes. Não houve tentativa para medir faculdades mentais primárias — por exemplo, memória, atenção, discriminação sensorial etc. Uma das razões do triunfo de Binet estava no fato de ter abandonado os antigos métodos de laboratório, que pretendiam medir "funções ou faculdades mentais", preferindo um método mais dinâmico que seria medir a inteligência em funcionamento. Isso correspondia a examinar uma atividade funcional combinada, considerando-se a inteligência como a soma de processos de pensamento exigidos pela adaptação mental. Sua descrição mais conhecida acentua direção, adaptação e autocrítica como os aspectos que caracterizam a inteligência em ação.

A escala de 1916 aumentou de um terço o número dos antigos itens de Binet. Foram abandonados os testes que, segundo se verificou, apresentavam valor inadequado de discriminação. A escala foi padronizada numa amostra de aproximadamente mil crianças e quatrocentos adultos. Deu-se atenção cuidadosa à seleção de tais casos, a fim de conseguir uma amostra representativa da população norte-americana geral. Esse foi um passo pioneiro no importante desenvolvimento de métodos de amostragem que seriam mais refinados na construção de escalas posteriores.

Para o desenvolvimento de técnicas de aplicação de testes foi igualmente importante a apresentação, pela primeira vez, de instruções minuciosas para aplicação e avaliação de cada teste. Cada teste constituía um "experimento reduzido" em que se observava o comportamento sob condições controladas, interpretando-o com um grau de objetividade até então inimaginado no campo da medida de capacidade mental.

Durante a década de 1920 e início da de 1930, o uso dessa escala, tanto para pesquisa quanto para diagnóstico, apresentou uma ampla base experimental para revisões posteriores. Embora desse uma medida satisfatoriamente válida e precisa em amplitude intermediária relativamente ampla, a amostragem era inadequada para as capacidades abaixo da idade mental de 4 anos e os níveis adultos. Verificou-se que alguns testes da escala tinham baixa validade; as instruções para aplicação e avaliação ainda não tinham a exatidão necessária para conseguir objetividade e permitir a comparação entre os resultados; não havia forma alternativa.

Empreendeu-se a segunda revisão da escala Stanford a fim de corrigir essas falhas reconhecidas e conseguir amostragem mais adequada, tanto de sujeitos quanto de suas capacidades.

Em 1937, Terman e Merrill (1937) publicaram o livro *Measuring Intelligence*, a mais extensa e compreensiva das Revisões Stanford. Esta segunda revisão da escala, depois de vários anos de experiência com o uso prático de testes de inteligência, incorporou os resultados de um projeto de dez anos de pesquisa e padronização.

Entre a publicação da escala de 1916 e o início do trabalho com a segunda revisão, acumulara-se muita informação a respeito do comportamento em vários tipos de testes mentais, sobre inter-relações entre as capacidades examinadas e os relativos méritos de testes específicos como medidas de inteligência. Verificara-se que, de modo geral, alguns tipos de testes tinham maiores correlações com as várias estimativas independentes do traço. E, independentemente do fato de o construtor de testes definir o traço que propunha como "adaptabilidade mental geral", como "capacidade para aprender" ou "apenas como hipótese de trabalho", havia considerável acordo quanto aos tipos de testes que apresentavam correlações mais elevadas com critérios aceitáveis de inteligência.

Os principais aspectos da revisão de 1937 são muito conhecidos, de forma que não precisam ser aqui resenhados. No entanto, por duas razões parece aconselhável apresentar um rápido resumo dos processos de padronização, bem como reexaminar os princípios lógicos subjacentes ao seu emprego: 1) algumas das atuais críticas ainda indicam incompreensões referentes aos processos técnicos empregados na organização da escala; 2) o uso popular atual faz com que o Q.I. seja considerado sinônimo de inteligência, e disso decorrem expectativas pouco realistas quanto aos testes de inteligência. Assim, embora não tenhamos a intenção de resenhar as técnicas empregadas nos processos de construção das duas formas da escala de 1937,[1] alguns processos de construção precisam ser relembrados, dada sua importância para a compreensão das características essenciais da escala e da escolha de materiais de 1937 para inclusão na de 1960.

2. A revisão de 1937: um teste de tipo Binet

A escala, revista em 1937, conservava as características distintivas dos testes de tipo Binet, utilizando as mesmas suposições, os mesmos métodos e princípios. Utilizava padrões de idade de realização e a suposição de que a inteligência geral é um traço que se desenvolve com a idade. Apresentava uma amostragem mais ampla dos mesmos tipos de atividades mentais e continuava a ser uma medida de capacidade geral, e não de grupos específicos ou afins de capacidades.

A escala de 1937 continuava a ser uma escala de idade. Apesar das dificuldades existentes para a construção de uma escala de idade, pareceu importante conservar o conceito de idade mental, pois está fundamentalmente identificado com os testes de Binet, sobretudo com o Stanford-Binet, e com o pensamento clínico que se desenvolveu a respeito de seu emprego. A expressão de um resultado de teste por meio de normas de idade é simples e não ambígua, e não supõe conhecimento estatístico por parte do leigo. É a unidade menos pretensiosa para a estimativa de nível mental. Os clínicos verificaram que é uma forma aceita e não amendrontadora para ajudar os pais a compreender as necessidades e limitações das crianças retardadas e as capacidades das bem dotadas.

1 Uma descrição minuciosa dos processos de padronização pode ser encontrada em *Measuring Intelligence* (op. cit.); uma análise dos processos essenciais para a padronização pode ser encontrada no livro de McNemar (1942).

Os mesmos tipos de situações de teste que tinham sido úteis em 1916 foram úteis na segunda revisão. Assim, a escala de 1937 continuava a verificar os mesmos tipos de atividades mentais que, segundo Binet, eram úteis para distinguir diferenças de inteligência. Entre os subtestes que comprovaram seu valor devem ser lembrados: o de analogias, o de opostos, o de compreensão, o de vocabulário, o de semelhanças e diferenças, completação de palavras e figuras, absurdos, desenhos, memória para material significativo e números. Embora a escala de 1937 desse amostragem mais ampla de capacidades do que a escala anterior, — pois incluía mais itens de figuras e manipulação — tinha ainda muito peso de situações de testes em que a capacidade verbal era elemento essencial. Muitos dos chamados itens de execução, experimentados para inclusão na escala, foram abandonados porque contribuíam pouco ou nada para o resultado total. Não eram itens válidos para essa escala.

A escala de 1937, com suas duas formas comparáveis de 129 subtestes cada uma, continuava a ser, tal como a escala de 1916 e a escala original de Binet, um instrumento para a mensuração de "inteligência geral". Como estas últimas, incluía uma grande variedade de itens heterogêneos de testes. Alguns contribuíam mais e outros menos para o total, mas todos apresentavam contribuição suficiente para justificar sua inclusão na escala; vale dizer, demonstrara-se que todos eram adequados para a mensuração de "capacidade mental geral", tal como o termo era entendido pelos construtores e pelos aplicadores de teste.

O critério fundamental a ser atendido, característico dos testes de tipo Binet, era obter uma disposição de subtestes de tal forma que a idade mental média de sujeitos não escolhidos concordasse muito de perto com a idade cronológica média. O acordo perfeito seria indicado por um Q.I. médio de 100 em cada nível de idade. A fim de conseguir isso, era necessário:

a) selecionar uma população representativa em cada idade;
b) distribuir os subtestes pelos níveis adequados de idade.

Isso apresentava um duplo problema de amostragem: em primeiro lugar, a escolha de itens de teste que pudessem ser amostras bem representativas de comportamento inteligente em diferentes níveis de idade; em segundo lugar, a escolha de pessoas cujas respostas apresentassem os padrões ou normas para tal comportamento.

Seleção de item

A busca de material adequado de teste chegou a centenas de itens que foram escolhidos de acordo com sua possibilidade de dar situações padronizadas em que fosse possível observar comportamento inteligente. Os itens provisórios para a escala final foram escolhidos pelas seguintes razões: em primeiro lugar, provavelmente apresentariam elevada correlação com critérios aceitáveis de inteligência; em segundo lugar, porque a verificação experimental tinha revelado rápido aumento na porcentagem de aprovação de crianças com idade mental conhecida (ou idade cronológica para crianças em idade pré-escolar); em terceiro lugar, porque se tinha obtido um índice aceitável de correspondência entre item e critério para cada item na relação decisiva entre as idades mentais médias dos que eram aprovados no item e dos que eram reprovados.

Os itens assim escolhidos — 209 dos quais constituíam a forma L provisória e 199 a forma M provisória — foram ainda mais analisados, depois de as duas formas terem sido aplicadas em amostra cuidadosamente escolhida de 3.184 sujeitos. Para a verificação da adequação dos itens para inclusão nas escalas finais, houve considerações práticas e fatores estatísticos. Na escolha de materiais para a escala, eram importantes as seguintes considerações: fatores que contribuíam para maior objetividade de avaliação, facilidade de aplicação, maior interesse e variedade de conteúdo.

Na análise estatística final dois outros processos contribuíam com dados sobre validade: a) cada item devia mostrar aumento na porcentagem dos que eram aprovados em sucessivos níveis de idade; b) a correlação bisserial de cada subteste com o resultado total precisava ser suficientemente elevada, o que indicaria que cada um contribuía para aquilo que a escala como um todo estava medindo.

Escolha de sujeitos

Não é possível exagerar a importância de um grupo representativo de crianças que sirvam como sujeitos na padronização dos testes. Dada sua importância para o estabelecimento de normas para a escala, houve muitos cuidados para ter a certeza de que, em cada nível de idade, houvesse um exame de um grupo representativo de crianças. O grupo final de padronização da escala de 1937 era formado por 3.184 crianças brancas, norte-americanas natas, incluindo-se aproximadamente 100 sujeitos em cada intervalo de meio ano de 1 e meio até 5 anos e meio, 200 em cada idade de 6 a 14, e 100 em cada idade de 15 a 18. Cada grupo de idade era igualmente dividido entre os sexos. A limitação do grupo a sujeitos que estivessem a um mês do aniversário (ou aniversário de meio ano) permitiu grupos homogêneos. As amostragens abaixo de 7 e acima de 14 anos de idade apresentaram os maiores problemas.

As minúcias do processo de amostragem foram inteiramente descritas no livro *Measuring Intelligence* (op. cit., p.12-22). Entre elas, devem ser mencionadas: trabalho para conseguir distribuição geográfica adequada, aplicação de testes em 17 comunidades de 11 Estados distantes, escolha de comunidades urbanas, suburbanas e rurais, escolha de escolas na comunidade e uso de métodos para conseguir amostragem casual de idade, sempre que se fazia aplicação. Apesar de tais precauções, verificou-se que a amostra tinha nível socioeconômico ligeiramente mais elevado do que o encontrado no recenseamento da população global e incluía número desproporcional de sujeitos urbanos, quando comparados aos rurais. Nos quocientes intelectuais médios foram feitos ajustamentos para descontar tais deformações de amostragem (Terman; Merrill, 1937, p.36).

Precisão e validade

As provas de precisão da escala de 1937 foram derivadas de comparações entre os resultados obtidos pelo grupo de padronização, na forma L, com os obtidos na forma M. As aplicações com as duas formas eram feitas com menos de uma semana de intervalo. A equivalência das duas formas e a estabilidade dos Q.I. eram indicadas pelo grau geralmente elevado de relação.

Sobretudo por suas consequências clínicas eram importantes algumas características das relações encontradas entre: a) precisão e idade; b) precisão e nível de Q.I. dos sujeitos. A análise dos dados de padronização, realizada por McNemar (op. cit., p.55-70), indicou que a escala de 1937 era mais precisa para crianças maiores do que para as menores, e mais precisa para os Q.I. baixos do que para os altos. A escala era mais precisa no ponto em que o clínico tende a ter mais necessidade de fazer diferenciações de maior importância para o diagnóstico.

Como a precisão é uma função da idade e da magnitude do Q.I., foi necessário calcular, separadamente, os coeficientes de precisão para diferentes idades. De 2 anos e meio a 5 anos e meio, os coeficientes de precisão vão de 0,83 (para Q.I. de 140-149) a 0,91 (para Q.I. de 60-69); nas idades de seis a treze anos, a amplitude é de 0,91 (para Q.I. de 140-149) a 0,97 (para Q.I. de 60-69); para as idades de 14 a 18, a amplitude é de 0,95 (para Q.I. de 140-149) a 0,98 (para Q.I. de 60-69).

[...] *Esta relação entre precisão da escala e magnitude do Q.I. é um aspecto essencial da técnica de Q.I. empregada numa escala de idade.* Precisa existir para que os Q.I. tenham um sentido constante de um nível de idade para outro. Como veremos, a variabilidade de resultados de idade mental aumenta com o aumento de idade. Deve-se esperar que a flutuação no resultado de idade mental de um sujeito seja proporcional, não à variabilidade do grupo de sua idade cronológica, mas à variabilidade de seu grupo de idade mental. As crianças com sete anos de idade e que tenham Q.I. na amplitude de 140-149 terão idades mentais próximas de 10, e mostrarão maior variabilidade do que crianças com sete anos de idade e que tenham Q.I. na amplitude de 60-69 e idade mental entre 4 e 5.

Os processos de seleção de item empregados na criação na escala de 1937 também apresentam a prova principal da validade da escala. Como já indicamos, a escolha preliminar de itens baseava-se na prova de que os itens estavam medindo os mesmos tipos de função mental que tinham mostrado sua utilidade na escala de 1916. Depois, cada item deve mostrar um aumento na porcentagem de aprovação de uma idade para a seguinte, e, finalmente, cada item precisa apresentar correlação com a escala como um todo. Portanto, os vários critérios eram os seguintes: idade mental no Stanford-Binet de 1916, idade cronológica e coerência interna.

Outras provas sobre a validade do Stanford-Binet se baseiam nas várias análises fatoriais da escala de 1937. Tais dados, com suas consequências para a escolha de itens na escala de 1960, serão examinados mais adiante nesta discussão.

Dissemos que a escala de 1937 era uma escala de idade que utilizava padrões de realização de idade. Pretendia medir a inteligência como uma capacidade geral. Os muitos e diferentes aspectos dessa capacidade são demonstrados quando uma pessoa procura resolver problemas adequados, não muito fáceis e nem muito difíceis. Tais problemas eram de dificuldade conhecida, determinada pela realização de grupos não selecionados em vários níveis de idade. Verificavam, sem tentar separar, as várias funções intelectuais. Portanto, o método era, fundamentalmente, o método de Binet para verificar "sua capacidade funcional combinada, sem qualquer intenção de medir a exata contribuição de cada uma para o produto total" (Terman, 1916, p.43). Examinamos algumas consequências e algumas limitações das escalas de Binet. Passamos agora para consideração mais minuciosa do que a experiência do emprego da escala de 1937 tinha indicado como necessidades de revisão.

3. A terceira revisão, 1960

Considerações preliminares

Tanto se pensamos na inteligência em termos práticos, quanto se nela pensamos em termos teóricos, os testes que apresentam maior acordo com as diferentes estimativas independentes do traço tendem a apresentar elevada correlação. De modo geral tem havido razoável acordo entre os construtores de testes quanto aos tipos de situação que permitem melhor discriminação de diferenças de inteligência. Os estudos de coerência interna, tanto com o emprego de métodos fatoriais quanto com o uso de correlação de itens com o resultado total, mostram que alguns testes — por exemplo, palavras abstratas, vocabulário, analogias, absurdos verbais e assim por diante — têm maior eficiência para a diferenciação de graus de *capacidade intelectual geral* do que os itens de manipulação incluídos na escala (McNemar, 1942; Cole, 1948).

O objetivo da escala de 1937 — dar uma medida de inteligência geral — foi relativamente bem realizado, mas deve estar claro que os mesmos fatores que contribuem para seu êxito como uma medida de inteligência geral interferem necessariamente em sua utilidade como medida dos vários aspectos separados de mentalidade, que muitos esperam de um teste de inteligência. Os itens foram incluídos na escala porque contribuíam para o resultado total. Por exemplo, o vocabulário no nível de ano VI apresentava correlação de 0,65 com o resultado total, o item de busca de partes que faltam numa figura apresentava correlação de 0,46 e a busca de saída em labirinto, 0,60. Cada um deles contribui para o resultado total, mas cada um incluiu vários aspectos específicos de capacidade intelectual. O teste de labirinto, por exemplo, exige coordenação motora, depende da compreensão de instruções verbais, de lembrança, de percepção, da capacidade para raciocinar e de muitos outros comportamentos. Tem pouca justificação psicológica a reunião de testes de acordo com algum esquema de classificação lógica, a partir de alguma capacidade específica que aparentemente tenham em comum. *Além disso, as classificações propostas têm pouca coisa em comum, pois variam de um aplicador de teste para outro, e são frequentemente apresentadas sem qualquer tentativa de validação*. Por exemplo, um esquema classifica o teste de labirinto como "teste de raciocínio"; segundo outro esquema de classificação, o mesmo item está na categoria de execução.

As tentativas para construir perfis psicologicamente significativos em testes planejados para dar uma única medida de capacidade mental geral têm sido pouco estimulantes. Segundo Cronbach, a análise de perfil "leva o psicólogo a tentar diagnósticos mais definidos do que os justificados pela validade do teste" (Cronbach, 1949, p.150).

Mas se um teste não é adequado para a medida de aptidões diferenciais, isso não significa que apresente poucas oportunidades para observação. O clínico hábil e experiente pode fazer observações significativas, embora não quantificadas, sobre aspectos qualitativos da realização de um sujeito, seus métodos de trabalho, sua maneira de enfrentar problemas, e muitas outras áreas clinicamente significativas do seu comportamento diante da situação padronizada, apresentada pelo teste. Muitas características importantes da personalidade são reveladas e podem ser observadas durante a aplicação de teste. O Stanford-Binet apresenta um campo muito rico para tais observações. *E, evidentemente, o problema da validade do clínico é tão pertinente para a eficiência da aplicação do teste quanto a validade dos testes*. O reconhecimento das limitações de um teste é um elemento que contribui para sua utilidade.

Critérios para a escolha de itens

Na criação de uma escala de idade, o construtor de teste procura escolher testes que mostrem um aumento na porcentagem das crianças aprovadas em sucessivos níveis de idade. Na mensuração de uma função em desenvolvimento — como é o caso da inteligência — essa exigência tem uma importância básica. Tais dados apresentam informação sobre a validade e ajudam a verificar a dificuldade do item e sua colocação na escala. Um item para uma escala de idade "não pode ser considerado válido, a não ser que apresente maior porcentagem de aprovação em sucessivos níveis de idade, durante a meninice" (McNemar, 1942, p.83). Está claro que o aumento na porcentagem dos aprovados no item *não assegura* validade. A altura aumenta com a idade, e até certo ponto o mesmo ocorre com a força de preensão, embora, evidentemente, as medidas desses traços físicos não tenham correlação com o resultado total no teste, de forma que não são coerentes com a escala como um todo. Também não apresentariam correlação significativa com outros critérios de inteligência.

Localização de itens na escala

Além de dados sobre validade, as porcentagens dos aprovados em sucessivos níveis de idade contribuem com importantes informações a respeito de dificuldade de itens específicos, no que se refere à sua localização na escala. Para que o resultado do teste seja apresentado em unidades de idade mental, em cada nível sucessivo de idade a idade mental média dada pelo teste deve ser igual à idade cronológica média. E para que se aproximem desse resultado, os testes devem ser adequadamente distribuídos pelos vários níveis de idade.

Esse é um processo empírico. Nenhuma porcentagem determinada de aprovação pode ser a *porcentagem correta* para todos os níveis de idade, pois nenhuma porcentagem de aprovação para todos os níveis de idade dará uma escala em que a idade mental média será igual à idade cronológica média em todos os níveis de idade. De modo geral, nas idades mais baixas as porcentagens são um pouco mais elevadas do que as encontradas em idades maiores, quando as unidades de idade mental são menores. Existe menos diferença — no que se refere à idade mental mensurável — entre uma criança de 12 e outra de 13 anos, do que entre uma criança de 6 e outra de 7 anos de idade, e as diferenças entre níveis de idade mental se tornam ainda mais notáveis quando se compara uma criança de 2 a uma de 3 anos de idade. Assim, na escala de 1937, forma L, no nível de ano III, um item corretamente localizado — construir uma ponte com blocos — foi realizado corretamente por 73% de crianças de 3 anos de idade, enquanto o teste de vocabulário, no nível de ano X, foi realizado corretamente por apenas 59% das crianças com 10 anos de idade. E como em nossa escala não há itens perfeitos ou ideais para medir a inteligência, e como nenhuma amostra pode estar inteiramente livre da influência de fatores seletivos, a porcentagem não será exatamente a mesma para cada teste em cada nível de idade.

Fatores que influem na variabilidade do Q.I.

As curvas de porcentagem de aprovação por idade influem na variabilidade de Q.I. Se em determinado nível de idade alguns dos itens são muito difíceis, isto é, são resolvidos corretamente por menor porcentagem de sujeitos nessa idade, e os outros itens, para compensar os difíceis, são um pouco fáceis demais, a variabilidade de Q.I. para o sujeito com essa idade será limitada, por comparação com os de sujeitos de outros níveis de idade, em que existe melhor distribuição de porcentagem de aprovação. O efeito oposto será observado quando existe concentração muito grande de itens de dificuldade média; os Q.I. resultantes terão maior variabilidade (McNemar, 1942, p.85). Na escala de 1937, para a idade de 6 anos, os desvios padrões eram baixos porque havia número muito pequeno de itens de dificuldade média; nas idades de 2 anos e meio e 12 anos eram elevados, quando comparados aos desvios padrões de outros grupos de idade, pois aqui estavam incluídos muitos itens de dificuldade média. Hoje se sabe que a extensão de variabilidade é, em parte, uma função de dificuldade de item, mas isso foi empiricamente demonstrado na análise estatística da escala de 1937, feita por McNemar.

Variabilidade de Q.I. com relação à idade

Para que a escala permita Q.I. comparáveis em todos os níveis de idade, é essencial que os desvios padrões nos vários níveis de idade sejam aproximadamente iguais. O uso de Q.I. depende da suposição de que a variabilidade em função de Q.I. permaneça relativamente constante de uma idade para outra, ou, em outras palavras, que a variabilidade em função de idade mental seja diretamente proporcional à idade cronológica. Apenas na medida em que essa suposição é correta o Q.I. tem sentido constante — pois, se isso não ocorre, determinado Q.I. em certa idade poderia ser equivalente a Q.I. muito mais elevado ou muito mais baixo em outra idade. Por exemplo, se o Q.I. médio com 7 anos fosse 100, e o desvio padrão de Q.I. fosse 20, um Q.I. de 120 cairia a mais de um sigma da média para essa idade. Se, na mesma escala, no nível seguinte e mais elevado de idade, o Q.I. médio fosse também 100, mas nessa idade o desvio padrão fosse 10, um Q.I. de 110 ocuparia a mesma posição na escala ocupada por um Q.I. de 120 na idade de 7 anos. Evidentemente, nessa escala os Q.I. não seriam comparáveis no caso de sujeitos de idades diferentes. Numerosas pesquisas mostraram que as escalas do tipo de Binet mostram tendência marcante para apresentar variabilidade constante de Q.I.

Na escala de 1937, os desvios padrões de Q.I. flutuam em torno de um valor mediano pouco acima de dezesseis pontos. Por isso, dezesseis tem sido geralmente aceito como valor representativo para o desvio padrão nessa escala, no caso de população não selecionada. Devem ser notadas exceções no caso de 2 anos e meio, 6 e 12 anos, em que os desvios parecem muito extremos para serem explicados como flutuações casuais. A escala de 1960 apresenta correções adequadas para variabilidade atípica.

Correlações entre retestes

Muitos estudos descreveram correlações de reteste entre resultados dos mesmos sujeitos, obtidos em momentos diferentes. Existe acordo fundamental nas pesquisas em que os sujeitos foram testados repetidamente, em intervalos relativamente frequentes, como parte de estudo contínuo de tendências do desenvolvimento (Bayley, 1949; Honzik; Macfarlane; Allen, 1948; Sontag; Baker; Nelson, 1958). São típicas do padrão geral de tais correlações de reteste os resultados descritos pelo Instituto Fels de Pesquisa (Sontag, Baker e Nelson, 1958), que abrangem um período de dez anos. Nos níveis mais baixos de idade foi aplicada a forma M; depois, a forma L e a M foram alternadas em anos sucessivos. De modo geral, as correlações diminuem à medida que se aumenta o intervalo entre os dois testes, e as correlações aumentam à medida que a criança fica mais velha, desde que o intervalo entre os dois testes seja mantido constante (idem, ibidem, p.29). Os dados Fels mostram que a correlação entre os testes aplicados com 3 anos de idade e os retestes dos mesmos sujeitos aos 4 anos é de 0,83, e que em sucessivos níveis de idade as correlações com os testes de 3 anos diminuem regularmente, até que com 12 anos o coeficiente é de 0,46. As correlações mais elevadas são as obtidas entre níveis adjacentes de idade no período de 8 a 12 anos. Ao avaliar as correlações testes-reteste da pesquisa do Instituto Fels devemos notar que, embora o Q.I. médio dessa amostra esteja consideravelmente acima da média (aproximadamente 120 em todas as idades), os autores indicam que, como seus casos caem na amplitude de 80 a 120 pontos, a amplitude de capacidades não é muito limitada.

Relações um pouco mais estáveis entre resultados em testes aplicados em diferentes momentos são indicadas por dados descritos por Bradway, Thompson e Cravens (1958). Os sujeitos inicialmente examinados em nossa padronização de 1937, e que na época tinham entre 2 e 5 anos e meio, foram novamente examinados depois de um intervalo de 10 anos e ainda outra vez 25 anos depois do teste original. Tais pesquisadores indicam que

> o grau de relação entre o Q.I. compósito inicial (formas L e M) desses sujeitos quando estavam na amplitude de idade entre 2 e 5 anos e meio (idade média 4,0) e Q.I. forma L, quando estavam na amplitude de idade de 26,5 a 32,2 (idade média de 29,5), se exprime pelo *r* de Pearson de 0,59. Isso apresenta comparação favorável com o *r* de 0,65 encontrado para o mesmo grupo no primeiro teste de acompanhamento, realizado apenas dez anos depois do teste original. A correlação entre a aplicação de 1941 e a de 1956 é de 0,85.

Para tais sujeitos, os Q.I. médios eram aproximadamente os mesmos na época da primeira e da segunda aplicação (112,8, comparado a 112,3), mas houve aumentos significativos no Q.I., entre o início da adolescência e a vida adulta. O aumento médio de Q.I. de 1941 a 1956 foi de 11,3 pontos. O tamanho do intervalo entre as duas aplicações é um fator importante na significação de tais resultados. Depois de intervalos tão longos entre as aplicações, não existe recordação de uma aplicação para outra, nem as respostas e nem os sujeitos são modificados de qualquer forma por serem parte de um grupo experimental.

Existem muitas considerações importantes nesses estudos de reteste — sobretudo nos que continuam durante um período de vários anos, como é o caso do estudo do Instituto Fels, do estudo de Crescimento de Berkeley, do estudo de Orientação de Macfarlane e outros. Os resultados de tais estudos têm importância para os padrões de crescimento mental, a forma da curva de crescimento, o ponto terminal, e a natureza de inteligência — tal como os testes a medem durante o período de contínuo desenvolvimento. Em secção posterior será considerada a significação de alguns desses aspectos para mudanças na escala.

Um esquema para a classificação de quocientes de inteligência

A distribuição da amostra de padronização de 1937 deu "um esquema comum" para os resultados de aplicação de testes em várias outras amostras de população. Dá também uma base para a classificação estatística dos quocientes de inteligência. Sentidos comuns passaram a ser ligados a categorias definidas por certos limites de Q.I. Por exemplo, entre os Q.I. de 90 a 110 estão aproximadamente 46% dos casos que constituem a amostra. Isso corresponde, de modo geral, a nosso conceito de capacidade média. A Tabela 1 mostra a distribuição de Q.I. no grupo de padronização. Segundo a afirmação de Merril (1938), os termos de classificação empregados não têm suposições de significação diagnóstica para categorias de Q.I. "Médio ou normal" têm sentido estatístico para indicar a amplitude média de Q.I. Também os Q.I. de 60 ou menos indicam "deficiência

Tabela 1

DISTRIBUIÇÃO DO GRUPO DE PADRONIZAÇÃO DE 1937

Q.I.	Porcentagem	Classificação
160-169	0,03	
150-159	0,2	Muito superior
140-149	1,1	
130-139	3,1	
120-129	8,2	Superior
110-119	18,1	Médio superior
100-109	23,5	Normal ou médio
90-99	23,0	
80-89	14,5	Médio inferior
70-79	5,6	Limite de deficiência
60-69	2,0	
50-59	0,4	
40-49	0,2	Mentalmente deficiente
30-39	0,03	

mental" com relação à mentalidade média na escala e não têm consequências diagnósticas necessárias — como as ligadas ao termo "debilidade mental". A expressão "muito superior" é aplicada a sujeitos cujos Q.I. estão no grupo de 1,5% do alto. Muitos outros comportamentos contribuem para as categorias de diagnóstico. A tabela serve como "esquema" para indicar qual o ponto de determinado resultado com relação à população geral.

Os problemas existentes na revisão do teste

O problema imediato de uma decisão referente à extensão e ao caráter de modificações desejáveis que devem ser incluídas em qualquer revisão da escala de 1937 importa na consideração das vantagens de atualizar o conteúdo do teste, utilizar métodos mais adequados de construção, usar a experiência obtida com o uso do teste, bem como das desvantagens que podem resultar da introdução de mudanças num conjunto de material que adquiriu significação tão grande. Anastasi apresentou muito bem o dilema. Se é desejável ter revisões frequentes, deve-se pensar também que "a revisão pode tornar inaplicáveis, à nova forma, grande parte dos dados acumulados. Os testes muito usados durante vários anos adquiriram um rico conjunto de material de interpretação que deve ser cuidadosamente considerado quando se pensa na necessidade de revisão" (Anastasi, 1954, p.200).

As considerações práticas também devem ser levadas em conta. McNemar (1942), em sua análise estatística dos processos de padronização empregados no projeto de pesquisa de dez anos indica que "apenas os que participaram desse trabalho podem avaliar integralmente as dificuldades existentes para a construção dessa escala de idade" (p.83-4). Hebb, ao discutir o problema do estabelecimento de grupos adequados de controle, refere-se, com grande compreensão, à "extraordinária tarefa" que é a obtenção de "dados de teste [de inteligência] para uma boa amostra da população geral, mesmo que seja uma amostra de apenas 50 ou 60 sujeitos..." (Anastasi, 1954, p.280).

Ao estabelecer nosso programa para a escala de 1960 tentamos deixar de lado uma aceitação muito rígida de técnicas superadas e, ao mesmo tempo, evitar o sorvedouro de teorias conflitivas. Perguntamos o que é que os aplicadores do Stanford-Binet poderiam esperar da escala em 1960.

Procuramos considerar as características bem estabelecidas dos testes de tipo Binet. A escala de 1960 conserva essas características básicas. Por considerações práticas não procuramos repadronizar as escalas, mas tentamos verificar os padrões existentes, diante de dados empíricos atuais. Por exemplo, na década de 1930, 69% das crianças de 3 anos de idade do grupo de padronização reconheciam e nomeavam cinco, entre seis itens formados por reproduções em miniatura de *sapato, relógio, telefone, bandeira, faca de mola* e *fogão*. Na década de 1950, apenas 11% das crianças cuja idade mental na escala era de 3 anos podiam fazer isso. Evidentemente, a presença de material obsoleto — por exemplo, o telefone de modelo antigo e o fogão fora de moda — na lista de objetos cujos nomes deviam ser indicados muda a dificuldade de determinados testes. No nível de ano XIV, no entanto, não é tão óbvia a razão pela qual o teste de figura absurda, *A sombra*, deve ser tão mais fácil para os sujeitos cuja idade mental é de 14 anos do que o era para os que tinham 14 anos na década de 1930. No grupo da década 1950, 80% conseguiram aprovação nesse teste — no nível de ano XIV — mas isso só ocorria com 63% em 1937.

Os exemplos acima servem para indicar alguns dos problemas existentes na revisão. Será que se deve empregar material substituto, em lugar de material obsoleto? Como é que, sem repetir todo o projeto original de padronização, deve ser verificada a atual dificuldade dos itens de teste? Como é que a população original de padronização, insubstituível, pode ser utilizada em 1960?

Várias considerações, práticas e teóricas, determinaram a escolha do plano que finalmente foi escolhido.

Aspectos fundamentais da escala de 1960

Decidiu-se incluir numa *única escala* os melhores subtestes das formas L e M da escala de 1937. Por isso, a revisão de 1960 é a forma L-M. Este processo evita a duplicação de itens (o que era necessário em 1937) a fim de conseguir o número exigido de subtestes satisfatórios em cada nível. Isso permite incluir um subteste alternativo em cada nível, enquanto, antes, as alternativas só existiam para os níveis pré-escolares.

Evidentemente, a principal vantagem da limitação de número de subtestes foi permitir que fossem escolhidos apenas os itens com maior discriminação. Assim, era possível construir uma escala melhor sem sacrificar a correção básica dos processos originais de seleção.

Em 1960, ao contrário do que ocorria em 1937, existia menos necessidade de formas alternativas de dificuldade equivalente, pois em 1937 não havia outros testes individuais bem construídos que pudessem ser usados pelo clínico. Até agora, o emprego da forma L tem sido tão mais amplo do que o da forma M, que a continuação da publicação de uma forma alternativa tem sobretudo interesse acadêmico, o que se vê pelos dados dos editores que mostram até que ponto os aplicadores do teste compram o material para as duas formas, bem como pelas descrições de pesquisas que descrevem resultados do teste. Não é arriscado dizer que a forma L é usada cinco vezes mais do que a M. No entanto, a importância da disponibilidade das duas formas para a realização de pesquisas é indicada pelos resultados de algumas pesquisas a longo prazo — por exemplo, os estudos do Instituto Fels, o estudo de Crescimento de Berkeley e os estudos de Orientação, bem como outros que tanto contribuíram para nossa compreensão do crescimento e do desenvolvimento mentais.

A *escolha de subtestes* que deveriam ser incluídos na escala de 1960 baseou-se nos registros de testes aplicados durante o período de cinco anos, de 1950 a 1954. Tais registros de testes foram comparados aos testes aplicados no início da década de 1930, e nos quais se baseou a revisão de padronização de 1937. Sujeitos de vários tipos de comunidades, em diferentes partes dos Estados Unidos, foram incluídos no grupo de avaliação da década de 1950. Embora todas as idades entre 2 anos e meio e 18 anos fossem representadas no grupo de 4.498 sujeitos em que se baseou a escolha de itens da escala de 1960, não estavam proporcionalmente distribuídas entre os vários grupos de idade cronológica ou de idade mental.

Embora os sujeitos cujos registros de teste foram empregados como uma base para determinar a *dificuldade atual* de itens da escala 1937 não fossem escolhidos para constituir uma amostragem representativa de crianças norte-americanas em idade escolar, houve muito cuidado para evitar fatores específicos de seleção. O programa de testes individuais na maioria das escolas é estabelecido, não de acordo com um planejamento de pesquisa, mas, muito corretamente, para atender às necessidades práticas de alunos e professores na situação de aprendizagem. No entanto, embora corretamente aplicados, poucos "testes de escola" podiam ser utilizados, pois as crianças que são levadas a responder a testes individuais são, geralmente, as que apresentam algum problema específico de ajustamento.

Por isso, só quando o programa de testes tivesse sido organizado de tal forma que todas as crianças de determinada escola ou todos os alunos de certo nível tivessem sido examinados é que os resultados dessas aplicações podiam ser usados; além disso, era necessário que os testes completos tivessem sido aplicados por examinadores competentes, por psicólogos escolares ou psicometristas que atendessem a exigências de registro profissional.

Foram também incluídos testes aplicados por estudantes pós-graduados do programa de instrução clínica da Universidade de Stanford. O íntimo contato com os estudantes desde a tradução da primeira escala de Binet convenceu os autores de que, depois de 50 horas de instrução em aplicação de testes, pode-se esperar que os estudantes que suportaram os rigorosos processos de um programa de instrução clínica em pós-graduação apliquem corretamente os testes. Todos os testes aplicados por estudantes cuidadosamente supervisionados foram verificados por um assistente da equipe e pela diretora do programa de instrução clínica (Merrill), e foram usados para estudo minucioso de itens específicos, bem como para comparações gerais entre testes.

Evidentemente, em nenhum caso foram usados testes aplicados em crianças de clínica psicológica. As crianças nas escolas públicas próximas da Universidade de Stanford representam um grupo de seleção relativamente superior, mas recentemente, mesmo no período de cinco anos representado por nosso estudo, o caráter da comunidade local mudou radicalmente, o que se deve ao rápido aumento da população e ao aparecimento de indústrias, grandes fábricas e linhas de montagem na área, antes residencial. Escolas de baixo e elevado *status* foram incluídas na amostra da Califórnia, bem como nas amostras de outras partes do país, e em cada grupo de escola foram usados métodos casuais de escolha a fim de determinar a escolha de sujeitos que deveriam ser examinados.

A escala usada na década de 1950 também pôde ser estudada por meio dos resultados de aplicações realizadas em centros de pesquisa. Os Institutos de Bem-Estar da Criança, tanto da Califórnia quanto de Minnesota, além do Centro de Pesquisa para o Bem-Estar da Criança, contribuíram com dados de grande valor para a comparação entre testes nos níveis pré-escolares.

Nos níveis *pré-escolares*, os sujeitos que constituíam o grupo de avaliação foram obtidos na Califórnia, em Minnesota e em Nova York. Um grupo de 850 crianças com 2 anos e meio de idade foi incluído, embora a aplicação tivesse sido feita um pouco antes (em 1946-1948), pois representava toda a população infantil dessa idade numa pequena cidade do Meio-Oeste dos Estados Unidos, localizada em área agrícola. Os dados complementares para avaliar comparações entre testes no nível pré-escolar foram obtidos em testes aplicados em centros públicos de bem-estar da criança, onde a amostragem de casos era menos limitada nos níveis socioeconômicos mais baixos.

Os registros de *sujeitos de idade escolar* foram obtidos na Califórnia, em Massachusetts e New Jersey.

Além dos grupos acima indicados de sujeitos, cujos resultados de testes podem ser considerados representativos do teste usado na década de 1950, organizamos duas amostras estratificadas, um grupo de cem crianças com 6 anos de idade e um com jovens de 15 anos, obtidos em duas comunidades da Califórnia, escolhidas por estarem exatamente na idade média do grupo de padronização de 1937 [...]. Como esses dois grupos responderam à forma L e à forma M, tais testes podiam depois ser reavaliados para a obtenção de alguns de nossos mais valiosos dados sobre a forma L-M, seja para avaliação, seja para comparação.

A escolha de amostras estratificadas foi determinada por agrupamento profissional de pais e, no caso de jovens de 15 anos de idade, também por sua posição em série escolar. A representação de porcentagem nas categorias profissionais foi determinada por números de Recenseamento de 1950. Foram feitos seis agrupamentos: I, profissionais liberais e trabalhadores técnicos, 8,2%; II, gerentes, funcionários, diretores e proprietários de fazendas, 21,2%; III, funcionários de escritórios e vendedores, 12,5%; IV, artífices, contramestres e mecânicos, 40,2%; V, trabalhadores domésticos e de serviços particulares, 6,6%; VI, operários — agrícolas e não-agrícolas — 11,2%. A distribuição por série de jovens de 15 anos nos Estados Unidos (Department of Commerce, s.d.) indicou os dados para determinar a porcentagem de nosso grupo, que devia ser escolhida da série V até XII.[2] Foram incluídas crianças de jardins de infância e primeiro ano primário.

2

Série	V	VI	VII	VIII	IX	X	XI	XII
Porcentagens do Recenseam.	1,4	2,9	6,2	13,6	29,5	36,1	4,9	1,0
Amostra de 1956	1	3	7	15	30	37	6	1

Determinação da dificuldade dos itens

Como seria necessário fazer comparações entre subtestes nas formas L e M da escala de 1937, a dificuldade de itens foi determinada pelo cálculo das porcentagens de crianças que conseguiam aprovação em sucessivas *idades mentais*. Este processo predetermina que uma escala baseada neste critério irá medir as mesmas funções usadas para escolher o grupo de idade mental — neste caso, a idade mental determinada pela escala. Assim era possível reduzir o efeito de deformações de amostragem, na ausência de um grupo de padronização. Esta característica das curvas de idade mental deve ser considerada ao avaliar os critérios para a escolha de subtestes.

Processos empregados na análise dos registros de teste

As curvas que mostram as porcentagens de aprovação foram construídas para cada subteste que constitui as formas L e M, a fim de conseguir comparação com os resultados de 1937. Foram calculadas as probabilidades de χ^2 para todas as comparações do subteste entre as porcentagens de 1937 e 1960. A coerência interna foi verificada pelo cálculo de correlação bisserial de cada subteste com o resultado total no teste. Foi necessário fazer muitas análises de itens individuais para verificar a dificuldade de novas combinações de itens de subtestes obtidos de outros níveis de idade, com a outra forma. Praticamente não existe material novo, mas nos poucos casos em que os desenhos foram modificados no vocabulário de figuras, os itens foram pré-testados antes da inclusão na escala.

As tabulações originais foram feitas separadamente para as várias comunidades, o que nos permitiu verificar possíveis diferenças regionais. Não era possível evitar diferenças sociais e econômicas entre as várias escolas, mas tais diferenças podiam ser usadas para avaliar efeitos diferenciais em dificuldade de subteste. A respeito, foram especialmente valiosas as comparações entre grupos de elevado e baixo *status* socioeconômico que constituíam nossas duas amostras estratificadas. As situações de teste que, segundo examinadores experimentados, são mais favoráveis a crianças de ambientes domésticos melhores, foram analisadas para verificar quaisquer diferenças que pudessem ser significativas.

Por exemplo, o item "Festa de Aniversário" (L, III, 4), segundo alguns psicólogos, apresenta uma situação discriminatória contra crianças de baixo nível socioeconômico. Isso foi verificado pelo cálculo da porcentagem de erros e acertos no grupo profissional VI, com relação aos dos grupos I-IV, separadamente para cada item do teste, verificando-se que o grupo de baixo *status* não errava mais frequentemente nesse item, quando o comparamos ao grupo de *status* elevado.

De forma semelhante, as diferenças regionais foram verificadas no caso de alguns itens — por exemplo, "neve" e "carvão" — que presumivelmente poderiam ser mais frequentemente resolvidos por crianças do Leste e do Meio-Oeste. Um item frequentemente criticado é o de Compreensão de "Atrasado na Escola" (L, VII, 4), pois apresenta uma situação escolar desconhecida para as crianças que vão de ônibus para a escola. Nossos dados indicam que em escolas em que se usa o transporte por ônibus escolar o item apresenta um problema de compreensão da mesma categoria do item de "Bebê perdido" e, em nível mais elevado de dificuldade, da mesma categoria do problema de "O que faz com que um veleiro ande". Na Forma L-M, os seis itens de compreensão são agora combinados e aceitos (com diferentes exigências de avaliação) nos dois níveis de idade.

Esclarecimento de princípios de avaliação e aplicação do teste

Houve busca de maior exatidão e objetividade, a fim de esclarecer ambiguidades de princípios de avaliação e aplicação do teste. Os aperfeiçoamentos no desenho do folheto e de disposição do Manual devem ajudar a eliminar alguns tipos comuns de erro e facilitar a avaliação e o registro do teste. A experiência no treinamento de estudantes para o emprego da escala, as descrições publicadas por outros que tiveram problemas de avaliação e aplicação do teste, bem como as perguntas e comentários de aplicadores, que se dirigiram aos autores e aos editores, deram os fundamentos e constituíram as principais fontes de informação quanto a erros desse tipo.

Evidentemente, não fomos capazes de predizer todas as situações inesperadas que atormentam o aplicador consciencioso de testes e contribuem para reduzir a objetividade e a exatidão. Muitos aplicadores sem dúvida encontrarão alguns itens que (para eles) não são bons, ou uma prática indesejável, e apesar disso são conservados na Forma L-M. Embora isso possa resultar de limitação dos autores dos testes, pode-se sugerir outra alternativa. Galton, com sua preocupação estatística, costumava advertir a si mesmo: "Sempre que possível, conte!". É fácil lembrar os erros e esquecer os acertos — quantas vezes o teste que parece criticável *não* foi recusado por crianças negativistas de 2 anos e meio, bem como quantas vezes as crianças dizem apenas "não" ou ficam teimosamente quietas. Sempre que pudemos, contamos!

Os aspectos essenciais da escala continuam os mesmos. A escala de 1960 é uma escala de idade. O princípio orientador foi conseguir uma disposição de testes que faça com que a idade mental média dada pela escala concorde estreitamente com a idade cronológica. A dificuldade e a localização de subtestes foram determinadas por porcentagens dos que são aprovados em sucessivos níveis de idade mental, comparadas aos valores da escala de 1937. A coerência interna foi determinada pela correlação de cada subteste com o resultado total.

Mudanças na escala de 1960

Conteúdo

As mudanças na escala foram de dois tipos: conteúdo e estrutura. As mudanças no conteúdo procuraram eliminar os subtestes ou itens menos satisfatórios ou itens que duplicavam os itens conservados, nova colocação de itens que sob outros aspectos eram satisfatórios, nova avaliação quando uma mudança em avaliação influía na mudança indicada de dificuldade. A modificação de itens conservados foi mínima. Outras mudanças de conteúdo procuraram esclarecer instruções para a aplicação e avaliação do teste, bem como melhorar a disposição e adequação de exemplos de avaliação.

Mudanças estruturais

As mudanças mais radicais procuraram corrigir as inadequações estruturais da escala de 1937, de há muito reconhecidas. Como se recorda, os Q.I. médios dados pela escala em vários níveis de idade estão um pouco acima de 100 (Terman; Merrill, 1937). As porcentagens dos aprovados nos vários subtestes da escala apresentam os dados necessários para a localização de itens da escala. Tais porcentagens indicam a dificuldade de subtestes para sujeitos de vários níveis de idade e mostram a posição de cada subteste com relação a outros subtestes. Uma forma de ajustar o Q.I. médio aos vários níveis de idade seria aumentar a dificuldade dos subtestes nos vários níveis de idade. Quanto mais fácil o teste, mais os sujeitos de determinado nível de idade podem ser aprovados nele. Portanto, se ao escolher os subtestes para a escala de 1960 o construtor da escala for orientado por esse princípio seletivo, deve ser capaz de mudar a escala. Isso não foi feito por palpite ou opinião pessoal. As porcentagens dos que são aprovados nos itens, de acordo com a idade (Tabela 26 no livro de McNemar, *The Revision of the Stanford-Binet Scale*, 1942) foram corrigidas pela quantidade que o Q.I. médio excede 100, em cada nível de idade cronológica. Tais valores corrigidos serviram como guia grosseiro para a escolha de subtestes adequados para localização em vários níveis de idade na escala L-M. Evidentemente, numa escala de idade nunca é possível fazer uma determinação exata das porcentagens dos que devem ser aprovados em determinado nível. Como já vimos, as porcentagens são variáveis, um pouco maiores nos níveis de menos idade e mais baixas nos níveis de maior idade. Nenhum conjunto de valores empiricamente determinados poderá atender às exigências de uma escala ideal.

Duas importantes correções internas foram incluídas na escala de 1960. A primeira permite um ajustamento de Q.I. para variabilidade *atípica*. A segunda amplia as tabelas de Q.I. a fim de incluir as idades de 17 e 18 anos, a partir da suposição, baseada em recentes resultados de reteste, de que o crescimento mental, tal como é medido pelo Stanford-Binet, continua depois de 16 anos de idade. Em nossa discussão anterior já foi indicado que, por causa de alguns artifícios da escala, em alguns níveis de idade os desvios padrões de Q.I. obtidos eram maiores ou menores do que o valor obtido na maioria dos níveis de idade. As exceções notáveis ocorrem nas idades de 2 anos e meio, 6 e 12 anos. Na idade de 6 o desvio padrão é muito baixo e para 2 anos e meio e 12 anos é um pouco elevado em comparação com o valor representativo de 16 pontos de Q.I., em torno do qual os desvios padrões de outros níveis de idade parecem flutuar (e a flutuação não excede as expectativas de acaso). As novas tabelas de Q.I. construídas para a escala de 1960 dão Q.I. que são comparáveis entre os vários níveis de idade. Os valores resultantes se desviam apenas ligeiramente (na maioria dos níveis de idade) da simples relação entre idade e idade mental que foi usada nas tabelas anteriores de Q.I. Estes Q.I. de 1960 também consideram o fato de que os Q.I. médios para a população de padronização de 1937 estavam ligeiramente acima de 100 e são calculados a partir dos valores ajustados (Terman; Merrill, 1937, p.36, Tabela 6). Os Q.I. incluídos na nova tabela foram corrigidos numa proporção que compensa diferenças na variabilidade de desvios padrões nos vários níveis de idade. Por exemplo, uma criança com 12 anos de idade e com uma idade mental de 16 anos e seis meses consegue um Q.I. de 132 por esse "método de desvio", ao passo que obteria um Q.I. de 138 pela relação simples entre idade cronológica e idade mental; uma criança com 2 anos e meio, com uma idade mental de 3 anos e meio consegue um Q.I. de 132, ao passo que no sistema anterior teria um Q.I. de 140.

A mais importante prova direta de que o *crescimento mental, tal como é medido pelo Stanford-Binet, continua depois de 16 anos,* é dada pelo estudo de Bradway, Thompson e Cravens (1958), baseado em retestes de sujeitos de nosso grupo original de padronização, e já discutido anteriormente. Tais autores indicam que o aumento muito significativo em Q.I., por eles descrito (dos seus 110 sujeitos, apenas 19 deixaram de obter, em 1956, um Q.I. mais elevado do que o conseguido em 1931), ocorreu entre os primeiros anos da adolescência e a vida adulta. Para esses sujeitos, o progresso médio em Q.I., da idade pré-escolar até a adolescência, foi nulo; no entanto, da adolescência até a vida adulta, os Q.I. calculados segundo a forma convencional, usando-se IC de 16 como divisor, mostraram um aumento médio de 11,3 pontos. Tais dados são coerentes com os resultados descritos por outros pesquisadores. A prova de que o crescimento mental continua depois de 16 anos aparece em muitos estudos. A indicação de que os resultados no Stanford-Binet dos mesmos sujeitos continuam a aumentar depois de 16 anos é confirmada pelos dados de Bayley na descrição de aplicações contínuas durante o seu Estudo do Crescimento de Berkeley (Bayley, 1949).

Revisão das tabelas de Q.I.

As tabelas revistas de Q.I. apresentam Q.I. de desvio, ou resultado padrão, para 2 até 18 anos. Tais Q.I. revistos evitam as inadequações da razão convencional de Q.I. (IM/IC × 100), pois: a) um determinado Q.I. agora indica a mesma capacidade relativa em diferentes idades, b) o Q.I. de um sujeito, ignorando-se os erros de medida, continua o mesmo, de uma idade para outra, a não ser que exista mudança no nível de capacidade, c) determinada mudança no Q.I. indica a mesma quantidade de mudança em posição relativa, qualquer que seja o nível de capacidade do sujeito.

Basicamente, o Q.I. revisto é um resultado padrão com uma média de 100 e um desvio padrão de 16. Tais valores se aproximam dos valores obtidos na amostra total de padronização de 1937. Ao calcular tais resultados padrões as médias usadas foram as médias ajustadas para a amostra de padronização de 1937 (Terman; Merrill, 1937, p.36); os desvios padrões eram valores "reduzidos" para os desvios padrões combinados L e M para os vários níveis de idade (Terman; Merrill, 1937, p.40, Tabela 7). Isto é equivalente ao método de desvio para calcular Q.I.

Mudanças em dificuldade de item

Para verificar a dificuldade atual das escalas de 1937, fizeram-se estudos por meio dos resultados de mais de cinco mil testes aplicados durante um período de cinco anos na década de 1950, a fim de compará-los aos obtidos na população da padronização original. Os acertos e erros nos testes separados foram calculados para nível de idade mental, verificando-se a validade dos testes separados e a adequação atual de itens, a fim de chegar à escolha de subtestes para a Forma L-M.

As principais comparações foram feitas entre as porcentagens de 1937 para sucessivos níveis de idade e as porcentagens obtidas pelos 4.498 sujeitos examinados em 1950-1954, e tabulados por sucessivos níveis de idade mental. Outros dados sobre os testes L nos níveis pré-escolares foram apresentados pela amostra de 850 casos que representam toda a população com 2 anos e meio de idade de uma cidade.

As duas amostras estratificadas examinadas em 1956 e 1957 apresentaram valiosos dados suplementares sobre os níveis de idade acima de V. Para as crianças com 6 anos, que responderam à forma L e à M, as porcentagens das aprovadas puderam ser calculadas para testes nos níveis de idade de IV a X. Para os jovens com 15 anos de idade, que também responderam às duas formas da escala de 1937, as porcentagens de aprovação podiam ser calculadas para itens localizados nos níveis de idade de X até AS III [AS = Adulto Superior].

Outras informações foram obtidas por meio de cálculo separado das porcentagens de acerto em idades cronológicas de 6 a 12, para sujeitos cujos Q.I. estavam entre 90-110.

Existiam mais dados sobre os testes da forma L do que sobre os da forma M. As análises da forma M se baseavam em testes de 1.305 sujeitos, enquanto para a forma L havia 3.393 sujeitos. Evidentemente, as duas amostras estratificadas de 200 sujeitos contribuíram para as tabulações dos testes das duas formas.

Quando se usavam recombinações de itens, ou quando havia necessidade de avaliação de itens específicos de determinado subteste, era evidentemente necessário fazer tabulações e análises separadas de itens. Foram feitos muitos pré-testes para determinar a dificuldade de itens modificados ou substitutos. Três dos itens de vocabulário de figura foram redesenhados (*telefone, navio* e *avião*). Houve um mínimo de substituições e estas foram usadas principalmente para substituir itens em testes que, sob outros aspectos, eram muito valiosos e não deviam ser desprezados.

Características das curvas que mostram porcentagens e aprovação

O principal objetivo de nossas curvas que mostram porcentagens de aprovação era permitir comparações diretas com o grupo de padronização. Tais curvas geralmente: a) mostram aumento regular de níveis de menor para maior idade; b) são mais inclinadas nos níveis de menor idade, tornando-se progressivamente achatadas quando se atingem maiores idades; c) mostram redução na porcentagem de aprovação por testes na idade, isto é, a porcentagem de crianças de 2 anos que passam nos testes de nível de ano II é maior do que a porcentagem de jovens de 14 anos que passam nos testes de nível de ano XIV. As curvas para os testes que abrangem as duas formas geralmente seguiam esses padrões característicos.

Inicialmente, uma diferença característica que aparecia entre curvas de IM e IC provocou perplexidade. Ambas mostravam aumentos no número de acertos (porcentagem de aprovação) com maior idade mental e maior idade cronológica, mas as curvas de IM eram mais inclinadas. Isso fazia com que os itens parecessem mais difíceis para menor idade e mais fáceis para as idades além do ponto de idade em que as curvas se cruzavam. Evidentemente, esse efeito podia ser previsto. Um grupo *não selecionado* de sujeitos, com determinada idade mental, inclui os mais e os menos inteligentes. Inclui casos cronologicamente mais jovens com Q.I. acima da média e casos cronologicamente mais velhos com Q.I. abaixo da média. De outro lado, um grupo não selecionado em certa idade cronológica, embora inclua os mais e os menos inteligentes *com essa idade*, não tem casos cronologicamente mais jovens ou mais velhos, não possui uma idade mental comum. [...]

Validade e precisão

A prova da validade da escala de 1960 decorre de três fontes principais. A escolha de itens de acordo com a idade mental na escala de 1937 assegura que a nova escala mede a mesma coisa que era medida pela escala original. Em segundo lugar, o aumento regular em idade mental de uma idade cronológica para a seguinte, verificado justamente com o aumento de porcentagem de aprovação de uma idade cronológica para a seguinte, nas duas formas da escala de 1937. Em terceiro lugar, a escolha de itens foi determinada por sua correlação com o resultado total em cada forma. Os dois primeiros critérios já foram discutidos; agora resta discutir o terceiro.

Foram calculadas correlações bisseriais para cada um dos subtestes das formas L e M da escala de 1937. A manutenção de um teste na escala de 1960 dependia, em parte, de sua correlação com o resultado total, baseado em todos os testes da forma. As correlações foram calculadas em todos os casos para a idade correspondente à colocação de idade do teste, e, na maior parte dos casos, para idades adjacentes ao nível de colocação de idade. Os testes com baixas correlações bisseriais com o resultado total não foram incluídos na escala L-M.

[...] A correlação média para a escala de 1960 é de 0,66, enquanto na revisão de 1937 havia uma média de 0,61 para todos os testes nas duas formas. Nos níveis pré-escolares, de 2-6 até 5, a média de 1960 é 0,61, a média de 1937 era 0,62.[3] Para os níveis de idade 6-0 até 14-0, a média de 1960 é 0,67, a média de 1937 era 0,60. Os níveis adultos, de AM (Adulto Médio) até AS (Adulto Superior) III, têm as maiores correlações: a média de 1960 é 0,73, a de 1937 é 0,61. Comparando-se as correlações médias em 1937 apenas dos subtestes usados para constituir a Forma L-M, aparece variação relativamente igual. A correlação média de 1937 para subtestes comparáveis era 0,62. Como a correlação com o resultado total constituía um dos critérios para escolha de teste, é razoável esperar que a Forma L-M tenha, sob esse aspecto, validade um pouco elevada. No entanto, o fato de um teste ter elevada correlação bisserial não garante sua inclusão se não é satisfatório sob outros aspectos, enquanto os testes com baixas correlações com o total são afastados, mesmo que sejam satisfatórios em outros aspectos.

---

3 Um estudo de Bradway (1945) que descreve o valor de predição de itens pré-escolares do Stanford-Binet permite outra verificação dos testes pré-escolares incluídos na escala L-M. O valor de predição de um item é sua correlação bisserial com um Q.I. de reteste no Stanford-Binet, feito dez anos depois. O valor médio de predição dos itens pré-escolares do L-M foi 0,52. A autora verificou que os itens verbais e de memória têm maior valor de predição do que os itens não verbais.

Outra prova de que o Stanford-Binet continua a manter sua elevada precisão é dada pelo fato de que tanto para a Forma L quanto para a Forma M as correlações bisseriais continuam elevadas. A precisão da Forma L-M aumenta por causa de seu elevado nível de correlações bisseriais entre subtestes e o total.

As capacidades examinadas pelas escalas

Outras análises de correlação bisserial esclarecem um pouco as capacidades examinadas pelas escalas. Os testes verbais continuam a indicar maior validade do que os não verbais. A média verbal para a escala L-M é 0,65. A média de 1937 para os testes verbais L-M era 0,63. Os testes não verbais da escala L-M apresentam correlação de 0,58 com o total, enquanto em 1937 tinham uma correlação bisserial média de 0,51. A escolha dos melhores testes de realização pode explicar a correlação mais elevada. Uma análise de item dos testes da Forma L, descrita por Cole (1948) para uma amostra de crianças inglesas em idade escolar, deu um coeficiente médio de validade de 0,53 para os testes verbais dessa forma. Cole dá resultados para um grupo de itens que classifica como de manipulação (correlação média de 0,43) e de figuras (correlação média de 0,35). Os testes de manipulação da Forma L, aplicados na década de 1950, têm média de 0,56 e os mesmos itens em 1937 davam média de 0,54. Os testes de figuras na Forma L davam média de 0,61 e 0,60, em 1937 e 1960, respectivamente. Como os testes foram padronizados em crianças norte-americanas, as médias para os dois grupos não são diretamente comparáveis.

O estudo feito na Inglaterra descreve, também, resultados para os "Oito Melhores Testes", segundo a ordem de sua eficiência. São os seguintes: Vocabulário, Palavras Abstratas, Construção de Sentença, Semelhanças e Diferenças, Analogias, Completação de Sentença, Absurdos Verbais e Raciocínio — os mesmos tipos que, segundo se verifica, são os testes mais válidos de inteligência, os tipos de testes que permitem melhor predição do nível de capacidade de solução de problemas de uma pessoa.

Na escala L-M de 1960, esses "Oito Melhores Testes" tinham uma correlação média de 0,73 com o total, enquanto em 1937 tinham uma correlação de 0,68 com o total. A omissão na escala L-M dos itens menos válidos, dos que contribuem pouco para a escala, explica os coeficientes mais elevados de validade.

Referências bibliográficas

ANASTASI, A. *Psychological Testing.* Nova York: Macmillan, 1954.

BAYLEY, N. Consistency and Variability in the Growth of Intelligence from Birth to Eighteen Years. *Genet. Psychol.*, n.75, 1949, p.165-96.

BAYLEY, N. On the Growth of Intelligence. *Amer. Psychologist*, 195, 10, s.d., p.805-18.

BRADWAY, K. P. Predictive Value of Stanford-Binet Preschool Items. *J. Educ. Psychol*, n.36, 1945, p.1-16.

BRADWAY, K. P.; THOMPSON, C. W.; CRAVENS, R. B. Preschool IQs after Twenty-Five Years. *J. Educ. Psychol*, n.49, 1958, p.278-81.

COLE, R. An Item Analysis of the Terman-Merrill Revision of the Binet Tests. *Psychol, Statist. Sect.*, n.1, 1948, p.137-51.

CRONBACH, L. J. *Essentials of Psychological Testing.* Nova York: Harper, 1949.

DEPARTMENT OF COMMERCE, Bureau of the Census. *1950 United States Census of Population,* Bulletin P.C-l. Washington: U. S. Gov. Printing Office, s.d.

HEBB, D. O. *The Organization of Behavior.* Nova York: Wiley, 1949.

HONZIK, M. P.; MACFARLANE, J. W.; ALLEN, L. The Stability of Mental Test Performance Between Two and Eighteen Years. *Exp. Educ.*, n.17, 1948, p.309-24.

MCNEMAR, Q. *The Revision of the Stanford-Binet Scale.* Boston: Houghton Mifflin, 1942.

MERRILL, M. A. The Significance of IQs on the Revised Stanford-Binet Scales. *Educ. Psychol,* 1938, p.641-51, n.29.

SONTAG, L. W.; BAKER, C. T.; NELSON, V. L. Mental Growth and Personality Development: A Longitudinal Study. *Monogr. Soc. Res. in Child Developm.*, 23, 68, n.2, 1958.

TERMAN, L. M. *The Measurement of Intelligence.* Boston: Houghton Mifflin, 1916.

TERMAN, L. M.; MERRILL, M. A. *Measuring intelligence.* Boston: Houghton Mifflin, 1937.

12
O jovem muito inteligente e o jovem muito criativo*

J. W. Getzels e P. W. Jackson

Muito frequentemente se pensa que as crianças "bem dotadas" têm um elevado resultado em teste de inteligência, e geralmente o estudo da criança bem dotada tem sido o estudo de crianças com elevado Q.I. Nesta definição unidimensional de bem dotados há, segundo pensamos, vários tipos de confusão, e talvez de erro puro e simples.

Em primeiro lugar, existe uma limitação na medida de Q.I., e essa limitação não apenas restringe nossa perspectiva do fenômeno mais geral, mas dá ao conceito um peso teórico e preditivo maior do que aquele para o qual foi planejado. Para todos os objetivos práticos, a expressão "criança bem dotada" tornou-se

* J. W. Getzels e P. W. Jackson. "The Highly Intelligent and the Highly Creative Adolescent". In: Calvin W. Taylor e Frank Barron (orgs.), *Scientific Creativity*. Nova York: John Wiley, 1963, p.161-72. Tradução de Dante Moreira Leite. Reproduzido com permissão dos editores.

sinônimo da expressão "criança com elevado Q.I.", o que nos cega para outras formas de excelência potencial.

Em segundo lugar, frequentemente nos comportamos como se apenas o teste de inteligência representasse uma amostragem adequada de *todas* as funções intelectuais. Por exemplo, apesar do trabalho recente sobre cognição e criatividade, este último conceito é ainda tratado como se fosse aplicável apenas à realização em uma ou várias artes. Na verdade, a expressão "criança criativa" tornou-se sinônimo de "criança com talentos artísticos", o que limita nossas tentativas para identificar e acentuar capacidades cognitivas ligadas ao funcionamento criativo em outras áreas.

Em terceiro lugar, não se tem conseguido notar suficientemente a diferença entre a *definição* de bem dotado, dada pelo Q.I., e as variações no valor atribuído a essa qualidade assim definida. Por exemplo, muitas vezes se aceita implicitamente a ideia de que a criança bem dotada seja igualmente valorizada por professores e pais, na sala de aula e em casa; que seja considerada, por professores e pais, capaz de conseguir vencer quando chegar à idade adulta; que as crianças *desejam* ser bem dotadas. Pode-se demonstrar que nenhuma dessas suposições pode ser aceita sem discussão. Os dados empíricos indicam que a criança bem dotada *não é* igualmente valorizada pelos professores e pelos pais, na sala de aula e em casa; *não é* considerada uniformemente como pessoa capaz de triunfar quando chegar à vida adulta; as crianças não desejam necessariamente ser bem dotadas, pelo menos no sentido tradicional do termo.

Apesar de sua longevidade, não é inevitável o uso do Q.I. para a definição de crianças bem dotadas. Na realidade, pode-se sustentar que sob muitos aspectos essa definição é apenas casual — uma consequência do fato de as primeiras pesquisas nesse campo terem a sala de aula como seu contexto, e o aproveitamento escolar como sua preocupação fundamental. Se abandonarmos a focalização na situação da sala de aula, poderemos identificar qualidades que definam as crianças bem dotadas para outras situações, tal como o fez o Q.I. para a sala de aula. Na verdade, mesmo sem mudar nossa focalização, modificando-se apenas os critérios convencionais de aproveitamento, poderíamos modificar as qualidades que definem as crianças bem dotadas na sala de aula. Por exemplo, se reconhecemos que a aprendizagem exige a apresentação de novidade, bem como a memorização do conteúdo do curso, as medidas de criatividade e as de Q.I. poderiam tornar-se adequadas para definir características das crianças bem dotadas.

Uma série de estudos, um dos quais será descrito mais adiante, baseia-se nessas considerações. De modo geral, tais estudos procuram lidar, não apenas com a inteligência como a qualidade que define as crianças bem dotadas, mas também por meio de outras qualidades — por exemplo, criatividade, saúde psicológica e moralidade. As comparações entre grupos de adolescentes que se salientam em tais qualidades servem como o processo analítico e básico da pesquisa.

O problema

A principal tarefa na parte específica da pesquisa a ser aqui apresentada era diferenciar dois grupos de adolescentes — um que representasse indivíduos com resultados elevados em inteligência, mas *não* tão elevados em medidas de criatividade, e o outro que representasse indivíduos com resultados muito elevados em criatividade, mas *não* tão elevados em medidas de inteligência — e comparar os dois grupos com relação às seguintes perguntas:

1. Qual a realização relativa — realização definida por aprendizagem na escola — dos dois grupos?
2. Serão os dois grupos igualmente preferidos pelos professores?
3. Qual a necessidade relativa de realização — medida pelo índice de Necessidade de McClelland, isto é, realização no Teste de Apercepção Temática — dos dois grupos?

4. Quais as qualidades pessoais que os indivíduos dos dois grupos preferem para si mesmos?

5. Qual a relação entre essas qualidades pessoais preferidas e as qualidades pessoais que, segundo acreditam, os professores gostariam de ver em crianças?

6. Qual a relação entre essas qualidades pessoais preferidas pelos dois grupos e as qualidades pessoais que, segundo acreditam, levam a "triunfo" na vida adulta?

7. Qual a natureza das criações de fantasia dos dois grupos?

8. Quais as aspirações de carreira dos dois grupos?

Identificação dos grupos experimentais: sujeitos, instrumentos, processos

Os grupos experimentais foram formados a partir de um grupo de 449 adolescentes de uma escola secundária particular, localizada na região central dos Estados Unidos, de acordo com os resultados obtidos nos seguintes instrumentos:

1. Testes padronizados de Q.I. Para cada adolescente havia um resultado obtido no Binet, na Escala Wechsler de Inteligência de Crianças, ou no teste Henmon-Nelson. Os resultados obtidos no Wechsler ou no Henmon-Nelson eram convertidos, por meio de equação de regressão, em Q.I. comparável ao Binet.

2. Cinco medidas de criatividade. Estas foram retiradas ou adaptadas dos testes de Guilford ou Cattell, ou construídas especialmente para o estudo, da seguinte maneira:

a) Associação de palavras. O sujeito devia dar o maior número possível de definições de palavras estimulantes, relativamente comuns — por exemplo, "manga", "pilha", "tira".* O resultado

* As palavras do original inglês não correspondem às da tradução ("bolt", "bark" e "sack"), mas, como as aqui indicadas em português, são palavras com muitos sentidos diferentes. [N. T.]

dependia do número absoluto de definições e do número de diferentes categorias em que tais definições pudessem ser colocadas.

b) Usos de coisas. O sujeito devia dar o maior número possível de usos que pudesse encontrar para objetos que habitualmente têm uma função estereotipada — por exemplo, "tijolo" ou "clipes para papéis". Seu resultado dependia do número e da originalidade de usos que mencionasse.

c) Formas ocultas. O sujeito deveria encontrar determinada forma geométrica que estava oculta em desenhos ou modelos geométricos mais complexos.

d) Fábulas. O sujeito recebia quatro fábulas em que faltavam as últimas linhas. Devia compor três finais diferentes para cada fábula: um "moralista", um "humorístico" e um "triste". Seu resultado dependia da adequação e da originalidade dos finais.

e) Organização de problemas. O sujeito recebia quatro parágrafos complexos, cada um dos quais continha certo número de afirmações quantitativas — por exemplo, "os custos para construção de uma casa". Devia organizar o maior número possível de problemas que pudessem ser resolvidos com as informações dadas. Seu resultado dependia do número, da adequação e da complexidade dos problemas.

A partir das medidas de Q.I. e de um resultado global nos cinco instrumentos de criatividade, os dois grupos experimentais foram organizados da seguinte forma:

1. Grupo de Elevada Criatividade. Aqui estavam os sujeitos nos 20% mais elevados nas medidas de criatividade, comparados a colegas com mesmo sexo e mesma idade, mas abaixo dos 20% mais elevados em Q.I. (N = 26).

2. O Grupo com Elevada Inteligência. Estes estavam nos 20% mais elevados em Q.I., quando comparados a colegas com a mesma idade e o mesmo sexo, mas *abaixo* dos 20% mais elevados em criatividade (N = 28).

Com os grupos experimentais assim formados é possível enfrentar sucessivamente cada um dos problemas da pesquisa.[1]

Pergunta 1: Qual o relativo aproveitamento escolar dos dois grupos?

Como se vê pelos dados da Tabela 1, os resultados foram claros e notáveis. Apesar da grande semelhança de Q.I. entre os muito criativos e a população escolar, e apesar da diferença de 23 pontos no Q.I. médio entre os muito criativos e os com elevado Q.I., os resultados de realização dos dois grupos experimentais eram *igualmente superiores* aos resultados de realização da população escolar como um todo.

Tabela 1

DESVIOS MÉDIOS E PADRÕES DE GRUPOS MUITO CRIATIVOS E MUITO INTELIGENTES NAS VARIÁVEIS EXPERIMENTAIS

		População Total[1] (N = 499)	*Elevado Q.I.* (N = 28)	*Muito Criativo*[2] (N = 24)
Q.I.	X	132,00	150,00[4]	127,00
	s	15,07	6,64	10,58
Aproveitamento escolar	X	49,91	55,00[4]	56,27[4]
	s	7,36	5,95	7,90
Avaliações de preferência	X	10,23	11,20[3]	10,54
de prof.	*s*	3,64	1,56	1,95
Necessidade de	X	49,81	49,00	50,04
realização	*s*	9,49	7,97	8,39
(T = resultados)				

[1] Para comparação, os resultados de cada grupo experimental foram extraídos da população total antes do cálculo de testes *t*.

[2] Dois sujeitos omitidos por causa de dados incompletos.

[3] Significativo ao nível de 0,01.

[4] Significativo ao nível de 0,05.

1 Como se poderia esperar, as medidas de criatividade e Q.I. não eram independentes; a correlação entre as duas medidas ia de 0,12 a 0,39.

Neste ponto, era evidente que as funções cognitivas avaliadas por nossa bateria de criatividade explicavam uma parte significativa da variância em aproveitamento escolar. Além disso, como, segundo os padrões de Q.I., nossos alunos criativos não estavam no ponto mais elevado de suas classes, sua superioridade em aproveitamento escolar os coloca na categoria relativamente suspeita dos "excessivamente realizadores". Esta classificação ambígua frequentemente supõe que a discrepância observada entre Q.I. e aproveitamento seja uma função de variáveis de motivação (opostas a variáveis cognitivas). Supunha-se que os elementos de motivação, ao fazer com que o aluno por assim dizer procurasse superar-se, estivessem ligados a vários graus de condições patológicas. Pelo menos no caso deste estudo, gostaríamos de perguntar se esse aproveitamento escolar superior pode ser explicado por patologia da motivação ou por criatividade intelectual. Na verdade, nós nos perguntamos se os atuais estudos de funções cognitivas, diversas das avaliadas por testes padronizados de Q.I., não subestimam a necessidade de um reexame de todo o conceito de "realização excessiva".

Pergunta 2: Qual dos dois grupos era preferido pelos professores?

Para responder a essa pergunta, pedimos aos professores que avaliassem todos os alunos na escola, indicando até que ponto gostavam de tê-los nas classes. As avaliações dos dois grupos foram depois comparadas com as da população total.

Os resultados apresentados na Tabela 1 são também muito nítidos. O grupo de elevado Q.I. salienta-se como mais desejável do que o estudante médio; isso não ocorre com o grupo muito criativo. Parece que o fato de o estudante ser positivamente avaliado não é uma função simples de sua posição na classe. Embora seu aproveitamento escolar, medido pelos testes de aproveitamento, seja igual, o aluno com elevado Q.I. é preferido com relação ao aluno médio, o que não ocorre com o aluno muito criativo.

Essa verificação nos leva a desconfiar da existência de variáveis importantes, além das puramente cognitivas, e que distinguem os grupos experimentais, ou a supor que as funções cognitivas discriminadoras são preferidas de forma diversa na sala de aula. Na realidade, tais alternativas não devem ser propostas como exclusivas, pois, como será demonstrado depois, é possível dar provas que confirmam os dois pontos de vista.

Pergunta 3: Qual a relativa necessidade de realização dos dois grupos?

Na realidade, desejávamos saber se o melhor aproveitamento escolar dos muito criativos — por padrões de Q.I., sua "realização excessiva" — poderia ser explicado por diferenças na motivação para realização. Para responder a essa pergunta aplicamos seis das figuras estimuladoras, usadas por McClelland para medir a necessidade de realização. Cada figura era apresentada por 20 segundos numa tela, e os sujeitos tinham 4 minutos para escrever suas respostas. Os resultados são apresentados na Tabela 1 e não mostram diferenças de necessidade de realização entre os muito criativos, os que têm elevado Q.I. e a população total da escola.

Evidentemente, essa impossibilidade para encontrar diferenças não significa que não existam diferenças em motivos. Poderíamos usar, e usamos, outros processos de avaliação que procuravam identificar diferenças de motivação e atitude entre os grupos experimentais. As três perguntas seguintes referem-se a nosso trabalho nessa direção.

Pergunta 4: Quais as qualidades pessoais que os dois grupos preferem para si mesmos?

Pergunta 5: Qual a relação entre as qualidades pessoais preferidas pelos dois grupos, para si mesmos, e as qualidades pessoais que, segundo acreditam, os professores preferem para eles?

Pergunta 6: Qual a relação entre as qualidades pessoais preferidas pelos dois grupos, para si mesmos, e as qualidades pessoais que, segundo acreditam, levam a "triunfo" na vida adulta?

As respostas a essas perguntas foram obtidas por meio de dados apresentados por um instrumento denominado Teste de Características Notáveis. Este instrumento contém descrições de 13 crianças, cada uma das quais exemplifica alguma qualidade ou traço pessoal desejável. Por exemplo, uma criança é descrita como a que tem o Q.I. mais elevado em toda a escola, outra como a melhor atleta, outra como a que tem mais senso de humor, outra como a que tem melhor aparência, outra como a pessoa mais criativa na escola.

Nossos sujeitos avaliaram de três maneiras essas 13 crianças: 1) até que ponto gostariam de ser como elas; 2) até que ponto, segundo pensavam, os professores gostariam dessas crianças; 3) até que ponto acreditavam que pessoas com essas diferentes qualidades venceriam na vida adulta.

Quase sem exceção, toda a população da escola classificou "habilidades sociais" como a qualidade que mais gostaria de apresentar, e "atletismo", "boa aparência", "elevado nível de energia" e "saúde" em último lugar. Considerando-se esse elevado acordo, ordenamos novamente as respostas, omitindo as qualidades uniformemente avaliadas. Os resultados aqui descritos referem-se aos dados novamente ordenados.

Os que tinham elevado Q.I. classificaram da seguinte forma as qualidades em que gostariam de ser notáveis: 1) caráter, 2) estabilidade emocional, 3) orientação para objetivo, 4) criatividade, 5) grande amplitude de interesses, 6) notas altas, 7) Q.I., 8) senso de humor. Os que tinham elevada criatividade classificaram as qualidades na seguinte ordem: 1) estabilidade emocional, 2) senso de humor, 3) caráter, (4,5) grande amplitude de interesses, (4,5) orientação para objetivo, 6) criatividade, 7) notas altas, 8) Q.I. O mais notável aqui é a posição extremamente elevada dada pelo grupo criativo a "senso de humor", uma posição que não apenas o distingue do grupo de elevado Q.I. (que o colocou em último lugar), mas de todos os outros grupos que estudamos.

Talvez a mais sugestiva e notável de tais diferenças entre os dois grupos seja a observada na relação entre as qualidades que desejam para si mesmos e as qualidades que, segundo acreditam, levam a triunfo na vida adulta e as qualidades que os professores preferem.

Para o grupo com elevado Q.I., a correlação de ordem de postos entre as qualidades que gostariam de ter e as qualidades que levam a triunfo na vida adulta era de 0,81; para o grupo de elevada criatividade era de 0,10. Para o grupo com elevado Q.I., a correlação entre as qualidades que gostariam de ter e as que, segundo acreditavam, seriam preferidas pelos professores era de 0,67; para o grupo de elevada criatividade, era de –0,25. Os dados são apresentados na Tabela 2.

Na realidade, se o adolescente com elevado Q.I. deseja as qualidades que, segundo acredita, levam a triunfo na vida adulta, e as qualidades que são semelhantes às que, segundo acredita, são apreciadas por professores, o adolescente muito criativo prefere qualidades pessoais que não têm relação com aquelas que, segundo pensa, permitem o triunfo adulto e são, de certo modo, inversas às que, segundo pensa, são preferidas pelos professores.

Tabela 2 CORRELAÇÕES DE ORDEM POR POSTOS ENTRE SUBPARTES DO TESTE DE TRAÇOS NOTÁVEIS

	Sujeitos	
Componentes das correlações	Q.I. (N=28)	Criativos (N=26)
"Traços pessoais que, segundo acredita, predizem triunfo", e "traços pessoais que, segundo acredita, são preferidos por professores"	0,62	0,59
"Traços pessoais preferidos para si mesmo" e "traços pessoais que, segundo acredita, levam a triunfo"	0,81	0,10
"Traços pessoais preferidos para si mesmo" e "traços pessoais que, segundo acredita, são preferidos pelos professores"	0,67	–0,25

Tais resultados são significativos para duas perguntas anteriores — a referente às avaliações de professores e a referente à relação entre criatividade e realização escolar. Se o fato de os alunos serem desejados na sala de aula se liga à coerência ou discrepância entre seus valores e os dos professores, os dados apresentados sugerem que não é surpreendente que os alunos com elevado Q.I. sejam preferidos pelos professores, mas que isso não ocorra com os alunos criativos. Além disso, se é fraco ou inexistente o impulso de motivação representado por um interesse por triunfo adulto e o desejo de imitar o professor, torna-se ainda mais significativa a relação observada entre criatividade e aproveitamento escolar.

Pergunta 7: Qual a natureza das fantasias dos dois grupos?

Além de avaliar convencionalmente os protocolos de Realização *n*, quanto a tema de realização, analisamos o *conteúdo total* das histórias. Em primeiro lugar, classificamos 47 protocolos "cegos", escritos por sujeitos criativos e não criativos comparáveis. Essa classificação cega resultou em apenas sete colocações erradas. Usando as categorias sugeridas por essa classificação, analisamos sistematicamente os protocolos dos dois grupos experimentais. A análise mostrou notáveis diferenças nos trabalhos de fantasia dos que tinham elevado Q.I. e dos que eram muito criativos. Estes utilizaram mais os *temas sem estímulo, os finais inesperados, humor, incoerências* e *brincadeira*. Os dados são apresentados na Tabela 3.

Aqui, por exemplo, como resposta à figura percebida mais frequentemente como a de um homem sentado num banco de avião, ao voltar de uma viagem de negócios ou de uma conferência de especialistas, são apresentadas histórias escritas por um aluno com elevado Q.I. e outro muito criativo.

Aluno com elevado Q.I.: O Sr. Smith está voltando para casa, depois de uma produtiva viagem de negócios. Está muito feliz e pensa a respeito de sua maravilhosa família e como ficará contente por encontrá-la novamente. Pode imaginar o que acontecerá dentro de uma hora, quando o avião descer no aeroporto e for recebido por sua mulher e seus três filhos.

Tabela 3 CATEGORIZAÇÃO DE TRABALHOS DE FANTASIA DO GRUPO COM ELEVADO Q.I. E DO GRUPO MUITO CRIATIVO

Categorias de Análise de Conteúdo	*Elevado Q.I.* (N = 28)		*Elevada Criatividade* (N = 24)		
	Frequência[1]	*%*	*Frequência*[1]	*%*	χ^2
Tema sem estímulo	11	39	18	75	5,31[2,3]
Final inesperado	17	61	22	92	5,05[3]
Presença de humor	7	25	17	71	9,16[4]
Presença de incoerência	10	36	17	71	5,06[3]
Presença de violência	13	46	18	75	3,27[3]
Brincadeira com relação ao tema	9	32	21	89	14,04[4]

[1] Números da coluna de frequência representam os sujeitos cujos trabalhos de fantasia se ajustam às categorias correspondentes.
[2] No cálculo do χ^2 foi usada a correção de Yates.
[3] Significante ao nível de 0,05.
[4] Significante ao nível de 0,01.

Aluno muito criativo: Este homem está voltando de Reno, onde acaba de conseguir divorciar-se de sua mulher. Disse ao juiz que não mais suportava viver com ela, pois usava tanto creme antes de deitar que escorregava no travesseiro e batia na cabeça dele. Agora imagina um creme de rosto à prova de escorregões.

Ou este outro exemplo, como resposta à figura frequentemente vista como um homem que vai muito cedo (ou muito tarde) para o escritório:

Aluno com elevado Q.I.: Aí está o ambicioso Roberto chegando ao escritório às 6h30 da manhã. Todo dia é a mesma coisa. Está tentando mostrar como é trabalhador. Agora, pensa Roberto, o chefe irá me promover pelo trabalho extraordinário. O problema é que Roberto faz isso há três anos e ainda não recebeu a promoção. O chefe virá às 9 horas, nem sequer notará que o pobre Roberto está lá há tanto tempo, e o coitado do rapaz não irá ter a sua promoção.

Aluno muito criativo: Este homem acaba de invadir o escritório de uma nova companhia de cereais. É investigador particular, empregado por uma firma concorrente para descobrir o segredo que faz o cereal curvar-se, dobrar-se e balançar. Depois de uma busca completa no escritório encontra o que pensa que seja a fórmula empregada. Agora está copiando essa fórmula. Verifica-se que essa fórmula não é a certa e a sua companhia vai à falência. Justiça poética!

Deve-se lembrar que essas histórias foram escritas em sessões de grupo, frequentemente com mais de cem adolescentes na mesma sala, e com o máximo de quatro minutos para cada história. "Creme facial à prova de escorregões" e "Cereal que se curve, dobre e balance" — parece que essa capacidade para, com facilidade e rapidez, quase que com "naturalidade", reestruturar objetos estereotipados, é o sinal característico de nossos sujeitos muito criativos, quando comparados aos que tinham elevado Q.I.

Outra característica é bem exemplificada por várias histórias. Aparece numa atitude de caçoada, pelos indivíduos criativos, com relação ao que denominam "o rapaz integralmente norte-americano" — um tema quase nunca mencionado pelos jovens com elevado Q.I. Por exemplo, a seguir são apresentadas duas respostas à figura de estímulo mais frequentemente percebida como um estudante que faz seu trabalho de casa:

Aluno com elevado Q.I.: John é um estudante universitário que fez pose para a fotografia quando estava fazendo seu trabalho de casa. É um dia comum, com a quantidade usual de trabalho para fazer. John fez uma pequena pausa em seus estudos para posar para a fotografia, mas imediatamente depois recomeçará o trabalho. Já trabalhou durante uma hora e precisa trabalhar durante outro período igual. Depois de terminar lerá um livro e depois irá dormir. O trabalho que está fazendo não é muito difícil, mas precisa ser feito.

Aluno muito criativo: O nome desse rapaz é Kack Evans e é quartanista na escola; consegue notas B e C, detesta o futebol americano, não se revolta contra as coisas convencionais, tem uma namorada, chamada Lois, que é típica entre as moças fingidas das irmandades de estudantes. Está estudando, quando entra no quarto alguém de que gosta. Tem uma vida tola, pois tudo nele é médio. Os seus pais estão felizes porque têm um filho cem por cento norte-americano. Na verdade, é um horrível tipo médio. Irá para a universidade, casará com uma moça, tomará conta dos negócios do pai e, afinal de contas, nada terá feito.

Este tema do "antinorte-americano típico" é também coerente com a rejeição do "triunfo" pelo indivíduo criativo, e já mencionada anteriormente.

Pergunta 8: Quais as aspirações profissionais dos dois grupos?

Apenas iniciamos a análise dos dados nesta área. No entanto, pelo menos isto está claro: os dois grupos realmente têm aspirações e escolhas profissionais diferentes. Os dados a respeito são apresentados na Tabela 4.

Tabela 4 QUANTIDADE E QUALIDADE DE PROFISSÕES MENCIONADAS PELOS GRUPOS EXPERIMENTAIS EM TESTES DE COMPLETAÇÃO DE SENTENÇAS DIRETAS E INDIRETAS*

Teste	*Grupo*	*Número de profissões mencionadas*			*Profissões extraordinárias*	
		Total	χ	*s*	*Número mencionado*	*Número de sujeitos que mencionam*
Direto	Q.I. (N=28)	51	1,28[1]	1,09	6	5[2]
	Criativo (N=26)	68	2,61[1]	1,41	24	16[2]
Indireto	Q.I. (N=28)	100	3,57[2]	1,81	12	10[1]
	Criativo (N= 26)	130	5,00[2]	1,80	29	17[1]

* *t* foi usado para verificar diferenças entre médias na quarta coluna; o χ^2 foi usado para verificar diferenças entre frequências na sétima coluna.

[1] Significante ao nível de 0,10.

[2] Significante ao nível de 0,01.

Quando os dois grupos precisaram indicar, em questionários com completação de sentença, os tipos de profissões que gostariam de ter, os muitos criativos mencionaram uma variedade significativamente maior de profissões do que os alunos com elevado Q.I. Quando os tipos de profissões são divididos em categorias de profissões convencionais e não convencionais — por exemplo, médico, engenheiro e negociante foram classificadas como convencionais; inventor, artista, astronauta e *disc jockey* foram classificadas como profissões pouco convencionais — 18% dos alunos com elevado Q.I. apresentaram aspirações não convencionais de carreira; 62% dos muito criativos apresentaram tais aspirações.

Discussão

É possível sugerir várias conceituações para explicar os dados aqui apresentados. No entanto, no contexto desta conferência, sugerimos que os fatores de pensamento convergente e divergente, indicados por Guilford, são muito significativos. Ao discutir a criação de testes para avaliar tais fatores, diz Guilford (1957):

> Nos testes de pensamento convergente quase sempre existe uma conclusão que é considerada como única, e o pensamento deve ser canalizado ou controlado na direção dessa resposta. [...] No pensamento divergente, ao contrário, existe muita busca ou caminhada em várias direções. Isso pode ser visto mais facilmente quando não existe uma conclusão única. O pensamento divergente [...] [é] caracterizado [...] como menos limitado por um objetivo. Existe liberdade para caminhar em diferentes direções. [...] A rejeição da solução antiga e a busca de alguma orientação nova são necessárias, e o organismo bem dotado terá mais probabilidade de triunfo.

Parece-nos que a essência da realização de nossos adolescentes criativos está em sua capacidade para apresentar formas novas, para arriscar-se na reunião de elementos que usualmente são considerados independentes e diferentes, para "caminhar em novas direções". O adolescente criativo parecia possuir a capacidade para libertar-se do comum, para "divergir" do usual. Parecia gostar do risco e da incerteza do desconhecido. Ao contrário, o adolescente com elevado Q.I. parecia ter, em alto grau, a capacidade para focalizar o usual e a necessidade de fazê-lo, para ser "canalizado e controlado" na direção da resposta correta — a usual. Parecia afastar-se do risco e da incerteza do desconhecido e procurar a segurança do conhecido.

Além disso, e mais importante ainda, tais diferenças não parecem limitar-se ao funcionamento cognitivo desses dois grupos. Os dados relativos a comportamento intelectualmente orientado e a comportamento com orientação social são semelhantes, e os resultados relativos às oito perguntas podem ser colocados no mesmo esquema conceitual. Os alunos com elevado Q.I. tendem a convergir para sentidos convencionais, a perceber o triunfo pessoal por meio de padrões convencionais, a procurar os modelos apresentados pelos professores, a procurar carreiras que se conformem ao que é esperado deles. Os muitos criativos tendem a divergir de sentidos estereotipados, a apresentar fantasias originais, a perceber o triunfo pessoal por meio de padrões não convencionais, a procurar carreiras que não se conformam ao que deles se espera.

Considerando as consequências sociais desta pesquisa e, mais ainda, as numerosas pesquisas referentes a criatividade, parece haver pouca dúvida quanto à melhor recepção, em nossas instituições sociais, a uma dessas orientações. Guilford (1957), que percebeu muito claramente essa preferência social, escreveu o seguinte:

> [A educação] acentuou capacidades nas áreas de pensamento e avaliação convergentes, muitas vezes à custa do desenvolvimento

> na área do pensamento divergente. Tentamos ensinar aos alunos como podem chegar às respostas "corretas", as que nossa civilização ensinou que são corretas. Isso é pensamento convergente. [...] Fora do domínio das artes, geralmente desencorajamos, não intencionalmente mas de maneira eficiente, o desenvolvimento de capacidade de pensamento divergente.

Pensamos que é lamentável que, em todos os seus níveis, a educação norte-americana não tenha conseguido distinguir os talentos convergentes dos divergentes — ou, pior ainda, que tentemos transformar nossos estudantes divergentes em estudantes convergentes. A fantasia divergente é muitas vezes denominada "rebelde", e não *embrionária*; a escolha de carreira não convencional é muitas vezes denominada *irrealista* e não *corajosa*. Deve-se esperar que os trabalhos atuais sobre cognição ajudem a modificar algumas das atitudes estereotipadas a respeito do pensamento de crianças.

Referências bibliográficas

GUILFORD, J. P. A revised structure of intellect. *Rep. Psychol Lab.*, n.19. Los Angeles: Univ. of Southern California, 1957.

Parte 4
O desenvolvimento emocional da criança

Introdução

De um ponto de vista rigorosamente experimental, a psicologia das emoções é muito limitada. A razão para isso é bem clara. No laboratório de psicologia, podemos propor um problema intelectual semelhante àqueles que a pessoa encontrará na vida diária. Portanto, quando analisamos o processo de solução de problemas em laboratório, podemos estar certos de estudar o mesmo processo que ocorre nas situações comuns de vida.

O tratamento experimental da emoção não pode ser feito da mesma forma. Podemos provocar emoções, mas estas não têm a mesma intensidade que observamos nas emoções reais. Como provocar um sofrimento experimental? Ou como provocar uma alegria intensa numa pessoa que se apresenta para um experimento? Em muitos casos, haveria objeções morais à utilização de estímulos excessivamente intensos para o estudo de emoções reais. Como estudar, em laboratório, as intensas ligações emocionais que existem entre namorados, entre pais e filhos, ou entre irmãos? Em todos esses casos, a emoção decorre de um longo processo de "amadurecimento" e não depende de uma estimulação momentânea como a que provoca fenômenos de percepção, pensamento, memória e assim por diante.

No entanto, isso não significa que as emoções sejam pouco importantes, ou que possamos entender o comportamento humano se não levarmos em conta o seu aspecto emocional ou afetivo. Mas disso resulta que o estudo da emoção depende, talvez na maioria dos casos, não de experimentação rigorosa, mas de observação controlada. De outro lado, é possível utilizar, embora não se saiba ainda como fazê-lo de maneira sistemática e rigorosa, o imenso conjunto de conhecimento da vida emocional que nos é dado pela literatura, pelo teatro, pelo cinema.

Os artigos aqui reproduzidos testemunham essa forma que se poderia denominar indireta de estudar a vida emocional da criança. O artigo de Anderson apresenta um resumo do que se sabe a respeito do desenvolvimento emocional das crianças, sumariando as características das várias fases e indicando as principais diferenças entre as emoções infantis e as adultas.

O artigo de Roger G. Barker discute um problema muito importante na vida da criança: a aprovação e a reprovação na escola. Por meio de alguns conceitos derivados da teoria de Kurt Lewin, Barker procura analisar o que ocorre com a criança quando é obrigada a enfrentar uma situação em que seja constantemente reprovada.

O problema é fundamental e merece um pequeno comentário. A ideia de que a reprovação é, em si mesma, uma coisa má, parece hoje aceita por muitos educadores. Realmente, se a criança é obrigada a frequentar a escola, parece ter pouco sentido dizer-lhe constantemente que, embora deva comparecer diariamente à escola, não tem qualquer habilidade para as exigências feitas, nem pode acompanhar outras crianças. No entanto, se é fácil reconhecer o erro dessa situação extrema — e, note-se, uma situação bem moderna, pois não existia quando a escola era dispensável na formação da criança ou do adolescente — é muito difícil encontrar uma solução. Será justo aprovar todas as crianças, como se as exigências de escola fossem desprezíveis, e não tivesse importância o fato de atender ou não a elas? Haverá recursos para atrair todas as crianças para as atividades escolares, de forma que todas sejam capazes de realizar aproximadamente as mesmas tarefas? Ou devemos dar tarefas tão fáceis que todas tenham possibilidade de conseguir aprovação?

Muitos sistemas atuais pretendem encontrar uma solução por meio de alguns dos caminhos acima sugeridos, mas nenhum deles é inteiramente satisfatório. Roger G. Barker chama a atenção para um dos problemas existentes, e sugere uma atitude positiva: valorizar aquilo que cada criança é capaz de apresentar na vida escolar, em vez de chamar a atenção para as suas deficiências. Não pretende dizer que uma escola boa seria aquela que desse a todos o mesmo valor, ou valorizasse da mesma forma atividades ou esforços muito diferentes.

No último artigo desta parte do livro, discuto alguns aspectos da literatura infantil, focalizando principalmente os livros de leitura da escola primária. Apesar de todos os novos processos de comunicação — notadamente a televisão —, o problema continua importante. Em parte, os mesmos problemas que propomos no caso da leitura podem ser propostos para a televisão; de outro lado, a leitura continua e provavelmente continuará a ser uma atividade de nível diferente do encontrado em programas de televisão ou cinema.

O artigo não resolve um problema fundamental e que constantemente reaparece nas discussões a respeito de literatura infantil: será que esta literatura pode prejudicar a criança? Será que podemos falar em literatura que predisponha a criança a comportamentos condenáveis? Será que existe uma passagem direta daquilo que a criança lê ou vê para aquilo que irá praticar algum tempo depois?

As respostas experimentais ao problema são contraditórias; não sabemos se o fato de ler uma história de violência aumenta ou diminui a agressividade da criança. Isso não nos deve desanimar na tentativa de encontrar uma resposta, mas sugere que talvez aí atuem outras variáveis que ainda não conseguimos identificar.

13
Desenvolvimento das respostas emocionais*

John E. Anderson

A literatura psicológica sobre comportamento emocional é muito grande. Durante as duas últimas décadas mudou-se a acentuação, de uma análise das categorias tradicionais de cólera, medo e amor, para uma análise por meio de frustração e agressão, aproximações e afastamentos, ajustamento e desajustamento. Deixando de ser vista como resposta isolada a determinado estímulo, a emoção é agora considerada indicador de que o ajustamento progride, e, em si mesma, como parte desse ajustamento. Longe de ser vista como um processo um pouco separado e distinto, é agora considerada processo básico, até certo ponto presente em toda reação do ser humano a seu

* John E. Anderson, "Changes in emotional responses with age", In: Martin L. Raymert (org.), *Feelings and Emotions*. Nova York: McGraw-Hill, 1950, p.418-28. Tradução de Dante Moreira Leite. Reproduzido com permissão dos editores.

ambiente. Os processos emocionais estão intimamente ligados aos de aprendizagem e solução de problemas; na realidade, esses processos podem ser tratados como aspectos diferentes do mesmo processo básico de ajustamento (Anderson, 1936). A emoção se liga ao mecanismo de elevação do nível de gasto de energia e de mobilização, para a ação, dos recursos do organismo (Cannon, 1929; Duffy, 1941). Apesar das novas concepções, é necessário usar até certo ponto a classificação tradicional, pois grande parte da literatura sobre relações de idade foi obtida com esse esquema.

A diferenciação de emoção

Hoje parece bem verificado o princípio de que o número de emoções aumenta com a idade e que o aumento ocorre, principalmente, na idade pré-escolar. Já não pensamos que a pessoa inicie a vida com um grande repertório de emoções; hoje está claro que existe um considerável processo de desenvolvimento. Bridges (1931), que analisou minuciosamente esse processo de desenvolvimento, verificou que a criança passa de uma vida emocional relativamente limitada, durante a fase de bebê, para uma vida emocional complexa, quando tem por volta de 5 anos de idade. Mas sempre a pessoa conserva as formas anteriores e mais primitivas de resposta emocional. Na realidade, não se compreende integralmente esse processo de diferenciação. Inclui tanto um aumento considerável no número de objetos que provocam determinada emoção quanto um aumento na variedade de expressões pelas quais se manifesta a emoção.

Embora o aumento da riqueza da vida emocional possa ser, fundamentalmente, um resultado desses dois fatores, duas outras possibilidades merecem ser consideradas. Em primeiro lugar, a pessoa pode tornar-se mais hábil na percepção de relações no campo sensorial e, por isso, passa a adaptar-se a gradações mais sutis de experiência. Em segundo lugar, assim como a pessoa passa a perceber os objetos em toda a riqueza e minúcia, pode também perceber a si mesma com sua riqueza e suas minúcias. Nesses dois processos torna-se mais consciente do que ocorre dentro dela e à sua volta.

O problema torna-se um pouco mais complexo por causa da natureza das observações realizadas. No estudo de Bridges, os observadores descreviam as emoções de bebês e crianças pequenas, em diferentes situações, por meio do emprego de escalas de categorias. Quando as várias observações sobre diferentes aspectos da emotividade eram combinadas numa escala única de emotividade geral, com a idade ocorria um aumento nos resultados. Talvez tais resultados mostrem apenas que o comportamento de crianças maiores precisa da mais ampla variedade de categorias para que possa ser classificado, e não que exista mais emotividade. No entanto, muitos observadores acham difícil descrever, a não ser em poucas categorias, outros comportamentos — por exemplo, comportamento social — em crianças pequenas, enquanto com crianças maiores parece não haver categorias suficientes para descrever o que ocorre. A respeito, é pertinente a demonstração, feita por Sherman (1927), de que o comportamento emocional do bebê é em grande parte interpretado em função do conhecimento da situação e, portanto, em função de projeções do adulto, pois indica as possibilidades de deformação na determinação de categorias e classificação, e talvez indique que a vida emocional do bebê é muito menos rica do que se supõe. Em seu estudo sobre o comportamento emocional em crianças de 6 a 12 anos, Jersild, Markey e Jersild (1933) encontraram um desenvolvimento progressivo em que existe mudança do que denominam elementar e episódico para o complexo e compreensivo, uma mudança que é paralela ao aumento de compreensão. Isso pode ser interpretado como estruturação e progressiva organização da vida emocional.

Mudanças no número de objetos que provocam emoção

Watson (1919/1924; Watson e Raynor, 1921) apresentou uma dupla contribuição ao estudo da vida emocional; em primeiro lugar, por acentuar a importância do estudo de bebês e crianças pequenas; em segundo lugar, por demonstrar o fato de que o número de estímulos que provocam emoções no bebê é muito limitado e aumenta por um processo de condicionamento ou processo análogo a este. Existem poucos, e não muitos temores herdados. No caso da cólera, as restrições sociais e psicológicas substituem as restrições físicas que inicialmente despertam a resposta; no caso do amor, o processo de desenvolvimento apresenta um número cada vez maior de ligações. O desenvolvimentos dos estímulos que provocam emoção pode ocorrer a partir de experiências únicas e intensas ou a partir de estimulação repetida. O antigo provérbio segundo o qual não aprendemos a ter medo, mas aprendemos do que devemos ter medo, exprime muito bem as relações reais. Com o tempo e a experiência, os objetos que despertam determinadas emoções são sujeitos a muita modificação e muita mudança.

Jersild e Holmes (1935) estudaram o desenvolvimento, nos primeiros anos de vida, de temores diante de grande variedade de objetos e experiências. Para que se obtenha um quadro compreensivo de todo o desenvolvimento, há necessidade de estudos semelhantes. Esses estudos não apenas mostram mudanças ascendentes e descendentes na resposta a muitos estímulos diferentes, mas também indicam que, à medida que cresce, a criança se torna mais móvel e tem contato com um campo mais amplo.

Na terminologia moderna, talvez fosse melhor pensar nas três emoções primárias por meio de seus componentes de ação ou seus resultados, isto é, considerar o medo como afastamento, a cólera como agressividade na situação, o amor como obtenção de segurança. Nesse tipo de análise, a orientação das emoções com relação a seus objetos torna-se importante. Reduções e aumentos parecem inevitáveis. Num ambiente com muitos objetos, a resposta emocional tornar-se-ia muito diferenciada; num ambiente com poucos objetos, isso poderia não ocorrer.

Mudanças de desenvolvimento ou relações de fase

No pensamento contemporâneo, a emoção é considerada uma resposta do organismo total a uma situação. No sistema de resposta do organismo existem componentes somáticos, isto é, automáticos e glandulares, bem como componentes psíquicos. Os experimentos com animais, sobretudo a respeito de transplante de gonadias, demonstram que pela remoção ou adição de componentes glandulares adequados é possível mudar radicalmente a orientação emocional do organismo a outros membros da espécie e a objetos do ambiente.

Resultados um pouco semelhantes são obtidos sob condições de grande deficiência alimentar. Por exemplo, uma criança com grave deficiência às vezes se torna um objeto dependente que mal consegue ficar distante do olhar de sua mãe. Poucos meses depois, corrigida a deficiência alimentar, torna-se muito mais independente.

Em si mesmo, o desenvolvimento é um processo de mudança interna e mudança somática em que os elementos glandulares e automáticos desempenham um papel marcante. Mesmo o crescimento é controlado por tais elementos. Uma mudança significativa em toda a orientação do organismo com relação ao ambiente ocorre na puberdade quando, por causa de mudanças psicológicas acumuladas, a criança entra na adolescência e se torna sexualmente madura. Sob muitos aspectos, o comportamento da criança antes da puberdade cai numa categoria emocional, enquanto, depois da puberdade, cai em outra. A literatura revela muitos exemplos dessas mudanças. Nos estudos de reações emocionais de crianças a fitas de cinema (Dysinger; Ruckmick, 1933), crianças pequenas reagiam extensa e violentamente a situações excitantes e de perigo. À medida que se aproximavam da puberdade, tornavam-se mais "complexas" e menos sensíveis. De outro lado, antes da puberdade as crianças eram relativamente insensíveis a cenas de amor; o máximo de reação era observado por volta de 16 anos ou pouco depois. Num estudo sobre rádio (Eisenberg, 1936), as crianças de 10 ou 11 anos quase se "afundavam" no rádio em sua excitação e tensão diante de cenas dramáticas, enquanto os adolescentes consideravam essa absorção intensa como coisa de crianças, e tinham atitudes muito mais refinadas. De forma semelhante, os estudos sobre ligações de crianças em grupos e suas amizades permitem supor uma mudança marcante na orientação emocional por ocasião da puberdade. Antes desta, as associações espontâneas em ambiente livre, em que há crianças dos dois sexos, parecem ocorrer principalmente com crianças do mesmo sexo, enquanto, depois da puberdade, aumenta o número de ligações heterossexuais. O menino de 10 ou 11 anos tem pouco interesse pelas meninas, e não gosta de brincar com elas, enquanto o adolescente mostra interesse muito maior. No entanto, não é apenas na associação que encontramos mudança. Por exemplo, há uma transformação nas atitudes com relação a roupas e limpeza. O menino de 11 anos penteia o cabelo sob protesto; o rapaz de 15 enche o armário do banheiro com vários óleos para cabelo. Além disso, há mudanças nos interesses de leitura, música e dança (National Society, 1944). É muito possível que os estudos quanto ao efeito de mudanças de puberdade em determinadas emoções mostrem que, para a criança antes da puberdade, os efeitos de frustração contínua sejam muito menos marcantes do que no jovem depois da puberdade, isto é, talvez haja diferenças na assimilação da frustração no sistema total. O que não sabemos é se o adulto de 20 anos de idade é mais semelhante, em sensibilidade, à criança de 4 anos do que ao jovem de 14 anos, isto é, podemos perguntar se, depois das mudanças ligadas à adolescência, a vida emocional converge novamente para a expectativa em função de organização e padrão anteriores.

Embora nenhum outro fenômeno no desenvolvimento depois do nascimento seja comparável à puberdade quanto à extensão da reorientação que ocorre, existe uma possibilidade de outro tipo de relação de fase, talvez resultante da relação entre a criança e a situação. A criança pequena pode ser negativista, não porque seja mais facilmente frustrada, mas porque tem habilidade limitada para linguagem e manipulação para enfrentar as situações que aparecem. O resultado disso seria uma relação de desenvolvimento sem participação fisiológica que surgiria porque as exigências do ambiente ultrapassam o nível de desenvolvimento da criança. O primeiro tipo de relação de fase pode ser denominado de *maturação*, pois surge quase que universalmente como um resultado do próprio crescimento; o segundo pode ser denominado *situacional*, pois decorre de uma série de situações que acompanham o desenvolvimento — a complexidade do ambiente em certos estádios supera o desenvolvimento da criança. Por exemplo, o ciúme, que parece resultar em grande parte de uma distribuição inadequada de afeição, não é uma resposta característica, a não ser quando provocada por uma situação.

Outro tipo de relação de fase, muito discutida na literatura freudiana, refere-se ao progresso por meio de uma série de estádios — do amor por si mesmo, passando por um estádio homossexual, até chegar a um estádio heterossexual — com provas de que, em qualquer momento, o indivíduo pode ser desviado dessa sequência por educação inadequada ou experiências infelizes.

Outra relação muito menos compreendida surge no desenvolvimento da criatividade, em que os estádios parecem relacionados a experiência e maturação — tal como ocorre no desenho de crianças. Nestes fenômenos, se não o fez por meio da maturação, a pessoa mais velha parece precisar passar pelo processo de desenvolvimento pela experiência. É muito possível que uma relação semelhante ocorra com algumas fases do desenvolvimento emocional.

O peso relativo de várias emoções

Existem poucos dados sobre o peso relativo de várias emoções e a maneira pela qual se ajustam no padrão geral da personalidade. Grande parte da pesquisa se interessa pelas emoções específicas, sem fazer referência às outras ou às suas inter-relações mútuas. O fato, já mencionado, de que, em fitas de cinema, as crianças se interessam mais por situações emocionantes, enquanto os adolescentes se interessam mais por situações de amor, indicaria que em certo nível de idade um tipo de sensibilidade emocional pode predominar, enquanto em outro nível predomina outro tipo. Certamente existem muitas provas de que o indivíduo supera suas respostas iniciais de medo e cólera e de que, à medida que adquire mais experiência e habilidade, muitas das situações que antes provocavam resposta emocional passam a ser enfrentadas de maneira mecânica ou rotineira. Se fosse possível obter uma série de cortes transversais da vida emocional do indivíduo, em diferentes níveis de idade, e se as emoções pudessem ser separadas do objetivo ou dos aspectos de controle do comportamento em cada nível de idade, seria possível obter uma resposta a essa pergunta. O problema espera experimentação futura.

No entanto, não há dúvida de que, à medida que a pessoa desenvolve a capacidade para trabalhar em busca de objetivos distantes, novas considerações influem nas respostas emocionais. Domina uma coisa e acentua outra, em função de sua relação com o futuro. Isso pode mudar o peso dos vários fatores.

Uma mudança ainda maior pode ocorrer em consequência de determinada experiência que cria tensão intensa e duradoura. Por exemplo, uma pessoa excitada por desajustamento pode manifestar emotividade sob muitas formas, e em muitas situações diferentes, enquanto uma pessoa mais segura pode mostrar emoção apenas em poucas situações e apenas naquelas em que a emoção é adequada. Não se compreendem bem, sobretudo quanto a relações de idade, as formas pelas quais uma emoção pode passar de uma área para outra, nem o efeito de disfarce ou deformação de emoção intensa com relação a outras emoções.

Mudanças com cultura e pressão social

Praticamente não se discute o fato de que as expressões emocionais estão sujeitas a pressões sociais muito intensas. Desde a mais tenra idade a pessoa está colocada num ambiente em que algumas respostas são recebidas com aprovação e outras com reprovação. Não apenas existem variações em pressões sociais de família para família, mas também variações de cultura para cultura. O efeito do padrão de família sobre a sensibilidade emocional é muito grande, pois a família atua como intérprete das pressões culturais mais gerais que cercam a pessoa.

Não é nosso objetivo discutir minuciosamente tais pressões. No entanto, estamos interessados pela relação entre fenômenos culturais e padrão de idade de manifestação emocional. Teoricamente, é possível que as manifestações reais de emoção possam ser inteiramente deformadas pela atuação do fator cultural ou de pressão. Se alguns membros de um grupo, algumas classes de pessoas ou alguns níveis de idade estão sujeitos a grande pressão cultural, as manifestações de emoção, típicas desse grupo, podem desaparecer, e o grupo pode ser considerado menos emotivo ou menos sensível, ou mais emotivo ou mais sensível do que é realmente, ou do que outros grupos, classes ou níveis de idade não sujeitos a tais pressões.

Status Social. Goodenough (1929) mostrou que os resultados do estudo de Levy e Tulchin (1923), em que as meninas pareciam mais negativistas do que os meninos, não valiam para a população global; na realidade, quando se considerava uma boa amostra socioeconômica da população global, os meninos mostravam mais negativismo. Levy e Tulchin retiraram sua amostra de um grupo de baixo nível. No estudo da Conferência da Casa Branca (Anderson, 1942), não se encontrou muita diferença entre grupos sociais quanto à emotividade, mas consideráveis diferenças nos controles exercidos sobre crianças quando manifestavam emoção.

Davis, Havighurst e seus colegas (1940; 1947) mostraram que o padrão dominante nos Estados Unidos é o de conformismo e docilidade da classe média. As crianças são levadas a conformar-se e a serem bons cidadãos. No entanto, os meninos de classe baixa são estimulados a brigar e a lutar por seus direitos. Nos grupos mais elevados, os meninos têm mais liberdade para expressão emocional e são protegidos, pelo *status* de classe, das consequências de seus atos. Por isso, as crianças colocadas nos extremos parecem menos sensíveis a controles sociais comuns, enquanto crianças da classe média são mais sensíveis a eles. No estudo de Kinsey (et al., 1948), verificou-se a existência de uma relação semelhante no caso do sexo. Os conceitos de classe média procuram controlar a atividade heterossexual e exercer menos controle de atividade homossexual, enquanto as classes alta e baixa têm maior preocupação com controle de atividade homossexual e menos preocupação com atividade heterossexual. Portanto, o quadro do desenvolvimento de crianças de nossa sociedade apresenta controles diferentes de emoção, ligados ao *status* social.

Mudanças temporais nas pressões

Existem também mudanças graduais e a longo prazo no quadro geral, e que influem na resposta emocional. O melodrama que prendia a audiência nas duas últimas décadas do século XIX hoje diverte e é usado como comédia. Os filmes de Valentino, considerados seriamente por grandes audiências da década de 1920-1930, hoje provocam riso. No estudo de Pressey (1946), sobre populações de ginásios em 1923, 1933 e 1943, verificaram-se mudanças marcantes nas atitudes e respostas das crianças a vários tipos de comportamento pessoal e social. Tais mudanças indicavam maior sutileza. O fato de tais mudanças não influírem em todas as apresentações dramáticas pode ser visto no caráter atemporal de algumas peças de teatro — por exemplo, as de Shakespeare — que parecem representar conflitos fundamentais que ocorrem repetidamente e que podem ser reinterpretados sucessivamente por novas gerações.

Não sabemos até que ponto o padrão global de pressões sociais e culturais muda a sensibilidade básica ou a sensibilidade natural subjacente. Por exemplo, existe dúvida de que possa aumentar, além de certo ponto, a sensibilidade. Mas está claro que esse padrão pode reduzir a sensibilidade e impedir muitas manifestações que comumente são consideradas uma parte adequada da resposta.

Diferenças entre os sexos. Talvez no caso das diferenças entre os sexos se encontrem os melhores exemplos da dificuldade para interpretar as diferentes pressões. Grande parte da literatura de pesquisa a respeito de crianças menores mostra uma tendência para maior sensibilidade emocional em meninos do que em meninas, sobretudo na direção de respostas mais agressivas, negativistas, de "imposição" ou de cólera (Terman et al., 1946). Os meninos parecem ter também maior número de brigas e apresentar mais dificuldade de controle na escola. Os pais dizem que é mais difícil controlar e "disciplinar" os meninos. As dificuldades de comportamento são mais frequentes nos meninos do que nas meninas. Por exemplo, Foster e Anderson (1930) verificaram, não apenas que os problemas de comportamento eram mais frequentes em meninos pequenos do que em meninas, mas que o menino com dificuldades de comportamento tinha maior número de tais problemas do que a menina na mesma situação. Um resultado semelhante foi obtido por Anderson (1931), para o caso de crianças maiores. No entanto, existem algumas exceções. O medo parece mais comum em meninas do que em meninos, embora a literatura de forma alguma seja decisiva, e usualmente se encontra mais ciúme nas meninas do que nos meninos. Será que tais diferenças na emotividade devem ser interpretadas por meio de constituição básica ou do tipo de controle e coerções do grupo? Existem várias possibilidades diferentes. É possível que os meninos sejam inicialmente mais emotivos, mas submetidos a coerções mais fortes, e assim o padrão pode depois ser invertido. As meninas podem ser menos emotivas quando menores e mais emotivas quando ficam maiores, pois as mudanças glandulares e fisiológicas que aparecem com a puberdade podem aumentar e emotividade das meninas. Não é possível dar uma resposta exata a esse problema. Há necessidade de muitas pesquisas a respeito do problema de idade e emotividade com relação a necessidades sexuais, sobretudo com grandes amostras, e amostras escolhidas de maneira semelhante na população.

A ideia popular e tradicional é que a mulher é mais emotiva do que o homem. Esta diferença pode ser interpretada em função de papéis sociais e expectativas de grupo. Em nossa sociedade, espera-se que o menino reprima suas manifestações de emoção, enquanto a menina deve manifestar emoção sob condições adequadas. O menino de 7 anos pode ser chamado “menininha” se chorar; a menina pode chorar à vontade. Em períodos anteriores de nossa sociedade, a diferenciação em função de sexo era ainda mais marcante. No século passado a mulher desmaiava ou ficava histérica diante da menor dificuldade, enquanto o homem forte enfrentava sucessivas situações sem dificuldade. Embora na vida contemporânea as mulheres já não desmaiem diante da menor provocação, nem se tornem histéricas e nem fiquem excitadas diante de acontecimentos secundários ou insignificantes, a sociedade continua a definir de formas diferentes o papel emocional dos dois sexos e a apresentar expectativas diferentes quanto ao comportamento. Embora seja difícil verificar quando é que tais pressões começam a atuar na pessoa, está claro que existem e passam para o comportamento emocional.

A maturidade e a maior sutileza do adulto

Existem provas de que, com a idade, ocorre progressiva mudança na emotividade (Dysinger; Ruckmick, 1933). Quando a pessoa chega à maturidade torna-se menos sugestionável, menos sensível e mais crítica, à medida que consegue controlar suas emoções. Assim, existe um nítido declínio na sugestibilidade (Reymert; Kohn, 1940). A queda de um nível de idade para outro é muito uniforme e indica um processo gradual e não repentino. O fenômeno tem sido descrito de várias formas, como crescimento, "desconto" do adulto, maturidade, sutileza.

Sem dúvida, para isso contribuem vários fatores. Um deles é claramente o fato de que a emoção surge com novas experiências que, quando repetidas, tendem a perder a qualidade de novidade e emotividade. A criança que sente medo pode descobrir que, quando conhece aquilo de que tem medo, e quando adquire habilidade para reagir, o medo desaparece (Holmes, 1936). Também o fato de passar por uma situação em que não se efetivam os temores pode reduzir a possibilidade de que nessa e em outras situações apareça o medo. Os estudos sobre negativismo mostram um nítido declínio de 2 a 6 ou 8 anos, tal como ocorre com "ataques" de cólera (Goodenough, 1929). Nos estudos sobre fitas de cinema (Dysinger; Ruckmick, 1933), a eficiência de situação de excitação, que atinge o máximo por volta de 9 anos de idade, declina progressivamente a partir de então. As cenas de amor atingem o máximo de sensibilidade por volta de 16 anos, com progressivo declínio de sensibilidade a partir dessa idade. Aqui estão três fenômenos emotivos diferentes, cada um dos quais atinge um ponto máximo em determinada idade — um por volta de 2 anos, outro por volta de 9, outro por volta de 16 — mas cada um dos quais passa por um período de progressivo declínio.

Um segundo fator pode ser o número de experiências emocionais pelas quais passou o indivíduo. À medida que aumenta a estimulação possível, a pessoa pode conservar energia, mas reagir menos e conservar o mecanismo emocional para situações de real emergência. Em outras palavras, se o adulto reagisse tão intensamente a todas as situações a que é exposto, quanto o fazia, digamos, por volta de 2, 9 ou 16 anos de idade, seriam pequenas as possibilidades de reação eficiente ou até cômoda.

Em consequência da sutileza do adulto ou do fator de maturidade, para uma pessoa mais velha é difícil recordar a emotividade característica de nível anterior. Mesmo o adolescente considera "infantil" o interesse da criança pela excitação do programa de rádio. Recentemente, uma estação de rádio registrou conversas de crianças em várias situações, transmitindo-as depois. Para surpresa da estação, os pais e outras pessoas consideram as situações fingidas ou artificiais. Mas as crianças do mesmo nível de idade das crianças cujas conversas tinham sido registradas ficaram entusiasmadas com os programas, considerando-os reais e verdadeiros.

O uso crescente de técnicas projetivas (Sargent, 1945) dá certa indicação quanto à dificuldade para uma pessoa de certo nível de idade colocar-se no pensamento ou nas imagens de uma pessoa de outro nível. A expressão das emoções reflete não apenas a idade, o sexo e o *status* social, mas também os problemas específicos que o indivíduo enfrenta em sua vida. O adulto acha muito difícil voltar à adolescência; na realidade, considera o adolescente como estranho, e isso só não ocorre com um adulto muito compreensivo. Portanto, a emotividade passa por uma série progressiva de mudanças, na direção de menos reação. A literatura especializada atualmente disponível não permite decidir se tais mudanças progressivas resultam de modificações somáticas, isto é, de mudanças nos processos fisiológicos e autonômicos que acompanham o crescimento, ou se decorrem de educação e pressão social. Toda a área de mudanças de idade e de pressões sociais, isto é, o quadro de desenvolvimento do nascimento à maturidade, apresenta muitas áreas importantes para pesquisa.

Sumário e interpretação

Ao explicar a mudança do padrão de vida emocional que ocorre com a idade, é preciso considerar muitos fatores. A partir da literatura existente, tais fatores podem ser agrupados sob os seguintes princípios gerais.

1. *Com o crescimento e o desenvolvimento, a vida emocional da pessoa torna-se mais diferenciada.* Isso vale para os objetos que provocam emoção, bem como para a maneira de expressão das emoções.

2. *Com o crescimento e o desenvolvimento, as mudanças em processos no interior do organismo modificam a emotividade e nela influem.* Tais mudanças diferenciais no organismo são muito importantes na puberdade.

3. *Com o desenvolvimento, existem mudanças progressivas na sensibilização do organismo, e a principal influência de tais mudanças resulta em redução do efeito da maior parte das estimulações, mas pode aumentar o efeito de algumas delas.* De acordo com tal princípio, as situações e os estímulos perdem sua eficiência com a repetição. Em sua relação com o ambiente, o ser humano é um organismo seletivo que escolhe entre as várias possibilidades disponíveis e adapta-se às escolhidas. Ocorre uma progressiva organização de reações. Com bom ajustamento, os aspectos significativos

do ambiente são separados dos insignificantes; com mau ajustamento, a reação ao insignificante é mantida. Normalmente, o organismo reduz a emotividade na maioria das áreas a fim de conseguir eficiência e tornar-se uma pessoa mais madura, mais capaz de crítica e de avaliação.

4. *Com o crescimento e o desenvolvimento, o organismo consegue dominar situações e, na medida em que consegue habilidade para enfrentá-las, consegue controlar suas emoções.* O organismo mais velho tem uma grande variedade de métodos hábeis para enfrentar situações utilizáveis quando isso é exigido pela oportunidade. O organismo mais jovem não tem tais modos organizados de respostas e é menos eficiente, pois tem um repertório mais reduzido. Se há observações de um grande número de situações, os efeitos globais de canalização ou estruturação do organismo seriam um declínio de sensibilidade emocional. No entanto, se o organismo pudesse ser continuamente submetido a novas situações, isso permitiria uma pergunta experimental, para a qual não temos resposta. Em outras palavras, a pergunta é a seguinte: Será que os sistemas de reação perdem sua eficiência ou será que são ainda eficientes, embora não utilizados tão frequentemente?

5. *Com as pressões sociais e as exigências culturais, variam amplamente o padrão de emoção e a forma de sua manifestação.* Tais fatores culturais podem suprimir e inibir a expressão emocional, podem facilitar ou estimular a expressão emocional, e podem modificar ou mudar a relação entre os elementos que constituem o padrão emocional. Tais pressões e exigências podem atuar de forma diferente quanto a sexo e quanto a nível de idade. Até que tenhamos mais informações sobre a natureza de tais exigências, as idades em que começam a atuar, bem como a extensão e a natureza dos reforços usados, é difícil fazer uma análise sistemática da relação entre emoção e idade. Apesar disso, a pesquisa contemporânea está demonstrando claramente tanto os problemas básicos quanto os princípios fundamentais que levarão a uma compreensão da emotividade.

Referências bibliográficas

ACKERSON, L. *Children's behavior problems*. Chicago: University of Chicago Press, 1931.

ANDERSON, J. E. The relation of emotional behavior to learning. *The psychology of learning*, 41st Yearbook of the National Society for the Study of Education. Bloomington: Public. School, 1942, p.333-52.

ANDERSON, J. E. *The young child in the home*. Nova York: Appleton-Century-Crofts, 1936.

BRIDGES, K. M. B. *Social and emotional development of the preschool child*. Londres: Kegan Paul/Trench/Trubner, 1931.

CANNON, W. B. *Bodily changes in pain, hunger, fear and rage*. Nova York: Appleton-Century-Crofts, 1929.

DAVIS, A.; DOLLARD, J. *Children of bondage*. Washington: American Council of Education, 1940.

DUFFY, E. An explanation of (emotional) phenomena without the use of the concept (emotions). *Psychol.*, n.25, 1941, p.283-93.

DYSINGER, W. S.; RUCKMICK, C. A. *The emotional responses of Children to the motion-picture situation*. Nova York: Macmillan, 1933.

EISENBERG, A. L. *Children and radio programs*. Nova York: Columbia University Press, 1936.

FOSTER, J. C.; ANDERSON, J. E. *The young child and his parents*. Ed. Rev. Minneapolis: University of Minnesota Press, 1930.

GOODENOUGH, F. L. Anger in young children. *Instit. of Child Welfare Monogr.*, n.IX, Minneapolis: University of Minnesota Press, 1931.

GOODENOUGH, F. L. The emotional behavior of young children during mental test. *J. Juv. Res.*, n.13, 1929, p.204-19.

HAVIGHURST, R. J.; TABA, H. *Adolescent character and personality*. Nova York: Wiley, 1947.

HOLMES, B. An experimental investigation of a method of overcoming children's fears. *Child Developm.*, n.7, 1936, p.6-30.

JERSILD, A. T. Emotional Development. In: CARMICHAEL, L. (org.). *Manual of child psychology*. Nova York: Wiley, 1946. p.752-90.

JERSILD, A. T.; HOLMES, F. B. Children's fears. *Child Developm. Monogr.*, n.20, 1935.

JERSILD, A. T.; MARKEY, F. V.; JERSILD, C. L. Children's fears, dreams, wishes, daydreams, likes, dislikes, pleasant and unpleasant memories. *Child Developm. Monogr.*, n.12, 1933.

JONES, M. C.; BURKS, B. S. Personality development in childhood. *Child Developm. Monogr.*, n.4, 1936.

KINSEY, A. C.; POMEROY, W. B.; MARTIN, C. E. *Sexual behavior of the human male*. Philadelphia: Saunders, 1948.

LEVY, D. M.; TULCHIN, S. H. Resistance of infants and Children during mental tests. *Exp. Psychol.*, n.6, 1923, p.304-22.

MURPHY, G.; MURPHY, L. B.; NEWCOMB, T. M. *Experimental social psychology*. Ed. Rev. Nova York, 1937.

NATIONAL SOCIETY FOR THE STUDY OF EDUCATION. *Adolescence*, 43st Yearbook of the National Society for the Study of Education. Chicago: University of Chicago Press, 1944.

PRESSEY, S.L. Changes from 1923 to 1943 in the attitude of public school and university students. *Psychol.*, n.21, 1946, p.173-88.

REYMERT, M. L.; KOHN, H. A. An objective investigation of suggestibility. *Character & Pers.*, n.9, 1940, p.44-8.

SARGENT, H. Projective methods: their origins, theory and application in personality research. *Psychol. Bull.*, n.42, 1945, p.257-93.

SHERMAN, M. The differentiation of emotional responses in infants. I. Judgments of emotional responses from motion-pictures views and from actual observation. II. The ability of observers to judge the emotional characteristics of crying of infants and the voice of an adult. *Comp. Psychol.*, n.7, 1927, p.265-84, 335-51.

TERMAN, L. M. et al. Psychological sex differences. In: CARMICHAEL, L. (org.). *Manual of child psychology*. Nova York: Wiley, 1946. p.954-1000.

WATSON, J. B. *Psychology from the standpoint of a behaviorist*. Philadelphia: Lippincott, 1919/1924.

WATSON, J. B.; RAYNOR, B. Conditional emotional responses. *J. Exp. Psychol.*, n.3, 1921, p.1-14.

14
Triunfo e fracasso na sala de aula*

Roger G. Barker

Entre os numerosos papéis que o professor desempenha na sala de aula, o de avaliar triunfo e fracasso é, sem dúvida, o mais notável e o que mais preocupa os alunos, além de ser um dos mais decisivos para o ajustamento presente e futuro destes últimos. É também o papel em que muitos professores enfrentam os seus conflitos mais graves; o fato de reprovar ou não o aluno frequentemente provoca sentimentos de culpa e angústia. Evidentemente, uma compreensão das condições e dos efeitos de triunfo e fracasso teria muita importância para os professores.

Quando é que uma criança sente triunfo? Quando é que sente fracasso? De que maneira tais experiências influem no comportamento? Será que as escolas permitem que as crianças consigam um número suficiente de experiências importantes de

* Roger G. Barker. Success and Failure in the Classroom. *Progressive Education*, 19, 1942, p. 221-4. Tradução de Dante Moreira Leite. Reprodução autorizada pelos editores.

triunfo? Se isso não ocorre, o que é possível fazer para modificar a situação? Hoje existe um pequeno mas importante conjunto de conhecimentos experimentais a respeito desses problemas decisivos. Neste artigo, só é possível apresentar um segmento muito pequeno de tais dados.

Kurt Lewin, quando trabalhava na Universidade de Berlim, e seu discípulo Ferdinand Hoppe iniciaram, no fim da década de 1920-1930, um estudo experimental de tais problemas (Hoppe, 1930). Inicialmente, Hoppe enfrentou um problema fundamental: saber quando é que uma pessoa sente triunfo e quando é que sente fracasso. Apresentou, a adultos, tarefas motoras e intelectuais simples — por exemplo, colocar 16 argolas no maior número possível de ganchos, quando estes passavam numa correia que corria à sua frente, ou resolver quebra-cabeças. Em cada tentativa de solução, Hoppe observava secretamente os sujeitos; depois do fim de cada tentativa, entrevistava os sujeitos, a fim de conseguir descobrir as circunstâncias em que sentiam triunfo e fracasso. Um resultado ficou muito claro: as experiências de triunfo e fracasso não estavam relacionadas com as realizações efetivas do indivíduo. Uma pessoa podia sentir triunfo quando colocava quatro argolas nos ganchos; outra sentia fracasso quando colocava 15 argolas corretamente. Além disso, considerando-se determinadas pessoas, a realização sentida como triunfo (ou fracasso) mudava continuamente; em certo momento, uma única argola colocada corretamente poderia provocar uma experiência de triunfo, enquanto em outra ocasião poderia colocar seis argolas e sentir fracasso. Tais resultados levaram Hoppe a uma conclusão que, quando apresentada, parece óbvia, mas tão fundamental que tem numerosas consequências: a ocorrência de experiência de triunfo e fracasso independe da realização efetiva; ao contrário, é determinada pelos objetivos, pelas expectativas e aspirações da pessoa no momento da ação. Tais realizações esperadas foram denominadas nível de aspiração.

É evidente que o nível de aspiração é importante, pois dele depende a ocorrência de triunfo e fracasso. Por isso, Hoppe dirigiu seu estudo para os efeitos de experiências de triunfo e fracasso no nível de aspiração. Verificou que, depois do triunfo, o nível de aspiração usualmente é elevado (isto é, depois de um objetivo inferior ter sido alcançado, estabelece-se um objetivo novo e mais alto), e que, depois do fracasso, estabelece-se um objetivo novo e inferior ao primeiro. Em outras palavras, verificou que o nível de aspiração muda de tal forma que, qualquer que seja a realização efetiva da pessoa, a frequência de suas experiências de triunfo e fracasso permanece relativamente constante. Isto significa que o nível de aspiração atua como um fator muito importante de higiene mental. Constitui uma espécie de regulador; de um lado, protege a pessoa de fracasso contínuo e, de outro, protege-a de realização fácil que não dê o sentimento de triunfo. Este fato corresponde à observação frequente de que os sentimentos de triunfo acompanham o processo de realização, mas desaparecem depois da conquista do objetivo.

Às vezes, no entanto, esse mecanismo se desequilibra e deixa de realizar sua função protetora. Em alguns casos, as aspirações são conservadas constantemente acima da realização. Nesse caso, o indivíduo fica sujeito a fracasso contínuo, e isso tem consequências desastrosas para seu ajustamento e sua felicidade. Em outros casos, as aspirações são colocadas constantemente abaixo da realização, e isso tem como consequência falta de ambição, baixo moral, descrença e assim por diante. Nos dois casos podem aparecer dificuldades sociais e pessoais muito grandes. Por isso, é muito importante verificar por que, para essas pessoas, o nível de aspiração não exerce sua função protetora.

Hoppe sugeriu que o nível de aspiração é estabelecido como conciliação entre duas tendências conflitivas: a) o desejo de evitar o sofrimento decorrente do fracasso, o que leva a colocar o nível de aspiração em nível baixo, mas seguro; b) o desejo de realização no nível mais elevado possível, o que leva a colocar os objetivos acima do nível de realização. Pesquisas posteriores sugeriram que esta última tendência decorre de pressões sociais para que o indivíduo faça o que é mais valorizado pela sociedade, quaisquer que sejam as avaliações realistas de suas capacidades. Usualmente, este conflito entre medo do fracasso e desejo de manter objetivos socialmente aprovados tem como consequência um nível de aspiração que está no limite superior da amplitude de capacidade do indivíduo, ou próximo desse ponto.

Se esta interpretação estiver correta, deve-se esperar que um aumento na pressão social altere o nível de aspiração. Na verdade, é isso que ocorre. Pesquisas posteriores mostraram que, em média, os alunos que estão no extremo inferior da distribuição de realização da classe têm como aspiração um ponto que está acima do nível de suas possibilidades de realização (e, por isso, sentem fracasso), enquanto os que estão na extremidade superior da distribuição de aspiração estabelecem suas aspirações abaixo do seu nível de realização (e, por isso, sentem triunfo).

Embora, em sentido quantitativo, as diferenças entre aspiração e realização não sejam grandes, são psicologicamente muito importantes. No que se refere a triunfos e fracassos, não importa a extensão da derrota. Esta diferença na relação entre aspiração e realização parece significar que as pressões sociais da situação escolar podem fazer com que se desequilibre o mecanismo de proteção do nível de aspiração, o que submete as crianças a experiências excessivas de triunfo e fracasso.

Não é difícil compreender porque é que, em muitas escolas, surgem tais pressões. A aceitação num grupo íntimo — por exemplo, uma classe de escola — exige um elevado grau de conformismo a padrões de grupo, em todos os tipos de comportamento social. O primeiro passo para ser aceito é estabelecer objetivos que estejam de acordo com os padrões do grupo. Nas escolas em que a avaliação se faz, em grande parte, a partir de realização acadêmica, isso significa que os maus alunos são obrigados, pela pressão social da classe, a admitir que são vadios;

do ponto de vista da higiene mental, as duas alternativas são indesejáveis. Existe também pressão sobre os bons alunos, pois estes devem estabelecer objetivos de acordo com as realizações dos colegas, e não de acordo com suas realizações pessoais.

De outro lado, os adultos poucas vezes são submetidos a tais pressões por longos períodos de tempo, uma vez que até certo ponto conseguem esconder dos outros alguns símbolos decisivos de sua divergência com relação ao que é considerado bom ou desejável (por exemplo, idade, renda, antecedentes de família), e, além disso, podem afastar-se quando as pressões são muito intensas. De outro lado, na maioria das atividades de adultos não se tenta avaliar a realização com a precisão suposta em muitas escolas. Médicos, advogados, encanadores e padeiros podem apresentar variação em grande amplitude de eficiência, sem que um seja considerado o melhor de todos; apesar de diferenças, muitos são considerados satisfatórios. Isso dá uma segurança fundamental que é negada a alunos, frequente e publicamente avaliados, isto é, valorizados ou humilhados por uma autoridade cujas decisões não podem ser discutidas e num grupo do qual não podem fugir.

Os alunos de classe média são extraordinariamente sensíveis a tais pressões. Na realidade, estão sujeitos às exigências de uma única instituição dominante, pois a família apoia as exigências da escola. Isso significa que as pressões, os triunfos, os fracassos, as exigências e os castigos da escola têm uma importância decisiva para tais crianças. Ninguém que tenha influência discute a correção dos julgamentos da escola ou os seus valores. Se a escola faz com que todos os prêmios estejam centralizados em diversidade muito limitada de realizações — por exemplo, realizações acadêmicas —, a criança relativamente pouco inteligente ou pouco interessada por atividades acadêmicas precisa sentir fracasso contínuo. Será reprovada — ainda que seja delicada, tenha aparência agradável, tenha senso de humor, capacidade física, muita energia, habilidades mecânicas. Será reprovada na escola apesar de tais características de comportamento muito valorizadas por outras instituições, até que na adolescência se torne suficientemente independente para ligar-se a grupos que valorizem realizações não acadêmicas.

Comparadas à vida fora da escola, muitas escolas distribuem de maneira extremamente irrealista o triunfo e o fracasso. Por exemplo, os adultos são inevitavelmente influenciados por várias pressões, e são premiados de acordo com valores conflitivos de diferentes instituições e grupos sociais (família, profissão, "panelinhas", igreja, sindicato e assim por diante), e tais influências tendem a ter potência relativamente igual em suas vidas. Isso significa que, até certo ponto, o adulto pode equilibrar seus fracassos, numa região de sua vida, com os triunfos em outras. Os efeitos de fracassos profissionais podem ser reduzidos por triunfos nas relações de família ou de recreação, onde se valorizam realizações muito diferentes. Nas escolas que acentuam a realização acadêmica, esse tipo de equilíbrio é impossível para crianças de classe média.

Quais as consequências de triunfos e fracassos crônicos que muitas escolas impõem a grandes números de alunos? A partir de trabalho científico, não temos muita informação a respeito, mas o que conhecemos é muito sugestivo.

Sears (1940) estudou o nível de aspiração de um grupo de crianças de quinto ano primário que tinham tido longas histórias de reprovação escolar crônica em leitura e aritmética, e outro grupo com histórias igualmente coerentes de vitórias escolares em leitura e aritmética. A autora verificou que as crianças que tinham tido triunfos constantes estabeleciam suas aspirações em nível realista, isto é, num nível em que frequentemente conseguiam triunfos. As crianças com histórias de fracassos crônicos, ao contrário, estabeleciam suas aspirações sem considerar suas realizações. Entre as crianças deste último grupo, algumas aparentemente viviam apenas em função de suas aspirações, ignorando completamente o fato de que estas estavam inteiramente em desacordo com suas realizações. Nestes casos, o desejo de respeitabilidade pode ter obrigado as crianças a viver num mundo imaginário, em que a realização por meio do estabelecimento de objetivos elevados era aceita em lugar de realização efetiva. A gravidade desse comportamento é tão evidente que não precisa de acentuação especial. O doente mental internado, para quem um gesto é suficiente para provar que é Napoleão, avançou muito nesse mesmo caminho.

Os casos em que as crianças não conseguiam estabelecer objetivos, sequer no nível de sua fraca realização, podem incluir afastamento da atividade, que passa a ser aceita apenas em sentido muito periférico; podem ser casos de extrema cautela ou podem representar tentativas para depreciar a importância da atividade, recusando-se a considerá-la seriamente. Nenhum desses resultados do trabalho educativo é desejável.

O que é que as escolas podem fazer para impedir o desequilíbrio do mecanismo de proteção do nível de aspiração, com as consequências indesejáveis para as experiências de triunfo e fracasso dos alunos? As respostas estão implícitas na discussão aqui apresentada, mas podem ser resumidas da seguinte forma:

a) ampliar a base para a avaliação dos alunos;

b) reduzir a um mínimo a importância da posição relativa dos alunos;

c) dar a máxima liberdade para que os alunos estabeleçam seus objetivos e para que possam alterá-los, de acordo com o que é exigido por suas experiências de triunfo e fracasso, o que equivale a permitir o triunfo em todos os níveis de realização;

d) reduzir o domínio do professor.

Tais condições podem ser conseguidas de diferentes formas. No entanto, é interessante notar que dificilmente podem ser deixadas de lado se desejamos utilizar processos democráticos de ensino, se desejamos atender aos interesses da criança, se queremos valorizar as realizações do grupo como parte importante das atividades escolares.

Referências bibliográficas

HOPPE, F. Erfolg und Misserfolg. *Psychologische Forschung*, n.14, 1930, p.1-62.

SEARS, P. S. Levels of Aspiration in Academically Successful and Unsuccessful Children. *Journal of Abnormal and Social Psychology*, n.35, 1940, p.498-536.

15
Análise de conteúdo dos livros de leitura da escola primária*

Dante Moreira Leite

Esta pesquisa não procura delimitar, muito estritamente, um campo de análise. Sua intenção é discutir, de maneira ampla, embora não sistemática, vários aspectos dos livros de leitura. Isso parece necessário, pois psicólogos, sociólogos e muitos educadores, embora referindo-se a problemas do ensino e da escola, raramente chegam a verificar os processos efetivos pelos quais se faz a educação escolar. Além disso, muitos conhecimentos da psicologia contemporânea não foram incorporados pelos autores de livros didáticos, ou por muitos dos que analisam o processo educativo. De outro lado, são poucas as tentativas, feitas por psicólogos, para reinterpretar ou refazer a literatura infantil; os psicanalistas estão, neste terreno, quase inteiramente sozinhos, sendo suficiente lembrar, como exemplos, Erich Fromm (1951,

* Dante Moreira Leite, *O amor romântico e outros temas*, São Paulo, Conselho Estadual de Literatura, 1964, p.27-50.

p.140 e ss.); na bibliografia brasileira, as análises de Maria da Penha Pompeu de Toledo (1950, 1957).

Portanto, este estudo é tentativa, reconhecidamente imperfeita e imprecisa, de ligar alguns dados da psicologia contemporânea ao processo educativo utilizado nos livros de leitura.

A leitura como expressão

Ainda hoje, muitos educadores continuam a aceitar as noções de senso comum a respeito da significação e influência da literatura na formação da personalidade. Segundo o senso comum, as histórias devem ser censuradas a fim de não prejudicar o desenvolvimento da criança. Acredita-se, portanto, no valor educativo ou deseducativo da literatura infantil. Até onde é possível aceitar essa suposição? Aparentemente, essa ideia do senso comum é muito limitada, porque não leva em conta o caráter expressivo da literatura e não considera que esta, em qualquer de seus níveis, depende de situações de tensão, capazes não só de despertar e manter o interesse do leitor, mas também de dar uma nova interpretação de coisas e pessoas.

Analisemos, inicialmente, o caráter expressivo da literatura. É fácil verificar que a psicologia do senso comum, isto é, a psicologia não científica ou ingênua, não tem recursos para apreender tal aspecto da literatura, porque não se vale do conceito de inconsciente. Vale dizer, a psicologia ingênua utiliza, apenas, noções cognitivas, de nível consciente, e não tem critérios para entender a função da fantasia, seja na vida adulta, seja na vida infantil. A análise desse aspecto da psicologia ingênua, isto é, a sua conotação frequente ou exclusivamente cognitiva, pode ser encontrada em Heider (1958) e Ichheiser (1949), embora ambos os autores estivessem interessados, apenas, no problema das relações interpessoais. Assim, a psicologia ingênua considera a fantasia (no romance, no cinema, no teatro) como distração, isto é, fuga da realidade cotidiana; considera as várias formas de realismo como processos de compreensão da vida diária. No caso da fantasia, entretanto, não pode compreender o sentido da fuga, nem as suas várias consequências como solução de conflitos já existentes no indivíduo. Não pode compreender, também, a significação ou o efeito dos símbolos. Convém considerar um exemplo muito conhecido, a fim de situar o problema. A história do Patinho Feio, de Andersen, apresenta, sob vestes animais, situações humanas muito significativas. Como todos recordam, o Patinho Feio nasceu numa ninhada de patos. Todos o rejeitavam, e apenas sua mãe continuou a aceitá-lo, embora ela mesma chegasse a irritar-se com filho tão feio, e tão diferente dos outros. Desesperado com seu destino, o Patinho Feio foge e passa pelas maiores privações e incompreensões. Finalmente, acaba por encontrar-se num lago tranquilo, e por descobrir, vendo-se nas águas, que é igual a umas lindas aves que ali nadavam. O Patinho Feio era um cisne, e o mais formoso de todos. Ora, essa história que, neste resumo, perde grande parte de seu conteúdo, parece ter significação psicológica muito grande. Aí estão contidos o problema da rejeição do indivíduo pelo grupo, o da autoidentificação por meio da opinião dos outros, o da incompreensão das aspirações individuais, quando diferentes das do grupo. Sem dúvida, é impossível garantir que todas essas faces da história sejam percebidas espontaneamente pela criança, ou mesmo pelo adulto. Entretanto, existem razões para supor que, mesmo quando incapazes de definir com precisão o encantamento de uma história, inconscientemente percebemos o seu conteúdo (Lesser, 1957). Se não fosse assim, dificilmente poderíamos compreender por que algumas histórias são tão bem aceitas, enquanto outras são depreciadas. A explicação por meio de qualidades formais ou artísticas nem sempre pode ser aceita, pois algumas histórias são admiradas ainda quando apresentadas em versões de pequeno valor formal.

Na literatura infantil clássica, as histórias se referem a conteúdos muito amplos, vale dizer, enfrentam problemas humanos mais ou menos comuns a todos os leitores. Ou, o que é o mesmo, as histórias referentes a tais problemas ou situações acabaram por perpetuar-se, enquanto as outras foram esquecidas. A análise deve, então, procurar saber quais são tais problemas ou situações, e qual a significação de sua leitura pela criança. A grande dificuldade a enfrentar, nessa análise, reside no fato de o conteúdo explícito da história não ser, às vezes, o mais importante; ou, dizendo de outro modo, o conteúdo explícito não permite compreender a aceitação da história pela criança.

Para a compreensão da literatura infantil, a maior contribuição foi dada, sem dúvida alguma, por Freud e seus seguidores. Mas a psicanálise tem uma limitação muito grande, pois entende ser possível a redução de todas as manifestações artísticas a alguns problemas bem primitivos na formação da personalidade. Assim, Maria da Penha Pompeu de Toledo (1957, p.60 e ss.) liga as histórias para crianças a dois temas fundamentais: o complexo de Édipo e o abandono. Ora, essa redução psicanalítica, que também se observa na análise da literatura para adultos e de outras formas de arte, parece esquecer o fundamental na literatura: a sua complexidade e sua variabilidade (Hauser, 1959). É pelo menos difícil acreditar que todas as histórias infantis possam ser reduzidas a um esquema tão simples, ou tenham o mesmo conteúdo. É certo, evidentemente, que as histórias infantis se referem à situação da família — filhos e pais — pois esse é o universo da criança. Em muitas histórias parece certo — ou, pelo menos, assim o entendemos depois das análises de Freud — que estamos diante de problemas característicos do complexo de Édipo: por exemplo, em *Branca de Neve* (que seria quase uma versão feminina da tragédia edipiana), *A Bela Adormecida*. Em outras histórias, no entanto, a motivação de outro nível parece muito nítida, e dificilmente se pode pensar no complexo de Édipo como explicação ou explicitação de seu conteúdo. Assim, a história do Patinho Feio, já mencionada, parece apresentar, basicamente, o problema de identificação do eu, e apenas um artifício muito grande nos levaria a procurar motivos mais elementares para explicar a significação da história. Na história de *A Bela e a Fera* encontramos, além da solução do conflito edipiano (aí apresentado com grande clareza) um contexto muito rico que não parece possível deixar de lado: o animal horrível passa a ser um belo moço no momento em que a heroína começa a amá-lo. Não seria razoável pensar que a história mostra a redenção pelo amor? Não existem razões sérias para supor que todos os motivos de estádios mais avançados do desenvolvimento sejam mais superficiais que os primeiros, ou sejam apenas derivações de conflitos iniciais da criança (Asch, 1952; Allport, 1950).

Em resumo, se a teoria psicanalítica desvendou amplo e rico material de interpretação do comportamento, parece ter sido levada ao extremo simetricamente oposto ao da psicologia ingênua. Enquanto esta utiliza apenas dados cognitivos, a grande maioria das interpretações psicanalíticas abandona completamente os dados da consciência, tentando explicar o mais complexo por meio do mais simples ou historicamente anterior. Assim, muitos dos conflitos realistas — como a falta de alimento, o desejo de riqueza, a procura da verdade ou do bem — são explicados, nas interpretações psicanalíticas, como disfarce dos conflitos infantis fundamentais. A possibilidade de que a falta de alimento seja um problema real é abandonada; em seu lugar, surge a interpretação de que a falta de alimento é recusa afetiva dos pais. Entretanto, nesse caso, a interpretação oposta parece muito mais correta, pois, quando tais histórias foram criadas, o problema do alimento estava longe de ser fantasia. Observe-se, de passagem, que os livros didáticos examinados nesta pesquisa parecem retratar perfeitamente uma transformação do nível de vida da população brasileira: enquanto os livros mais antigos (escritos no início do século XX) ainda apresentavam situações de fome ou de sua eventualidade, o tema tende a desaparecer nos livros mais recentes.

Essa limitação da teoria psicanalítica não diminui o seu valor para a compreensão das histórias infantis e, sobretudo, para a compreensão de sua função educativa. Por meio dessa teoria, compreendemos que a história mais dramática pode ser a mais satisfatória, pois permite a expressão inofensiva de conflitos vividos pela criança. Por meio da perspectiva psicanalítica, é possível compreender que a história aparentemente cruel e deseducativa tenha função importante no desenvolvimento: não ensina comportamentos indesejáveis, mas, ao contrário, permite que tais comportamentos encontrem uma expressão inócua.

Compreender a literatura infantil como forma de expressão dos conflitos infantis não é uma resposta cabal a todos os problemas levantados pela análise educacional dessa literatura, ou de sua influência no desenvolvimento. Com efeito, qual o resultado, a longo prazo, da leitura de histórias dramáticas e aparentemente deseducativas? Esta é uma pergunta ainda não respondida, e que dificilmente poderá encontrar uma resposta experimental rigorosa, pois os dados a respeito são contraditórios. De fato, enquanto alguns experimentos verificam que, depois da exibição de fitas de violência, existe redução de agressividade, outros trabalhos verificam consequências opostas. Cabe observar que tais experimentos se referem a reações imediatamente anteriores e imediatamente posteriores à exibição da fita de cinema, e que, além disso, parecem sofrer interferência de variáveis não identificadas pelo experimentador. No entanto, poderemos encontrar respostas parciais, talvez experimentais, se for possível verificar que a leitura de histórias dramáticas diminui o estado de frustração das crianças, ou permite o seu melhor ajustamento. Até hoje, tais estudos foram realizados apenas com o cinema, e também aqui é necessário lidar com hipóteses. Apesar disso, não parece muito ousada a suposição de que a criança, por meio de histórias dramáticas, consiga diminuir o estado de tensão em que é colocada por seus impulsos de agressividade e pelas inevitáveis frustrações de sua vida. Se isso é verdade, é verdade também que esse ajustamento mais adequado terá uma influência benéfica em seu ajustamento futuro, ao diminuir as possibilidades de choques violentos com o ambiente. Em outras palavras, a criança constantemente frustrada e, consequentemente, agressiva, terá maiores oportunidades de ser frustrada, e isso aumenta a sua agressividade, colocando-a num círculo vicioso. Se as várias formas de comportamento expressivo permitem uma expansão inócua de agressividade, poderão, afinal de contas, diminuir os seus choques e frustrações. Esse seria o sentido da leitura de fantasia dramática.

Os estudos de observação até agora realizados procuram verificar as características psicológicas dos leitores e, por meio destas, inferir o gênero de satisfação emocional obtida com as histórias carregadas de agressividade (Wolfe; Fiske, 1949; Bailyn, 1959). Tanto Wolfe e Fiske como Bailyn conseguem verificar que a seleção de leituras depende de características pessoais dos leitores; as crianças com maiores problemas emocionais se voltam para as histórias em quadrinhos, de maneira mais sistemática e permanente, enquanto as crianças normais apenas ocasionalmente o fazem. Como é fácil concluir, tais dados não nos permitem saber se as histórias têm ou não uma função catártica, embora permitam, com razoável segurança, excluir a hipótese de que as histórias destrutivas tenham uma influência indesejável na formação da personalidade. Além disso, tanto Wolfe e Fiske como Bailyn referem-se às histórias em quadrinhos, e não à literatura infantil tradicional, e as diferenças entre esses dois níveis de literatura — embora não possam ser analisados mais amplamente neste artigo — não parecem desprezíveis. A literatura infantil tradicional é muito mais organizada e, provavelmente, permite muito maior expansão da imaginação infantil que a literatura em quadrinhos. Nesta última, os sentimentos e comportamentos são muito mais esquematizados e são inteiramente explicitados (fazendo uso muito pequeno de material simbólico e complexo) e, por isso, não seria errado supor que permitem muito menos expressão de sentimentos infantis.

Seja como for, nesse terreno lidamos ainda com hipóteses mais ou menos plausíveis, e qualquer afirmação categórica é perigosa.

Literatura e situações de tensão

Como já foi dito antes, a psicologia ingênua não só deixa de lado o caráter expressivo da literatura, como também deixa de considerar, como características da obra literária, as situações de tensão.

As diversas tendências da psicologia contemporânea, embora lidando com níveis diferentes de análise, tendem a interpretar o comportamento como forma de ajustamento a uma situação, ou maneira de restabelecer o equilíbrio perdido; o desequilíbrio pode ser resultante da interação com o ambiente, assim como de tendências antagônicas existentes no organismo. Essa suposição encontra sua expressão mais completa na teoria da homeostase, formulada por Cannon, mas pode ser observada, muito claramente, nos trabalhos dos funcionalistas, dos psicanalistas, dos comportamentistas, dos gestaltistas e de Lewin. As diferenças mais importantes, entre esses grupos, não se referem, nesse caso, senão ao nível em que se faz a análise. Se Cannon pensava no estabelecimento de um equilíbrio do organismo com o ambiente, e o mesmo ocorria com os funcionalistas (sobretudo com Claparède), os psicanalistas pensam, quase sempre, no equilíbrio de forças internas ao organismo, e os gestaltistas em forças existentes nos objetos e no indivíduo (o que constituiria um campo de forças, ideia mais tarde ampliada por Lewin). De outro lado, não se tem acentuado com igual vigor a ideia de que o organismo também procura situações de desequilíbrio ou tensão, ou a ideia de que uma situação de contínuo equilíbrio, se fosse possível, seria insuportável para o ser humano. Embora referindo-se apenas às situações de relações interpessoais, Heider (1958, p.180-1) procura mostrar que, ao lado da tendência a buscar o equilíbrio, existe também a busca do desequilíbrio, isto é, de situações que exigem um esforço do organismo. E talvez não fosse muito errado supor que o comportamento resulta de tensões e que, a cada situação reequilibrada, surge uma nova situação de desequilíbrio a ser solucionada. Além disso, parece existir um nível ótimo de tensão, abaixo do qual o indivíduo sente tédio, e acima do qual começa a experimentar angústia.

Esta noção provisória de nível de tensão permite compreender a significação da história para a criança, assim como os limites de sua aceitação. Se a história não apresenta uma situação de tensão, torna-se insatisfatória; se apresenta uma situação de tensão demasiadamente intensa provoca angústia. De outro lado, uma história, embora insatisfatória para crianças de determinada idade, poderá ser muito interessante para crianças em outro estádio de desenvolvimento; o mesmo se diga a respeito das histórias capazes de, ocasionalmente, provocar angústia.

Certamente, essa noção de tensões apresentadas pela literatura infantil não deve ser limitada a esta, mas pode ser facilmente estendida à literatura para adultos. Em ambos os casos, estamos, aparentemente, diante do mesmo processo: o enredo é a situação de desequilíbrio apresentada pelo autor e, em última análise, uma história inteiramente equilibrada, incapaz de despertar ou criar tensões, dificilmente seria apreciada (Heider, op. cit.). No caso da criança, é possível pensar em dois casos em que, pelo menos aparentemente, as histórias podem ser apreciadas sem que exista a criação de situações de tensão. Em primeiro lugar, o autor pode atingir o nível poético, em que o desequilíbrio parece desnecessário ou menos importante. Ainda aqui, no entanto, poder-se-ia pensar que o nível poético cria tensões de nível diverso do apresentado pelo nível dramático. Embora este aspecto não tenha sido ainda analisado, pode-se supor a criação de tensões por meio da poesia, ou do nível poético descritivo, em que o enredo tem importância relativamente pequena, e no qual as tensões corresponderiam a sugestões dadas ao leitor. Um exemplo desse nível, no caso do livro didático, pode ser encontrado em *Saudade*, de Thales de Andrade. Nesse livro, a história se desenvolve num nível de evocação, colorido pela ternura às coisas simples da roça. Aqui, as situações de desequilíbrio, tal como seriam entendidas no nível narrativo, são, evidentemente, supérfluas. Em segundo lugar, a criança tem interesse por histórias de apresentação da vida cotidiana, em que encontra heróis capazes de comportamentos iguais aos seus. Também neste nível, o desequilíbrio não é indispensável, e a criança parece apreciar, exatamente, a possibilidade de ver crianças, iguais a ela, transformadas em heróis de livros. Um bom exemplo deste tipo de leitura pode ser encontrado em *Pedrinho*, de Lourenço Filho. A apresentação do cotidiano é aspecto importante, sobretudo porque o adulto não parece conservar essa apreciação do cotidiano estrito na obra literária.

Com exceção desses dois casos — a apresentação do nível poético e a da vida cotidiana, pela qual a criança encontra maneira de identificar-se com os heróis do livro — a história satisfatória apresenta, sempre, um sistema de tensões. A sua dramaticidade satisfaz à necessidade de buscas de tensões, não demasiadamente intensas, precisamente porque se dão no domínio da fantasia.

A literatura como processo de aprendizagem

A literatura não é, entretanto, apenas forma de permitir expressão de conflitos ou tendências inconscientes, ou provocar tensões satisfatórias para o leitor. A literatura, pelo menos em algumas de suas formas, pode desempenhar um outro papel muito importante, pois é uma das formas de antecipar as experiências futuras e preparar-se para elas. Está claro que esta função não pode ser desempenhada pelas histórias de pura fantasia, mas isso pode ocorrer com as histórias realistas. Se, no caso da literatura para adultos, a diferença entre os dois níveis de histórias, as de fantasia e as realistas, não é estabecida muito facilmente, o mesmo ocorre nas histórias para crianças. Às vezes, o conteúdo mais realista deve ser procurado na fábula, em que os problemas humanos aparecem com muito maior nitidez do que em muitas histórias ostensivamente realistas. Outras vezes, a história realista pode ser tão despida de interesse, que dificilmente o leitor chegará a compreender as suas intenções; em outros casos, a história realista pode ser tão insignificante, do ponto de vista humano, que não será capaz de transmitir qualquer ensinamento valioso. Essas observações, no entanto, não invalidam uma diferença fundamental entre a história de pura fantasia e a história realista, sobretudo se consideramos as reações da criança. Na história de pura fantasia, as soluções são frequentemente inadequadas para o ajustamento à realidade, pois o herói consegue vencer, ou livrar-se de dificuldades, por meio do auxílio de um poder mágico. Na história realista, ao contrário, o herói deve enfrentar os seus problemas com recursos humanos. Neste sentido, a história realista pode servir a um processo de aprendizagem que, evidentemente, não existe na história de pura fantasia.

A aprendizagem por meio da literatura é, certamente, muito mais complexa do que a realizada diretamente. A criança, assim como o adulto, pode aprender a manifestar sentimentos; num outro nível, a sua vida afetiva se enriquece por meio da experiência indireta, obtida por meio de descrições literárias. Entretanto, o processo mais importante da aprendizagem pela literatura talvez seja o da identificação com adultos apresentados como heróis. Em alguns casos, essa identificação não deixa margem a dúvidas: a criança que se veste como *cowboy* violento e justiceiro procura imitar um comportamento descrito artisticamente, e não sabemos até que ponto empresta realismo a essa imitação. Em muitos outros casos — embora não se apresente como o seu herói favorito —, a criança conscientemente procura imitá-lo ou, pelo menos, imagina-se como capaz de repetir o seu comportamento.

Seria muita ingenuidade supor que a literatura possa exercer uma influência decisiva na formação da personalidade, embora alguns casos específicos nos levem a supor essa relação direta. Em primeiro lugar, a criança nunca está submetida a apenas uma influência, nem encontra apenas um herói com quem identificar-se. Em segundo lugar, nesse processo de aprendizagem existe uma constante interação da criança e daquilo que lhe é ensinado, e, assim, o processo não é, como se poderia pensar, unilinear. Vale dizer, a personalidade da criança não é *tabula rasa* na qual se grave uma influência, por mais poderosa que pudesse ser; desde muito cedo, a criança reage ao processo educativo, e o seu comportamento futuro resultará de uma interação contínua, durante muitos anos. Em terceiro lugar, os educadores frequentemente pensam no conteúdo do ensino, mesmo por meio da literatura, e relegam, para um segundo plano, a forma pela qual se dá a aprendizagem, e é esta forma, muitas vezes, o aspecto mais significativo para a criança. Se se quiser um exemplo deste problema, basta pensar na influência decisiva que pode ter a personalidade do professor no processo de aprendizagem. Todos sabem que a mesma disciplina pode ser recusada ou apreciada, de acordo com o professor. Ora, no caso da influência da literatura a mesma coisa ocorre, com intensidade igual ou maior. A criança poderá emocionar-se ou permanecer indiferente diante de duas descrições de um mesmo comportamento, e isso depende das características formais da história. Finalmente, é muito difícil medir a influência na formação da personalidade, porque esta não age num vazio, mas diante de situações concretas, isto é, o mesmo indivíduo tem comportamentos muito diferentes, de acordo com as situações, e não apenas de acordo com suas características individuais. Esta afirmação tão simples é frequentemente esquecida quando se analisam comportamentos de indivíduos diferentes, não porque não se reconheça a influência da situação na determinação do comportamento, mas porque nem sempre é fácil compreender como a situação aparece para o indivíduo, e é diante desta última que se dá a reação. Embora se pudesse dizer que a maneira de ver ou sentir uma situação já faz parte da personalidade, o que tornaria circular o processo, isso não basta para permitir a interpretação. Teoricamente, duas personalidades absolutamente iguais e, portanto, com informações iguais a respeito de uma situação concreta, reagiriam a esta de maneira idêntica. Entretanto, quando pensamos em influências na formação da personalidade, geralmente pensamos em características permanentes do indivíduo, e relativamente independentes da situação concreta em que se dá o seu comportamento. Ora, pelo menos nos casos normais, uma influência desse tipo, isto é, imutável e definitiva, dificilmente será comprovada.

Diante dessas observações, será fácil concluir que, na situação atual do nosso conhecimento, será mais produtivo analisar uma influência momentânea no comportamento da criança do que tentar inferir influências passadas por meio de um comportamento presente, ou tentar prever um comportamento futuro por meio de uma influência recebida num determinado momento. Nesse nível de análise, a investigação da literatura como expressão de tendências inconscientes parece a mais promissora.

As características gerais dos livros de leitura

A análise de conteúdo dos livros de leitura da escola primária foi feita a partir dos livros adotados no estado de São Paulo. Desde o início tornou-se clara a impossibilidade de analisar todos os livros adotados nas escolas. De fato, a 3 de fevereiro de 1958, o Departamento de Educação da Secretaria de Educação do Estado de São Paulo publicou a relação dos livros aprovados por aquela repartição: 65 cartilhas (além de 4 não editadas, ou cuja edição se achava esgotada); 58 livros de leitura para o primeiro grau (além de 5 não editados ou de edição esgotada); 57 livros de leitura para o segundo grau (além de 3 não editados ou de edição esgotada); 56 livros para o terceiro grau (e 1 com edição esgotada); 51 livros para o quarto grau (3 com edições esgotadas); 14 livros para o quinto grau (2 com edições esgotadas). Deixando-se de lado as cartilhas, teríamos um total de 236 livros. Considerando-se que cada livro tem, aproximadamente, 50 lições, haveria um total de 11.800 lições a analisar. Seria, senão impossível, extremamente difícil realizar essa análise total, e o problema do pesquisador era, portanto, encontrar um critério satisfatório para trabalhar com uma amostra dessas lições. Ora, o Departamento de Educação organiza, anualmente, uma relação dos livros adotados nas escolas primárias oficiais do Estado, e por isso é possível saber, por meio dessa relação, quais os livros efetivamente usados pelos alunos das escolas. Diante disso, parecia razoável trabalhar com os dados de adoção efetiva, abandonando a relação dos livros aprovados pelo Departamento de Educação. A adoção dos livros indica que, enquanto alguns são usados por um grande número de classes, outros são quase inteiramente esquecidos. Assim, dos 59 livros aprovados pelo Departamento de Educação para o primeiro grau primário, acenas 49 foram efetivamente adotados em 1955 (último ano para o qual o Departamento de Educação tinha completado a relação de livros adotados). O fato de utilizar os livros aprovados em 1958 e a relação de livros adotados em 1955 não parece ter grande significação, pois a diferença entre o número de adoções é extremamente grande. Para os livros de 1º grau adotados em 1955 é possível apresentar os seguintes números: o livro mais adotado o foi em 2.714 classes, enquanto havia 4 livros adotados em apenas uma classe cada um, 4 adotados em apenas duas cada um. Assim, de um total de 6.613 classes abrangidas pela relação, o livro mais adotado atingia mais da terça parte das adoções globais. Se somarmos o 1º e o 2º mais adotados (2.714 e 745), obteremos mais da metade de todas as adoções. O total dos dez mais adotados (5.384) representaria, portanto, amostra bem significativa entre os livros adotados, sem o perigo de deformação da análise de um só livro.

Na medida em que são válidos os critérios de análise de conteúdo utilizados na pesquisa, há enormes diferenças entre os vários livros, mas tais diferenças não explicam o maior ou menor número de adoções; vale dizer, entre os livros mais adotados existem diferenças tão pronunciadas de conteúdo quanto entre os mais adotados e os que praticamente não são usados pelos professores. Quanto às qualidades formais, há também grandes diferenças, mas estas não podem ser analisadas objetivamente. Se a opinião do pesquisador tem algum valor (e algum há de ter, se se leva em conta o número de livros que leu), há livros péssimos muito adotados, e livros bons com pequeno número de adoções. Como o pesquisador não teve oportunidade de cotejar livros aprovados com livros rejeitados, não pode saber qual o critério para a aprovação ou rejeição utilizado pelo Departamento de Educação. Pode dizer, no entanto, que não existe critério quanto ao conteúdo dos livros, como se verá por alguns dados. Assim, entre os livros de 4º ano, existe um que apresenta 27,45% de histórias de fantasia, enquanto outro apresenta apenas 4,45% (entre 9 livros analisados); existe um livro que apresenta 26,41% de lições cuja intenção é apresentar conhecimentos gerais, enquanto dois outros não apresentam uma só lição com esse objetivo.

Esses números indicam ser impossível falar no livro didático como uma categoria perfeitamente definida, pelo menos se se levam em conta os critérios diferenciadores de análise. Assim, uma criança pode ter um livro que se refere quase exclusivamente à fantasia, outra pode ter um livro em que se dá maior ênfase a histórias da vida diária, ou a conhecimentos gerais, ou à História do Brasil. Mas se isso ocorre quanto às diferentes categorias de cada livro, não se pode dizer que não existam uniformidades mais ou menos acentuadas quanto a certos traços mais amplos.

Neste resumo da pesquisa serão apresentadas apenas as características mais gerais.

As categorias de análise

Por meio de uma análise preliminar, foi impossível distinguir 10 categorias, nas quais poderiam ser classificadas as diferentes lições dos livros de leitura: 1) poesia; 2) realismo; 3) fantasia; 4) História do Brasil; 5) patriotismo; 6) conhecimentos gerais; 7) ciências naturais; 8) descrição geográfica; 9) princípios morais; 10) religião. A primeira categoria não foi analisada, dada a dificuldade existente para reduzir a poesia a traços objetivos; merece, entretanto, um pequeno comentário. Na maioria dos livros, não se consegue descobrir o critério de seleção das poesias apresentadas; algumas, é verdade, são poesias infantis que provavelmente agradam às crianças; outras, entretanto, só podem ser justificadas se se pensar que o poeta é amigo do autor do livro didático. As categorias realismo e fantasia não se distinguem com muita nitidez; o critério foi, sempre, procurar saber se o autor apresentava a história como possível na realidade. De modo geral, a história de fantasia apresenta a intervenção clara de elementos estranhos à vida cotidiana (poder mágico, a fala de animais etc.), o que torna a separação imediata. Nas outras categorias, as dificuldades são relativamente pequenas quanto à distinção entre uma e outra; às vezes, entretanto, ocorre a superposição de categorias numa mesma história ou lição e, nestes casos, foi considerado o tema predominante.

O processo de análise

A primeira pergunta a ser respondida por uma análise de conteúdo refere-se à sua fidelidade ao texto analisado. Evidentemente, não existe uma resposta única a essa pergunta, capaz de solucioná-la definitivamente. Em primeiro lugar, é evidente que a análise não pode apreender todos os elementos ou traços de um texto. Vale dizer, não pode ser um retrato ou uma reprodução, pois, nesse caso, seria necessário repetir o texto, e a necessidade da análise de conteúdo decorre da impossibilidade de lidar com um material demasiadamente extenso. Em outras palavras, quando fazemos a análise de conteúdo de um texto, estamos certos da impossibilidade de apresentar todos os seus aspectos ou elementos.

Portanto, a respeito de uma análise de conteúdo, tanto é possível dizer que apresenta menos do que o material, quanto que apresenta mais; apresenta menos, porque não reproduz todos os elementos do texto original; apresenta mais, porque inclui categorias que, muito provavelmente, não foram sequer imaginadas pelo autor do texto analisado. Essas duas observações, todavia, não invalidam a legitimidade da análise, nem excluem a sua necessidade. São, afinal de contas, as características mais notáveis do processo científico. Uma descrição científica, ou a ser utilizada pela ciência, nunca apreende todos os elementos do objeto descrito; ao mesmo tempo, introduz categorias inexistentes no objeto. Portanto, uma descrição científica não será falsa por não apresentar todos os elementos do objeto, mas por não apresentar os seus elementos significativos ou decisivos. A descrição do comportamento apresenta os mesmos problemas de qualquer outra descrição científica: não pretende apresentar todos os aspectos do comportamento, ainda que isso fosse impossível, mas apresentar os seus aspectos decisivos. Essas afirmações não pretendem, evidentemente, negar a importância de uma descrição "naturalista" do comportamento, no sentido empregado por Barker e Wright (1951, 1955). Para esses autores, a tarefa mais urgente da psicologia é conseguir descrições do comportamento cotidiano, tão completas quanto possível. Mas tais descrições representam, evidentemente, o ponto de partida de teorias mais amplas. Mesmo nesse caso, no entanto, o problema do cientista é conseguir analisar "unidades de comportamento", isto é, categorias por meio das quais seja possível compreender o sentido da ação do indivíduo ou da interação do grupo. Realmente, ao descrever o comportamento, o psicólogo deve procurar os aspectos decisivos ou determinantes da ação. Se não o fizer, corre o risco de ter aspectos desconexos, cuja significação será, depois, incapaz de entender. De outro lado, é fácil observar como as diferentes "escolas" de psicologia escolheram determinados aspectos do comportamento como os decisivos; dentro desses limites, obtiveram uma ampliação considerável do conhecimento e, ao mesmo tempo, conseguiram recursos de previsão e explicação, como no caso da percepção, da aprendizagem, da motivação, da emoção. Além disso, o progresso do conhecimento científico se fará, muito provavelmente, por meio do estabelecimento de relações cada vez mais amplas entre diferentes aspectos do comportamento. Nunca, se são válidas as comparações com as outras ciências naturais, chegaremos a descrever inteiramente um indivíduo ou toda a complexidade do comportamento humano ou animal. Nos casos ideais, teremos conhecimento de relações significativas, pelas quais será possível prever o comportamento numa situação específica.

Essa digressão procura introduzir a ideia de que, na análise de conteúdo, estamos numa situação muito semelhante à do psicólogo que tenta descrever um comportamento ou um indivíduo: nossa tarefa não é apresentar ou repetir tudo que existe no texto, mas tentar descrever os elementos que, hipoteticamente, são os mais significativos para a compreensão do sentido da literatura didática. Não existe critério algum, além da intuição do pesquisador, para garantir que os aspectos selecionados sejam os mais importantes. A essa limitação deve acrescentar-se outra: a análise de conteúdo da literatura didática só se justifica se conseguir apreender aspectos que exerçam influência em sua formação. Aqui, evidentemente, o pesquisador tem ainda menores possibilidades de segurança, pois não sabe qual o efeito da leitura na criança, uma vez que lhe faltam recursos para entender de que forma a criança compreenderá a leitura.

Se essas observações não negam a utilidade da análise de conteúdo da literatura didática, servem para marcar os limites de sua significação: em primeiro lugar, indicam que as categorias utilizadas são as que, hipoteticamente, têm importância na leitura infantil; em segundo lugar, que a significação de tais categorias somente poderá ser comprovada por meio de trabalhos de observação e experimentação com crianças. Assim, as hipóteses, já apresentadas, de que as histórias que não apresentam ou não despertam tensões são pouco interessantes para as crianças, precisam ser comprovadas por meio de uma observação direta. Chegados a este ponto, será fácil compreender por que seria impossível fazer o caminho inverso, isto é, tentar observar a reação das crianças antes de realizar uma análise de conteúdo. Se o fizermos, correremos o risco de catalogar dezenas ou centenas de histórias ou lições, umas apreciadas e outras não, sem saber qual o sentido da preferência por uma ou por outra história. Se as hipóteses aqui apresentadas forem falsas, o caminho a seguir será criar novas hipóteses, mais amplas ou mais restritas, e tentar novamente o mesmo processo de análise e, depois, observação das crianças.

Sob um outro aspecto, no entanto, a análise de conteúdo é menos limitada, e permite algumas conclusões imediatas e de aparente significação para o educador. Quando se observa, por exemplo, que a História do Brasil é, ainda hoje, embora com as exceções de sempre, apresentada, exclusivamente, como história militar e política, sem menção da história social e cultural, temos uma verificação muito significativa, a exigir a atenção de educadores e autores de livros didáticos. Quando se observa que o Brasil, em todos os manuais contemporâneos classificado como país subdesenvolvido, é apresentado como nação rica e privilegiada, temos algumas razões para inquietação. Outras observações de nível puramente descritivo podem ser feitas, e permitem uma conclusão imediata a respeito do que os livros de leitura procuram ensinar.

Características gerais dos livros de leitura

Dos três processos anteriormente esquematizados — o da literatura como expressão de tendências individuais inconscientes, o da literatura como criadora de tensões, o da literatura como aprendizagem — o livro didático procura lidar apenas com o último, embora, em alguns casos, se encontrem reproduções simplificadas de contos tradicionais.

Ao contrário do que ocorre com as histórias tradicionais, as histórias dos livros de leitura procuram evitar os conflitos mais intensos. De outro lado, quando aparecem tensões ou conflitos, estes são sempre provocados pela criança, e não pelo adulto, sempre apresentado como pessoa perfeita, que manifesta os padrões ideais de comportamento. Como é fácil observar, essa situação é completamente diversa da encontrada nas histórias tradicionais, pois, nestas, a criança é sempre heroína da trama e enfrenta as adversidades criadas pelos adultos maus ou egoístas.

Não é difícil concluir que os livros de leitura da escola primária procuram mostrar os comportamentos ideais, valorizados pela sociedade e, ao mesmo tempo, indicar quais os erros infantis a serem evitados. Acredita-se, portanto, na possibilidade de que a criança procure identificar-se com o adulto. Em muitos casos, isso deve efetivamente ocorrer — embora com muitas limitações, como se verá mais adiante —, mas parece muito mais razoável que a criança se identifique com herói de sua idade que com um herói cuja função principal parece ser a de frustrar as crianças das histórias. Esta será, provavelmente, uma das razões para o fato, já muitas vezes observado, de que as histórias moralizantes são muito rapidamente esquecidas e nunca tiveram grande aceitação entre as crianças: como se sabe, as histórias mais aceitas como histórias infantis não foram, inicialmente, escritas especialmente para crianças, mas, sim, as "adotadas" por elas.

Ao evitar os conflitos mais intensos, as histórias dos livros didáticos podem, com muita facilidade, tornar-se monótonas, pecado mortal de que muitas são culpadas. De outro lado, ao pretender obter simplicidade, é muito frequente que a história não consiga obter heróis psicologicamente coerentes. Quando isso ocorre — isto é, quando não aparecem características psicológicas bem demarcadas —, desaparece, também, a possibilidade de identificação com a personagem. Esta observação não tem a importância que teria se feita a respeito da literatura para adultos, mas não pode ser inteiramente abandonada. Provavelmente mais ainda que o adulto, a criança sente necessidade de conhecer o sentido de uma personagem, de perceber o seu conteúdo psicológico. De outro lado, pelo menos durante algumas fases de seu desenvolvimento, a criança pode, efetivamente, encantar-se com a apresentação de sentimentos e comportamentos mais ou menos difusos.

Ao evitar as situações de tensão, as histórias dos livros de leitura também não podem servir como meios de expressão para os conflitos inconscientes das crianças.

Resta, portanto, examinar as características das histórias mais frequentes nos livros didáticos, isto é, as realistas ou de apresentação da vida cotidiana.

Em primeiro lugar, os comportamentos descritos são relativamente pouco numerosos, se se considera a amplitude da vida social da criança. As histórias giram em torno da escola e da família, raramente em torno de profissões ou de trabalho.

Em segundo lugar, os heróis, adultos ou crianças, são sempre pessoas de classe média ou alta, o que se percebe não só por meio dos recursos econômicos de que dispõem, como também dos tipos de comportamento que apresentam. Essa perspectiva é, evidentemente, determinada pela classe social dos autores de livros, e é difícil, senão impossível, saber qual a sua significação para a grande maioria dos seus leitores, que pertencem às classes mais pobres.

Essas duas características merecem um pequeno comentário. A restrição das histórias a situações de escola parece ser uma limitação muito grande, e perfeitamente dispensável, pois essa é uma experiência que está sendo vivida pela criança. Todavia, ainda que se limitassem a essas situações mais ou menos padronizadas, as histórias talvez fossem mais úteis se pudessem apresentar situações mais dramáticas: a situação da criança reprovada, o problema do bode expiatório na sala de aula, as dificuldades econômicas de muitos alunos. O mesmo se diga a respeito das situações de família, geralmente apresentadas dentro de um padrão ideal, por isso mesmo incapazes de prestar qualquer ajuda às crianças que estão em situações diferentes, provavelmente mais difíceis.

A utilização da perspectiva da criança de classe média ou rica parece ainda mais séria, se pensarmos que a grande maioria não possui a mesma situação. Nesse sentido, as histórias "realistas" são, provavelmente, bem pouco reais para a grande maioria, que não pode identificar-se com heróis de uma vida social tão diferente da sua. Esta afirmação não deve ser entendida como crítica a essa limitação: afinal, não se sabe se esta não é uma das formas pelas quais as crianças de classes mais pobres podem aprender comportamentos de outros grupos, ou ter fantasias a respeito de uma vida social diferente. A propósito, não seria demais lembrar que o livro de leitura, nesse sentido, pode aproximar-se das fitas de cinema: vários observadores já indicaram como o "universo de Hollywood" representa um sonho dentro da vida americana. Da mesma forma, o "universo do livro de leitura", embora muito menos romanesco ou muito menos poético, pode ter a mesma função. Para a criança desamparada, encontrar um menino de sua idade, que sempre tem um tio rico, de automóvel e fazenda, ou cujos pais vivem em função de seus estudos e de seus pequenos problemas, pode ter uma importância afetiva muito grande.

Se, no domínio da ficção, tanto realista quanto de fantasia, o livro didático evita as situações de maior tensão, a mesma característica aparece nas outras categorias. As lições referentes à História do Brasil nunca apresentam aspectos negativos dos heróis nacionais; as descrições geográficas jamais se referem às regiões mais pobres dos País ou às suas deficiências; as lições de conhecimentos jamais apresentam o cientista diante de problemas realmente difíceis.

A não apresentação dos aspectos negativos do país — como a seca do Nordeste ou a situação de pobreza de grande parte da população — pode ser entendida no esquema de nacionalismo usual nos livros didáticos. Embora também não se saiba qual o sentido que isto pode ter para a formação da criança, não é demais imaginar a perplexidade da criança ou do adolescente, assim como o seu recurso a fórmulas absurdas, ao ter conhecimento da verdadeira situação do país. Nesse sentido, basta observar as diferenças entre a apresentação do Brasil nos livros didáticos e a que podemos encontrar diariamente nos jornais para concluir que a criança é colocada, quanto a este aspecto, num conflito insolúvel: de um lado, os livros e as professoras lhe dizem que o Brasil é um país rico — na realidade, um dos mais ricos do mundo — e, de outro, que o país, na expressão já consagrada, está "à beira do abismo". Embora este aspecto seja apenas indicado aqui, não seria demais perguntar se uma apresentação realista — que não deve e não precisa ser pessimista ou derrotista — de nossas dificuldades não seria muito mais útil e, afinal, menos dramática ou conflitiva. Em todo caso, esse problema mereceria ser discutido por educadores e, sobretudo, pelos organizadores de programas e pelos autores de livros didáticos.

Quanto à apresentação do conhecimento — sobretudo do conhecimento científico —, a situação é muito clara, e também merece um pequeno comentário. De modo geral, os livros não apresentam o conhecimento como alguma coisa que se pode obter, ou que se constrói pela atividade do pensamento e da investigação. O conhecimento é apresentado como resultante de atividade de estudo, noção vaga e muito pouco esclarecedora. Não existe menção de observação ou experimentação, e sequer apresentação de casos concretos de tais atividades. Parece evidente que, nesse caso, é impossível despertar a atenção ou o interesse da criança pela atividade científica.

O aspecto formal dos livros de leitura

De modo geral, os livros são literariamente muito pobres, escritos em linguagem pernóstica e muitas vezes desagradável. Evidentemente, nem todos chegam ao extremo de um livro já bem antigo, mas ainda adotado, no qual uma das lições começa com esta frase lapidar: "a maldade dos homens é axiomática", para mais adiante lembrar, sem muito propósito, o exemplo de "Epaminondas, general tebano". Convém lembrar, o livro se destina a alunos de segundo ano, isto é, de 8 ou 9 anos de idade.

Embora a afirmação possa parecer deselegante, a única possibilidade de modificar a situação seria que alguns de nossos melhores escritores fizessem livros didáticos, ou que os autores de livros didáticos procurassem fazer antologias de pequenas histórias já aceitas pelas crianças. Afinal de contas, literatura infantil também é literatura, e também precisa ter as qualidades formais literariamente valorizadas. Entre os autores analisados nesta pesquisa, apenas uns três ou quatro apresentam habilidade literária, isto é, conseguem escrever com facilidade e graça. A grande maioria escreve pequenas histórias despidas de imaginação ou encanto, quando não se limita a copiar, com maior ou menor fidelidade, outros autores de livros de leitura.

As diferenças entre os livros

Como já foi sugerido, há grandes semelhanças entre os livros de leitura, mas há também diferenças quanto às qualidades formais e quanto ao conteúdo apresentado. Se as diferenças formais não podem ser descritas objetivamente, é fácil descrever as diferenças quanto ao conteúdo. Aqui serão apresentados apenas alguns exemplos. Entre os livros de 4º ano analisados, é possível indicar alguns casos de extrema diferença. Nas categorias de pequenas histórias, de fantasia ou de realismo, encontramos os seguintes dados. Enquanto um livro apresenta apenas 3,85% de histórias realistas, outro apresenta 53,33% e os outros se localizam entre esses dois extremos (7,84%, 11,54%, 12,07%, 18,8%, 25,49%, 29,03%, 30,95%). Na categoria de "Histórias de Fantasia", os extremos são 4,45% e 27,45%. Na categoria "História do Brasil", os extremos são 0% e 9,8%. Na categoria "Conhecimentos Gerais", os extremos são 0% e 26,41%. Na categoria "Ciências Naturais", entre nove livros, apenas três apresentam lições com esse conteúdo (1,72%, 6,67% e 7,84%). Na Categoria "Descrição Geográfica", os mesmos nove livros apresentam a seguinte situação: três não apresentam lições com esse conteúdo, e os outros vão de um mínimo de 3,45% ao máximo de 23,08%. Na categoria "Princípios Morais", quatro livros não apresentam lições com esse conteúdo, e os outros se distribuem entre 5,66% e 13,79%. Na categoria "Religião", apenas dois livros apresentam lições: 1,96% e 3,23%. Quanto a "Poesia", os extremos são 4,76% e 26,92%.

É fácil concluir, por esses dados amplos e sumários, que não existem normas, quanto ao conteúdo, aceitas por todos os autores, ou exigidas pelo Departamento de Educação do Estado de São Paulo ou pela Secretaria de Educação de outros estados, pois os mesmos livros, às vezes com pequenas modificações, são adotados em todos os estados do Brasil.

Assim, uma criança pode ter um livro de leitura inteiramente diferente do de outra. Mas esse não é o aspecto mais importante a ser salientado aqui; maior significação parece ter o fato de uma criança poder ter um livro em que praticamente não existem histórias de fantasia, enquanto outra não encontra lições referentes a ciências naturais ou História do Brasil. Talvez a não apresentação de lições cujo conteúdo se refira a conhecimentos gerais ou à História do Brasil não tenha uma importância tão grande, pois esses aspectos fazem parte do programa a ser desenvolvido na sala de aula. Mas a ausência de histórias realistas ou de fantasia parece despir o livro de uma de suas finalidades mais importantes.

Observações finais

Se procuramos uma expressão para definir o conteúdo do livro didático, talvez nos firmemos na palavra "prosaico". Poucos livros, com efeito, escapam desse domínio, tal a ausência de vida ou de forma literária nas suas lições. Mas essa afirmação não é verdadeira para alguns dos livros analisados, cujos autores demonstram sensibilidade literária, ou, pelo menos, bom gosto.

A outra observação importante refere-se às grandes diferenças, entre os livros, quanto ao conteúdo, de tal forma que alguns livros não podem despertar ou satisfazer o interesse por histórias, enquanto outros não fazem referência a ciências naturais.

Enfim, os livros didáticos apresentam uma concepção muito limitada dos interesses e da capacidade intelectual das crianças, limitando-se a lições muito pobres, quanto ao conteúdo, embora muito ricas quanto a um suposto desenvolvimento do vocabulário.

Referências bibliográficas

ALLPORT, G. *The Nature of Personality*: Selected Papers. Cambridge: Addison-Wesley Press, 1950.

ASCH, S. E. *Psicologia Social*. Trad. Dante M. Leite e Míriam M. Leite. São Paulo: Companhia Editora Nacional, 1960 [1952].

BAILYN, L. Mass Media and Children: A Study of Exposure Habits and Cognitive Effects. *Psychological Monographs*, v.73, n.1, 1959.

BARKER, R. G.; WRIGHT, H. F. *Midwest and Its Children*: The Psychological Ecology of an American Town. Evanston: Row Peterson, 1955.

BARKER, R. G.; WRIGHT, H. F. *One Boy's Day*. Nova York: Harper, 1951.

FROMM, E. *The Forgotten Language*. Nova York: Grove Press, 1951.

HAUSER, A. *The Philosophy of Art History*. Londres: Kegan Paul, 1959.

HEIDER, F. *Psicologia das relações interpessoais*. Trad. Dante M. Leite. São Paulo: Pioneira, 1970 [1958].

ICHHEISER, G. Misunderstandings in human relations. *American Journal of Sociology*, 55, 2, Part 2, 1949.

LESSER, S. *Fiction and the Unconscious*. Boston: Beacon Press, 1957.

TOLEDO, M. P. P. Estudo psicanalítico quantificado de dez contos infantis tradicionais. *Boletim n.181 da Faculdade de Filosofia, Ciências e Letras da Universidade de São Paulo (Psicologia n. 5)*, 1957.

TOLEDO, M. P. P. Ensaio de elaboração de uma técnica para o estudo psicanalítico quantificado de documentos pessoais e protocolos de testes projetivos. *Boletim CXIX da Faculdade de Filosofia, Ciências e Letras da Universidade de São Paulo (Psicologia n. 3)*, 1950.

WOLFE, K. M.; FISKE, M. Why They Read Comics. In: SCHRAMM, W. (org.). *The Process and Effects of Mass Communication*. Urbana: University of Illinois Press, 1955 [1949].

Parte 5
Deficiência no desenvolvimento

16
A criança retardada

DANTE MOREIRA LEITE

Desenvolvimento normal e anormal

Aqui não se tentará apresentar uma visão global de criança mentalmente doente ou psicologicamente desajustada. Isso exigiria um tratamento especializado de cada uma das formas de desajustamento, seja no campo emocional e social, seja no domínio intelectual, o que evidentemente está fora dos objetivos deste livro.

Apesar disso, convém lembrar alguns aspectos básicos de qualquer classificação de anormalidade em crianças — pois o educador e o psicólogo certamente os enfrentam em sua atividade diária.

Há, em primeiro lugar, o problema da definição do que é normal ou anormal no comportamento da criança. Em nível bem amplo, não há dúvida de que muitos comportamentos que, no adulto, seriam sintomáticos de anormalidade, na criança são perfeitamente normais. É suficiente lembrar dois aspectos muito conhecidos: a diferença na capacidade intelectual e na capacidade de relacionamento emocional. Se um adulto mostrar a insuficiência da compreensão intelectual revelada pela criança pequena, será considerado anormal; o mesmo aconteceria se mostrasse o egotismo e o egoísmo da criança pequena, sua incapacidade para colocar-se na posição do outro. É isso, diga-se de passagem, que nos leva a falar em imaturidade do adulto e do jovem: a revelação de um comportamento normal em determinada fase do desenvolvimento, mas que precisa ser ultrapassado para que a pessoa atinja o nível seguinte.

Esses casos extremos evidentemente não apresentam problemas para o psicólogo ou o educador. As dificuldades surgem quando é preciso marcar limites mais sutis ou mais próximos entre várias fases, distinguir entre o aspecto normal de uma fase e o que já é retardamento ou anormalidade. Essa dificuldade é maior ainda porque existem grandes diferenças individuais durante o desenvolvimento, bem como quanto ao ponto máximo atingido pelo adulto. Para verificar essa dificuldade, será suficiente tentar responder a uma pergunta aparentemente simples: o que devemos considerar maturidade?

A existência de vários critérios para a definição de maturidade e a suposição de que talvez ninguém seja maduro em todos os aspectos importantes do comportamento podem dar uma ideia do que se entende por desenvolvimento normal. A pessoa intelectualmente madura e até extraordinária pode ser emocionalmente imatura; a que demonstra maturidade emocional pode ter "pontos fracos" na vida social, nas relações interpessoais, e assim por diante. Essas observações também demonstram como os critérios de maturidade são em grande parte determinados pela vida social e, em última análise, podem não ser os critérios mais importantes para a avaliação da importância ou da significação de uma vida. Podemos propor os critérios de maturidade para os grandes gênios da humanidade: será que Freud algum dia atingiu algum ou todos os critérios de maturidade? Será possível dizer que Goethe, apesar da genialidade intelectual indiscutível, tinha maturidade emocional? Será que os grandes revolucionários, que aparentemente mudaram o curso da história, chegaram a ter a maturidade que o psicólogo espera das pessoas?

A partir de certo ponto tais perguntas começam a tocar um domínio rigorosamente filosófico, e em alguns casos religioso, em que o psicólogo teria dificuldade para descobrir critérios seguros ou indiscutíveis.

Embora essa interpretação seja a mais aceita, convém lembrar uma aguda observação de Michel Foucault:

> A doença mental se coloca na evolução como uma perturbação de seu desenvolvimento; por seu aspecto regressivo, faz aparecer comportamentos infantis ou formas arcaicas da personalidade. Mas o evolucionismo erra ao ver, nessas regressões, a essência do patológico e sua origem real. Se a regressão à infância se manifesta nas neuroses, isso é apenas um efeito. Para que o comportamento infantil seja um refúgio para o doente, para que sua reaparição seja considerada um fato patológico irredutível, é preciso que a sociedade organize, entre o passado e o presente do indivíduo, uma distância que não se pode e nem se deve ultrapassar; é preciso que a cultura só integre o passado ao obrigá-lo a desaparecer. E nossa cultura tem essa característica. Quando o século XVIII, com Rousseau e Pestalozzi, procurou constituir para a criança, com regras pedagógicas que acompanham seu desenvolvimento, um mundo ajustado a ela, permitiu que em torno das crianças se formasse um ambiente irreal, abstrato e arcaico, sem ligação com o mundo adulto. Toda evolução da pedagogia contemporânea, com o objetivo elogiável de preservar a criança dos conflitos adultos, acentua a distância que, para um homem, separa sua vida de criança da sua vida de adulto. Isso significa que, para poupar a criança de conflitos, a pedagogia contemporânea a expõe a um conflito básico, à contradição entre sua infância e sua vida real. (Foucault, 1966, p.95-6)

De outro lado, na história da psicologia da criança não é difícil encontrar comportamentos ora considerados anormais, ou pelo menos prejudiciais, ora considerados fases normais de desenvolvimento. Considerem-se apenas dois exemplos que podem ser denominados clássicos dessa dificuldade: o hábito de chupar o dedo em crianças pequenas e o hábito de roer unhas, tanto em crianças quanto em jovens. Ainda no começo do século, e provavelmente até a década de 1920-1930, procurava-se combater o hábito de chupar o dedo; era comum que a criança ficasse com as mãos presas a fim de que não pudesse levar o dedo à boca. (A título de simples curiosidade: pela descrição de alguns experimentos de Piaget com uma de suas filhas, vê-se que ela ficava com os braços presos para não chupar o dedo.) Hoje, a atitude de psicólogos e pediatras parece muito mais tolerante, mas isso não impede duas perguntas: até que idade o hábito pode ser considerado normal? Se persiste, pode ser considerado sintoma de alguma dificuldade específica da criança? O fato de não termos respostas satisfatórias para essas duas perguntas não significa que não sejam pertinentes; afinal, se encontramos um jovem ou uma jovem de 18 ou 19 anos e que ainda chupem o dedo, seremos provavelmente levados a supor alguma dificuldade de desenvolvimento.

Com o hábito de roer unhas, a história da psicologia mostra que, apenas depois de se verificar a elevada incidência do hábito (em aproximadamente dois terços de crianças e jovens), se chegou à conclusão de que não teria sentido pensar em anormalidade — afinal, se apenas um terço de uma população demonstra determinado comportamento, parece injustificável supor que a maioria, isto é, os outros dois terços, tenham dificuldade de ajustamento ou revelem alguma anormalidade.

Em outros casos, quando não temos um sintoma bem definido, mas um conjunto de comportamentos mais ou menos coerentes, as dificuldades para a distinção podem ser ainda maiores. Considere-se, como exemplo, o caso da agressividade.

Está claro que, a partir de certo nível, a agressividade adquire caráter nitidamente patológico, e será manifestação destrutiva e até delinquente. Está claro também que a ausência total de agressividade — a criança ou o adulto que não reajam a abusos e maldades dos outros — será facilmente classificada como patológica ou doentia. No entanto, há toda uma faixa, certamente variável de acordo com a idade, o sexo, a classe social e o nível de educação formal, que precisa ser considerada normal.

O mesmo pode ser dito a respeito de sociabilidade, relações interpessoais, sexo, fantasia, vida escolar, atividade física. Como decidir o que é normal para uma idade e anormal para outra, ou o que é nitidamente anormal em qualquer idade?

O psicólogo, o médico, o educador e até os pais decidem essas questões pela experiência com outras crianças e do bom senso; em alguns casos por meio de tabelas de desenvolvimento — por exemplo, a organizada por Gesell (Gesell; Ilg, 1943, 1946). E, felizmente, quase sempre acertam — se isso não ocorre, os danos parecem relativamente reduzidos. O comum é que a criança rebelde na escola acabe por encontrar uma vida social relativamente satisfatória; a criança excessivamente voltada para a fantasia acaba por se encontrar no domínio da realidade e por ajustar-se a este. De outro lado, o adulto desajustado ou francamente doente pode não ter tido, pelo menos aparentemente, grandes dificuldades durante o desenvolvimento.

Essas observações pretendem sugerir como é difícil delimitar o domínio das anormalidades de desenvolvimento, mas, por tudo que se sabe, o quadro, senão róseo, deve ser pelo menos otimista. A capacidade de adaptação da criança e a sua possibilidade de suportar o sofrimento e as tensões parecem realmente imensas. Quando observamos as tensões, às vezes agudas, às vezes crônicas, a que as crianças são submetidas durante o seu desenvolvimento — morte de um dos pais, ou de ambos, conflito na família, doença, maus tratos por adultos pouco compreensivos ou francamente cruéis, ataques por crianças maiores — o que causa admiração não é o número de crianças e jovens desajustados, mas, ao contrário, o fato de a grande maioria chegar à vida adulta com seu potencial relativamente intacto.

De outro lado, nem sempre o adulto desajustado teve infância aparentemente desajustada ou desajustadora. Em outras palavras, nem sempre o delinquente, o neurótico e o psicótico revelam, durante o desenvolvimento, as tensões que aparentemente provocam o desajustamento em fase posterior.

Qual o sentido exato dessa aparente contradição?

Certamente não temos uma resposta adequada para a pergunta, mas é possível sugerir várias respostas plausíveis.

Quanto às crianças aparentemente desajustadas e que depois encontram uma posição satisfatória na vida adulta, parece possível dizer que manifestam, de maneira mais acentuada, dificuldades comuns no desenvolvimento. Isso significa que, em vários momentos, os desafios do desenvolvimento colocam a criança e o jovem em situações de maior tensão; para alguns, essas exigências são excessivas e provocam desajustamentos, passageiros ou relativamente duradouros. Uma vez superada a dificuldade, a criança ou o jovem voltam a manifestar um comportamento adequado. Há várias dessas crises durante o desenvolvimento: quando a criança aprende a andar, quando começa a falar, quando enfrenta companheiros de brinquedo sem a proteção dos adultos, quando ingressa na escola primária, quando passa para a escola média, quando tem os primeiros contatos *adultos* com jovens de outro sexo, quando precisa escolher uma profissão, quando precisa ajustar-se ao trabalho e assim por diante. Todas essas situações são potencialmente ameaçadoras e provocam crises maiores ou menores, de acordo com as circunstâncias externas e as capacidades intelectuais e emocionais da criança ou do jovem.

Na maioria dos casos, a criança consegue ultrapassar essas crises e passar para a etapa seguinte de desenvolvimento ou ajustamento. Se a pressão externa for excessiva, ou se a criança não tiver maturidade para enfrentar as exigências da situação, haverá um período de nítido desajustamento, às vezes só ultrapassado com auxílio de aconselhamento ou terapia. Um bom exemplo disso pode ser dado pelo ingresso da criança na escola primária: a situação pode ser intolerável para algumas crianças, embora de modo geral seja difícil para todas. Falamos em desajustamento ou anormalidade no caso das que precisam de auxílio médico, psicológico ou pedagógico para suportar essa tensão.

O exemplo também permite analisar a diferença de resultados. Se a dificuldade da criança é emocional ou social — por exemplo, é criança excessivamente mimada e com poucos contatos com outras crianças de sua idade —, o ajustamento será quase sempre mais fácil. Apenas em casos muito graves de desajustamento emocional ou intelectual, a criança será permanentemente incapaz de ajustamento a essa atividade. No caso de retardamento — analisado mais adiante — é possível que apenas em classes especiais a criança consiga ajustamento razoável à escola. Também aqui é necessário considerar um período mais amplo: se a criança for analisada no momento da crise de ajustamento, pode ser considerada anormal, pois não está fazendo o que faz a grande maioria das crianças de sua idade; visto em período mais amplo, o episódio pode ser considerado uma das crises do desenvolvimento.

De qualquer modo, é útil lembrar que esses momentos de maior tensão atingem todas as crianças, embora não provoquem reações manifestas de todas elas. Essa observação permite explicar, pelo menos superficialmente, o paradoxo da criança normal que se desenvolve no adulto anormal. Embora não tenha manifestado dificuldades de ajustamento, isso não significa que tais dificuldades não tenham existido, não tenham provocado tensões insuportáveis. Significa, apenas, que essas tensões não chegaram a manifestar-se como sintomas exteriores. Sem essa suposição, diga-se de passagem, o comportamento de muitos adultos seria inexplicável. De fato, se não imaginarmos que, quando criança, o adulto anormal sofreu tensões e crises excessivas, ficaremos sem um critério de explicação para a anormalidade que surge sem uma tensão imediatamente anterior.

De outro lado, se imaginarmos que é ilusória a relação entre tensões sofridas na infância e anormalidade na vida adulta, ficaremos sem critérios para explicar estas últimas e seremos levados a supor que aparecem espontaneamente — pois na maioria dos casos a reação não é proporcional à tensão existente em determinado momento. Finalmente, se negarmos a relação entre situações de tensão e anormalidade de comportamento, será impossível explicar por que situações de tensão extrema podem provocar, em praticamente qualquer indivíduo, vários sintomas de anormalidade.

Em resumo: o que denominamos anormalidade é um comportamento que se afasta, de maneira negativa, dos padrões vigentes no grupo em que o indivíduo vive. No caso da criança, o grupo de comparação é formado pelas outras crianças de sua idade, colocadas nas mesmas condições sociais. O comportamento anormal resulta da incapacidade do indivíduo para ajustar-se a condições críticas, e que a maioria consegue superar com maior ou menor facilidade. Como já foi observado muitas vezes, todos nós temos um limite de resistência a tensões e, se estas forem suficientemente intensas, todos entraremos em colapso. Também para este princípio, é importante a ideia de uma psicologia do desenvolvimento: a tensão insuportável para uma criança de 3 anos pode não apresentar dificuldade para a criança de 7. Ainda aqui, convém lembrar que não é uma regra geral a maior resistência da criança mais velha a situações de tensão potencial. Em alguns casos, é evidente que a criança menor, colocada em determinada situação, sofre menos do que a criança maior. Os pais e educadores se espantam muitas vezes com a aparente indiferença da criança pequena diante da morte de uma pessoa próxima; aparentemente, o que ocorre nesse caso é que a criança não tem recursos intelectuais para compreender o sentido da morte.[1]

Variação do conceito de retardamento

Se aceitamos a ideia de que os indivíduos enfrentam tensões que podem estar mais ou menos dentro de sua resistência ou capacidade, entenderemos mais facilmente as dificuldades para determinar, fora de situações concretas, o que se deve considerar retardamento mental e qual a sua incidência.

Esse conceito de tensão e, no caso, de dificuldade a ser enfrentada pela criança ou pelo adulto, permite compreender que uma pessoa, considerada retardada num grupo, não o seja em outro. Se quisermos simplificar um pouco a situação, podemos imaginar uma criança com uma inteligência a que arbitrariamente daremos o índice 50; colocada numa situação que não exija mais que esse índice de inteligência, será normal; colocada numa situação que exija o índice 70, será considerada retardada. Isso significa que uma sociedade tecnologicamente desenvolvida, como o são as sociedades urbanas do século XX, exige muito mais das crianças. É isso que explica, também, que grande parte do retardamento mental apareça na escola e deixe de manifestar-se quando o jovem deixa de estudar e ingressa no trabalho. No entanto, como se observará mais adiante, existem outras razões para isso.

Essa observação explica não apenas que hoje tenhamos um número muito maior de retardados, mas também que seja impossível dizer qual a taxa real de incidência do retardamen-

1 A análise da relação entre anormalidade e tensão foi apresentada de maneira ampla por James C. Coleman, *Psicologia do anormal e a vida contemporânea*, trad. de Dante Moreira Leite e Míriam L. Moreira Leite, São Paulo, Pioneira, 1972.

to. Robinson e Robinson (1970), por exemplo, lembram que diferentes levantamentos do número de retardados nos Estados Unidos chegaram a porcentagens que variavam de 0,05 a 13% da população. Há várias formas de chegar a um cálculo mais seguro, embora todos continuem a apresentar dúvidas e perplexidades. De modo geral, pelo menos nos Estados Unidos, admite-se hoje uma porcentagem de 3% de crianças retardadas, o que fica um pouco acima dos 2,15% que se esperariam se a inteligência tivesse uma distribuição rigorosamente normal. Esse excesso seria provocado por processos patológicos que superam a variação normal de inteligência (Robinson, op. cit., p.619).

No entanto, mesmo esse acordo, baseado na distribuição normal[2] da inteligência, não responde a uma pergunta básica e de grande interesse teórico. Se é verdade que a inteligência só pode ser medida em determinada população, poderemos afirmar que esse nível geral está caindo ou subindo? Será que a pergunta tem sentido?

Embora aqui estejamos, reconhecidamente, em terreno especulativo, é interessante considerar algumas alternativas de explicação capazes de encaminhar outras perguntas.[3] Alguns autores têm feito o seguinte raciocínio: como os níveis mais baixos da inteligência se localizam nas camadas mais pobres da população, e como estas se reproduzem mais que as camadas mais ricas, supostamente também mais inteligentes, deve estar havendo um declínio global de inteligência. O argumento poderia ter alguma validade se a inteligência fosse exclusivamente here-

2 A suposição das medidas de inteligência é que estas — tal como ocorre com as características físicas, como altura, peso etc. — tenham uma distribuição normal, isto é, maior número de pessoas no centro da curva (resultados médios) e número cada vez menor à medida que nos aproximamos dos extremos. Isso significa que pequeno número de pessoas tem resultados extraordinariamente elevados ou extraordinariamente baixos.

3 Os vários argumentos são sumariados e discutidos por H. J. Butcher, *A inteligência humana*, trad. de Dante Moreira Leite, São Paulo, Perspectiva, 1972.

ditária, mas mesmo neste caso haveria algumas dúvidas ainda não respondidas. É verdade que as classes mais pobres têm, proporcionalmente, menor número de indivíduos muito inteligentes; no entanto, como nessas classes existe número muito maior de pessoas, o seu número absoluto de indivíduos muito inteligentes é também maior. De outro lado, embora haja um número relativamente maior de indivíduos muito inteligentes nas classes mais ricas, isso não quer dizer que nelas não existam indivíduos pouco inteligentes.

Observe-se, no entanto, que a inteligência não pode ser considerada exclusivamente hereditária. Pensar na inteligência como exclusivamente hereditária seria considerar a inteligência atributo diverso dos atributos físicos, onde, como se sabe, há interação ambiente-hereditariedade. Ninguém dirá que uma criança geneticamente bem dotada será também saudável, pois, se tiver alimentação inadequada, poderá ser muito fraca. Portanto, somos obrigados a admitir que, melhorando as condições de vida — saúde, alimentação, educação —, devemos permitir um aumento do desenvolvimento do potencial da inteligência. Ainda que se admita — o que também parece indiscutível — que essas novas condições permitem a sobrevivência de pessoas mais fracas e supostamente menos inteligentes, o seu peso será sempre menor (considerando-se que constituam 3% da população) do que o das inteligências médias e superiores que se desenvolvem mais.

Se este último argumento estiver correto, e alguns dados sumariados por Butcher sugerem que isso provavelmente ocorre, nos países industrializados ocorreu efetivo aumento da inteligência global da população. Para entender o problema em outro nível, podemos pensar em exemplo hipotético. Suponhamos uma elevação considerável no nível da vida da população nordestina, até hoje caracterizada por subalimentação e grande incidência de moléstias. Se houver melhoria das condições de vida, o potencial de inteligência até agora inaproveitado deve ter possibilidade de maior desenvolvimento ou expressão.[4]

Este argumento sobre exemplo hipotético pode ser confirmado — embora também apenas por raciocínio indutivo e não por comprovação rigorosa — pela experiência dos países americanos e, de modo geral, pelas nações colonizadas no século XIX por sucessivas levas de imigrantes europeus. Quando se pensa que os ricos não emigravam, ou emigravam muito menos do que os pobres, parece evidente que as elites de tais países são hoje formadas por descendentes de pessoas que, se tivessem continuado na Europa, lá permaneceriam nas classes mais pobres. Ainda que se argumente que os emigrantes constituíam uma elite da classe pobre, seria preciso acrescentar dois problemas não solucionados pela hipótese de migração seletiva: em primeiro lugar, haveria necessidade de comprovar que essa migração dos melhores teria prejudicado o potencial global dos países europeus (ou, pelo menos, que houve redução do potencial da classe trabalhadora); em segundo lugar, seria necessário comprovar que esse grupo supostamente selecionado não apresentaria a usual divisão apresentada pelas populações quanto a seu nível de inteligência.

Na verdade, nada disso foi comprovado; os que defendem uma concepção *elitista* da inteligência não demonstraram de que forma a população que, medida na época de emigração, estaria nas camadas menos dotadas de inteligência, pôde vir a constituir a elite dos países de imigração. Todos os seus argumentos se baseiam nas condições observadas em determinado momento, em determinada sociedade; não podem dar conta das transformações históricas. Na verdade, não podem sequer explicar como seria possível a educação escolar de praticamente toda a população.

4 Isso também explica de outra forma que sejam tão variáveis os cálculos de retardamento mental. A situação no Brasil é sugerida por Stanislau Krynski, "Aspectos Gerais da Deficiência Mental", In: Stanislau Krynski (org.), *Deficiência mental*. Rio de Janeiro e São Paulo, Ateneu, 1970, p.11.

Em resumo, parece mais correta, pelo menos diante dos conhecimentos atualmente existentes, a suposição de que as deficiências que observamos na inteligência de vários grupos que vivem em condições socioeconômicas e sociais adversas — sejam minorias raciais, sejam grupos economicamente marginalizados — devem ser explicadas por essas condições econômicas, e não por hereditariedade, embora esta última possa explicar uma porcentagem indeterminada do grupo.

Essa observação, até há pouco aceita pela maioria dos psicólogos, foi no entanto posta novamente em xeque por vários trabalhos, entre os quais devem ser citados o de Jensen (1970) e o de Herrnstein (1971). Note-se, de outro lado, que essa reafirmação da determinação hereditária das diferenças de inteligência entre classes sociais não ficou sem resposta igualmente veemente; por exemplo, de Cronbach (1970).

Como se verá agora, essa discussão de aspectos gerais tem uma importância fundamental para a descrição e a explicação dos níveis de retardamento mental.

Como se sabe, os testes de inteligência de Binet, que foram modelos para quase todos os outros depois construídos, nasceram da verificação de que nem todas as crianças poderiam acompanhar o curso primário francês. Ora, o problema só poderia surgir num momento em que se admitisse a necessidade da escolarização universal; antes disso, as crianças retardadas não seriam obrigadas a frequentar escolas e, portanto, poderiam não revelar sua dificuldade para acompanhar o ritmo de aprendizagem das outras crianças. Está claro que esse não foi o único aspecto importante para o aumento verificado no número de crianças deficientes. É muito provável que, quando a medicina dispunha de menos recursos, as crianças mais deficientes tivessem muito menor esperança de vida (e, ainda hoje, embora cheguem à adolescência, muitas delas vivem menos que as normais). Além disso, a mudança de atitudes gerais com relação a todas as crianças deve ter interferido no tratamento das crianças retardadas, de forma que estas deixaram de ser mantidas no interior dos lares e passaram a frequentar escolas.

Isto não quer dizer que, antes dos fins do século XIX e início do XX, as crianças retardadas não fossem identificadas. Sabe-se que, na Grécia antiga, as crianças defeituosas eram abandonadas ou mortas, enquanto em Roma eram criadas para servir de divertimento para os adultos (Doll, 1962, p.21 e ss.). Se acompanhamos, através de Doll, as mudanças nas atitudes com relação à criança retardada, notamos que em diferentes épocas variam as formas de tratamento, mais ou menos piedosas. Apesar disso, pelo menos até o século XVIII não havia métodos para o tratamento dessas crianças.

Níveis de retardamento

No entanto, é já no século XX que podemos encontrar um conhecimento melhor, não só da criança retardada, mas também dos níveis de retardamento. Para essa identificação é que os testes inicialmente criados por Binet tiveram importância fundamental. Embora, nos últimos anos, possamos encontrar insatisfação cada vez maior com a classificação obtida por meio dos testes — supondo-se que deem apenas uma das dimensões do retardamento da criança —, não se deve esquecer o grande avanço que permitiram na descrição dos vários níveis de inteligência.

Para compreender melhor a classificação adiante apresentada, convém recordar o critério para a obtenção do Q.I. (Quociente de Inteligência). Essa medida é uma relação entre Idade Mental e Idade Cronológica (Q.I. = IM/IC × 100). Isso significa que, se tiver uma idade mental de 8 anos e uma idade cronológica (de nascimento) também de 8 anos, a criança estará fazendo o que as crianças *normais* de sua idade fazem. Se estiver acima disso, estará adiantada; se estiver abaixo, estará atrasada. Quanto mais atrasada, maior sua deficiência; esta medida relativa constitui a maior vantagem do teste de inteligência. Isso mostra que a classificação de uma criança como mentalmente retardada depende do grupo de que faz parte, e onde foi feita a medida de inteligência. Como já foi indicado, tem havido variações muito grandes no cálculo de porcentagens de incidência, o que se explica pelo padrão que se considera limite da deficiência. O fato de hoje muitos autores admitirem a incidência de 3% resulta do conceito estatístico de anormalidade. É evidente, por outro lado, que o grande problema para essa delimitação refere-se ao grupo de crianças que estão no limiar do retardamento. Se consideramos que um Q.I. abaixo de 85 indica retardamento, nesse grupo incluiremos número muito maior de crianças do que quando aceitamos o limite no Q.I. de 70.

A última classificação da Associação Americana de Deficiência Mental estabelece o limite de 85 de Q.I., de forma que uma criança, em cada 6, seria classificada como retardada. As classificações anteriores, que consideravam o Q.I. de 70 como limite, faziam com que apenas uma criança em cada 33 fosse considerada retardada. Essa nova classificação considera, evidentemente, as exigências de uma sociedade tecnologicamente desenvolvida, em que a criança com um Q.I. de 85 pode ter dificuldade de adaptação às exigências intelectuais da escola. Em outra situação — onde não precisasse, sequer, frequentar escola —, essa criança não seria notada entre as outras.

Apesar disso, vale a pena resumir o quadro resultante dessa classificação mais recente, pois dá uma ideia do problema nas regiões desenvolvidas.[5]

1. *Limiar de retardamento mental* (Q.I. de 63 a 83). Neste grupo se incluem crianças com dificuldades para acompanhar o programa escolar; muitas não conseguem concluir o ensino fundamental. Na

5 Os dados aqui citados são descritos mais amplamente por Robinson e Robinson, op. cit.

idade adulta, esse grupo se integra relativamente bem na população geral, embora não se iguale a faixas de maior produtividade.

2. *Retardamento leve* (Q.I. de 52 a 67). Este é o grupo mais numeroso de retardados (inclui 90% de todos os retardados neste e em todos os níveis inferiores). Sua adaptação, quando adultos, tende a ser relativamente boa, embora ocupem os cargos menos qualificados e possam ter dificuldade em épocas de desemprego. Para entender essa diferença entre a fase escolar e a atividade no trabalho, podemos pensar num exemplo. Uma criança com Q.I. de aproximadamente 50, aos 8 anos de idade terá a idade mental de 4 anos; por isso, não poderá frequentar uma classe de alunos normais. No entanto, quando completar seu desenvolvimento — por volta de 16 anos de idade —, terá o desenvolvimento mental de menino de 8 anos e, por isso, será capaz de realizar os trabalhos mais simples. Isso permite um relativo ajustamento a atividades não qualificadas.

3. *Retardamento mental moderado* (Q.I. de 36 a 51). Aqui se localizam 6% dos retardados (com exclusão dos colocados no limiar do retardamento). Raramente trabalham; poucos se casam e poucos têm vida social relativamente autônoma, o que mostra sua dependência com relação à família, mesmo depois de atingir a vida adulta.

4. *Retardamento mental grave* (Q.I. de 20 a 35). Aqui se colocam 32% dos retardados (sempre com exclusão dos considerados no limiar). Neste grupo, tanto as crianças quanto os adultos vivem internados em instituições especializadas. Sua comunicação é pobre e frequentemente manifestam apatia e letargia.

5. *Retardamento mental profundo* (Q.I. abaixo de 20). Aqui estão 1,5% dos retardados (ainda com exclusão dos colocados no limiar). Aqui há séria lesão nervosa e a criança precisa de supervisão constante. Este grupo também apresenta elevada mortalidade na infância.

Repita-se que essa classificação, aceita por muitos grupos norte-americanos, não tem aceitação universal, o que deve ser esperado, uma vez que o retardamento mental só tem sentido no contexto social em que é analisado.

Tratamento e prevenção

Há alguns anos, não seria errada a afirmação de que era possível identificar a criança retardada, mas impossível predizer ou impedir o seu aparecimento; também era impossível remediar os seus traços de comportamento.

Hoje, ainda estamos muito longe de ter solucionado os principais problemas ligados ao retardamento — mesmo porque esta categoria, como se viu, inclui crianças e adultos de níveis muito diversos, e a origem da deficiência é também variada. Apesar disso, foram identificadas várias causas. Algumas são genéticas — é o que ocorre com algumas formas de mongolismo; outras decorrem de condições ambientais — por exemplo, deficiência de alimentação e estimulação em períodos críticos. Em casos raros, há recursos para restabelecer a regularidade glandular, antes que esta cause danos irreversíveis. Finalmente, a identificação de lesões provocadas pelo parto pode também levar a medidas de prevenção.

No entanto, a prevenção nem sempre é possível e, uma vez verificado o quadro de retardamento, o que se pode fazer não é muita coisa. Isso não significa que nada possa ser feito, mas não existe meio para transformar uma criança retardada em criança normal. Em outras palavras, os métodos de educação especializada permitem que a criança se desenvolva até o limite máximo de sua potencialidade, mas esta não chega ao nível da criança normal.

Aparentemente, ao lado de técnicas melhores para ensino especializado para crianças retardadas, os trabalhos de pesquisa tendem a concentrar-se às medidas de prevenção. Estas últimas, como foi indicado, permitem hoje impedir o aparecimento de muitos casos de retardamento.

O que dizer das técnicas de ensino? Durante muito tempo houve avanço relativamente pequeno nessas técnicas. Além de maior lentidão do ensino, acentuava-se a necessidade de atividades concretas da criança. Nos últimos anos, apareceram muitos trabalhos que procuram utilizar o condicionamento operante para obter a aprendizagem de crianças retardadas. Embora tais estudos tenham ainda caráter experimental, a técnica parece promissora — pelo menos, deve conseguir comportamentos indispensáveis para o ajustamento básico da criança retardada, o que, com outros métodos, pode ser extremamente difícil.

Convém mencionar ainda um dado interessante a respeito da aprendizagem por crianças retardadas — mas, evidentemente, com retardamento leve. Observa-se que, quando colocados em classes de crianças normais, esses retardados podem aprender mais do que quando colocados em classes especiais. Isso sugere, aparentemente, que nas classes normais essas crianças sofrem mais pressão para produzir — e são capazes de corresponder a essa pressão. Esse dado certamente não justifica a colocação de crianças retardadas em classes normais — porque poderiam sofrer emocionalmente com isso —, mas indica que a criança retardada, da mesma forma que a criança normal, produz mais quando suficientemente estimulada. Além disso, sugere que uma atitude passiva diante do retardado — isto é, aceitar o retardamento e não estimular o seu trabalho — pode impedir que haja desenvolvimento completo de suas potencialidades.

Referências bibliográficas

BUTCHER, H. J. *A inteligência humana*. Trad. Dante Moreira Leite. São Paulo: Perspectiva, 1972.

COLEMAN, J. C. *Psicologia do anormal e vida contemporânea*. Trad. Dante Moreira Leite e Míriam L. Moreira Leite. São Paulo: Pioneira, 1972.

CRONBACH, L. J. Heredity, environment and educational policy. *Harvard Educational Review*, 39, 2, 1970, p.338-47.

DOLL, E. E. A historical survey of research and management of mental retardation in the United States. In: TRAPP, E. P.; HIMELS, P. (orgs.). *Readings on the Exceptional Child*. Londres: Methuen, 1962.

FOUCAULT, M. *Maladie Mentale et Psychologie*. 3.ed. Paris: Presses Universitaires de France, 1966.

GESELL, A.; ILG, F. L. *The Child from Five to Ten*. Nova York: Harper, 1946.

GESELL, A.; ILG, F. L. *Infant and Child in the Culture of Today*. Nova York: Harper, 1943.

HERRNSTEIN, R. J. I. Q. *The Atlantic Monthly*, 228, 3, p.43-64, set. 1971.

JENSEN, A. R. How much can we boost I. Q. and scholastic achievements? *Harvard Educational Review*, 39, 1, 1970, p.1-123.

KRYNSKI, S. Aspectos gerais da deficiência mental. In: KRYNSKI, S. (org.). Deficiência mental. Rio de Janeiro/São Paulo: Ateneu, 1970.

ROBINSON, H. B.; ROBINSON, N. Mental Retardation. In: MUSSEN, P. H. (org.). *Carmichaels Manual of Child Psychology*. 3.ed. Nova York: Wiley, 1970, v.II, p.615-66.

Índice onomástico

SOBRE O LIVRO
Formato: 14 x 21 cm
Mancha: 23 x 39 paicas
Tipologia: Iowan Old Style 10/14
Papel: Offset 75 g/m^2 (miolo)
Cartão Supremo 250 g/m^2 (capa)
1ª edição: 2010

Edição de Texto
Ana Paula Ribeiro (Preparação)
Lucas Puntel Carrasco e Alberto Bononi (Revisão)

Editoração Eletrônica
Eduardo Seiji Seki (Diagramação)

Capa
Isabel Carballo

Impressão e Acabamento
FARBE DRUCK
gráfica e editora ltda.